普通高中特色发展

内生逻辑与实践进路

武秀霞 著

The Characteristic Development of Ordinary High School

Endogenous Logic and Practical Approach

中国社会科学出版社

图书在版编目（CIP）数据

普通高中特色发展：内生逻辑与实践进路／武秀霞著.
—北京：中国社会科学出版社，2022.6
ISBN 978-7-5227-0253-7

Ⅰ.①普… Ⅱ.①武… Ⅲ.①高中—学校管理 Ⅳ.①G637

中国版本图书馆CIP数据核字（2022）第090239号

出 版 人	赵剑英
责任编辑	马　明
责任校对	王佳萌
责任印制	王　超

出　　版	中国社会科学出版社
社　　址	北京鼓楼西大街甲158号
邮　　编	100720
网　　址	http://www.csspw.cn
发 行 部	010-84083685
门 市 部	010-84029450
经　　销	新华书店及其他书店

印　　刷	北京明恒达印务有限公司
装　　订	廊坊市广阳区广增装订厂
版　　次	2022年6月第1版
印　　次	2022年6月第1次印刷

开　　本	710×1000 1/16
印　　张	16.25
插　　页	2
字　　数	269千字
定　　价	88.00元

凡购买中国社会科学出版社图书，如有质量问题请与本社营销中心联系调换
电话：010-84083683
版权所有　侵权必究

目 录

绪 论 ……………………………………………………………（1）

上编　普通高中学校发展"主旋律"

第一章　政策之维 ……………………………………………（15）
第一节　新中国成立以来高中教育相关政策之演变 …………（15）
第二节　多样化：作为高中学校教育发展的主基调 …………（22）
第三节　"多样化"与"特色"何以关联？ ……………………（32）

第二章　实践之维 ……………………………………………（35）
第一节　学校变革的主要路向 …………………………………（35）
第二节　主动变革抑或被动变革？——学校改革动力寻探 …（41）
第三节　内生式学校改革：从"我"到"我们" ………………（46）

第三章　理想之维 ……………………………………………（64）
第一节　从教育的本真看"好教育" ……………………………（64）
第二节　"好学校"的不同呈现 …………………………………（67）
第三节　卓越学校的办学品质 …………………………………（78）

中编　行进中的特色探索

第四章　发展之困 ……………………………………………（85）
第一节　"特色"作为一种办学底色 ……………………………（85）
第二节　多样与特色如何兼顾？——一种理念之困 …………（88）

第三节　特色办学为了什么？——一种实践之困 …………………（91）

第五章　普通高中特色办学的方向与契机 ………………………（105）
第一节　优质教育需求与学校特色发展 …………………………（105）
第二节　核心素养培育与学校特色发展 …………………………（114）
第三节　新高考改革与学校特色发展 ……………………………（121）
第四节　个性化的学、教与普通高中学校特色发展 ……………（127）

第六章　区域层面的特色探索 ………………………………………（130）
第一节　区域推进普通高中特色发展的基本路径 ………………（130）
第二节　区域推进普通高中学校多样、特色发展的
　　　　思路与经验 ………………………………………………（137）
第三节　"不一样"的学校特色何以成就？………………………（149）

下编　特色发展向何处？

第七章　特色办学的未来指向 ………………………………………（163）
第一节　从变迁中的教育方针看特色办学的政策遵循 …………（164）
第二节　"贯彻教育方针"的时代内涵与学校办学的
　　　　教育遵循 …………………………………………………（180）
第三节　全球教育发展趋势与学校特色办学的未来指向 ………（189）

第八章　为了更好的教育 ……………………………………………（200）
第一节　遇见更好的教育：我们身边的"好学校" ……………（201）
第二节　特色成就的好学校：实践中的创新艺术 ………………（210）
第三节　特色成就的好教育：教与学的系统及其个性化体现 …（231）

参考文献 ……………………………………………………………（241）

后　记 ………………………………………………………………（256）

绪　　论

　　刚开始研究学校特色发展的时候，总有人好奇地问我：怎么会对特色办学感兴趣了呢？要知道，一直以来，我的研究基本与德育相关，且偏重理论研究——我于2016年在教育科学出版社出版的专著《同情性教育——走出他者化教育困境的探索》即体现了这一点——此后却转向了学校办学实践研究，其中，也涵摄了一部分政策研究。这还得从我个人的工作经历说起。

一　学校评估中的"遇见"

　　2013年，我开始在天津市教育科学研究院基础教育研究所工作。那时，天津市正面向本市所有的普通高中学校进行特色高中项目建设的推动工作，并且已基本上完成了三轮特色高中项目学校评选。2015年，天津市迎来首批特色高中学校的评估与验收，教科院作为第三方机构参与了此次评估工作。当时，我个人正承担着项目"均衡发展视野下薄弱学校内生式发展的机制与优化策略研究"，苦于寻找学校内生式发展的新做法与新思路。所以接到评估任务的时候内心异常兴奋，觉得这是最能近距离接触学校的好机会。于是，我决定借助参与普通高中特色评估这个机会，从"研究"的角度全方位观察、了解学校办学的观念、需求和成果。

　　从研究的角度观察、分析或评价一所学校其办学的水平，一些时候会不自觉地出现"理想化"的问题。我们甚至容易根据一些书籍、报纸对所谓好学校的宣传、描述，而在脑海中不断存储"别人家的好学校"，以此构筑理想学校的实践模型，苛刻地度量身边的学校……然而，一旦走入学校，我们却不免会感觉到，先前的认识多少存在片面化的问题，或者至少，我们通过文字材料所看到的学校可能并不完整甚至存在被歪曲的可能。这是我在参与首轮学校评估过程中产生的认识。从理想形象的设想到进入学校后的惊讶，再到后来对学校办学实践的包容性理解，我意识到，沉浸、接纳、欣赏、互动对于深度研究、认识一所有潜力的学校的重要意义。

有的学校可能开始并不那么引人注目，甚至会给人普通不够出彩的感觉，但是当你试图以欣赏者或是对这所学校感兴趣的人的身份深入学校中，与校长、师生以及学校方方面面的展示开始"对话"时，你会发现，原来这所学校有如此多的亮点和思考，他们对于好教育的憧憬甚至也会一次次打动你。这就是"接纳"的力量。相反，如果我们一开始就以苛刻的"挑刺者"、批判者的姿态接触学校，总是强调学校这里不行，那里也不行，那么，这种偏见也会在我们与学校之间构筑一堵围墙，在这堵"墙"的外面，我们难以看到学校各方面真正的所思、所想，一些本来在默默发光的探索也可能因此与我们擦肩而过。这是我在参与天津市第二批特色高中项目建设学校的过程中深切体会到的。其间，有一所学校尤其给了我大的启发与触动。

2017年，我又参加了天津市特色高中第二批评估。梅江中学即是其中的一站。此次评估是我对梅江中学第一次近距离的接触。去学校前，我曾看了学校的自评报告、项目申请书和实施方案。总体感觉，学校材料写得很"平"，我几乎无法通过这些材料捕捉到学校自身的亮点何在。通过看这些提交的材料，我总体有两个印象：（1）学校关于特色内涵的界定虽有一定的深度，也进行了较全面、合理的阐释，然而在近几年的建设中，学校并没有对特色内涵本身进行更深度的挖掘，比如结合国际趋向、新高考、新课程改革、学生核心素养等，让内涵更丰满、更有说服力；（2）阶段性的总结报告中，学校并没有将自己实实在在做的事情呈现出来，也没有就学校亮点部分进行重点的凸显和阐述。尤其项目申报书中提到的年度计划里，有一关键且最有质感的措施——学校自我的阶段性评估与反思，以及围绕此进行的实施方案的进一步完善，并没有呈现出来。为此，我再一次陷入了沉思。

在天津走了几所与美育相关的特色学校，除了杨柳青四中给我留下了朴实、勤奋、竭尽所能进行特色建设的印象之外，其他学校虽然也做得各有特色，但都不足以让我产生"眼前一亮"的感觉。所以，对这次评估结果我并没有太多的好奇之心。

评估当天，我和其他几位专家很早就到达了学校。也正是这次的提前到达，给了我一些时间去预先观察和了解这所学校。

我们没有仔细参观校园环境。最先听取了邢爱武校长的自评报告。邢校长全程宣读着学校预先发给我们的自评报告，较少就某些需要凸显的亮点进行具体阐释——显然这个时候她是有些紧张的，但同时也不排除一种可能，校长对类似评估有助于学校迅速进行自我定位、提升、扩大知名度和影响力的机会把握力度不够，对于应对相应工作必需的办学经验提炼、宣传、展示、答辩等方面的技巧和能力也存在一定欠缺。而这种不善于将自己的亮点进行挖掘、提炼、宣传的现象，甚至是天津市很多学校存在的共性问题。

幸运的是，通过接下来与专家之间的交流，部分专家的不断追问，学校书记、教学校长、德育校长的齐齐上阵，学校的许多亮点以及围绕新的教育理念、改革诉求付诸的扎扎实实的行动才渐渐表现出来。这是归功于专家的追问，还是学校全员的积极参与和配合，抑或是校长渐渐平复的紧张的心理？我想，这些因素都发挥了作用。但反过来一想，倘若没有专家不厌其烦的、带有欣赏性质的追问，倘若学校其他管理人员和教师未能积极配合或对学校特色建设不甚了解，那么，这所已经在默默发光发热且拥有了很多创新性举措和行动的学校，可能在一段时间内无法被更多的人知道。

二 "对话"梅江中学——我在梅江中学的观察日记

在对梅江中学进行评估的过程中，专家组先后进行了以下考察活动：听取校长自评报告，并就学校特色建设进行了初步交流；听评学校常态课（我当时选取了一节语文课，一节历史课）；参观校园文化设施；系统查看学校相关办学资料；抽取教师、学生代表进行问卷、座谈；学校领导、管理人员答辩。过程中，我有以下观察和感悟。

(一) 环节一：听课

我听的第一节课是语文课。这是一节诗歌赏析课。课堂上，教师穿了一件白底的花色旗袍，优雅而落落大方。教师的名字叫贾小溪。讲课过程中，贾老师全程的教学语言表达都比较清晰，神情非常和蔼、很有亲和力。全程与学生的互动，比如找学生回答问题、组织学生进行小组讨论等，都饱含了对学生的欣赏和爱护。对诗歌的讲解，既有针对诗歌文本的讲解和诵读练习，也有朗诵技巧的指导，同时还有延伸性的学习。

可以说，这是一个相对完美的课堂。虽然我预先没有听到学校关于该校语文课堂教学模式的具体介绍，但我能感觉出，这堂课是充实的、有效果的，并且也较好地融入了学校"尚美"的教育理念。它没有浮华的修饰、装点，没有极为生动的画面和声音的感染，但教师的体态、仪表，以及对学生的欣赏，较充分地展现了学校"尚美"的育人情怀。这一点在我看来是非常难得的。

若从凸显课堂"美"这一点来为这堂课提一点要求的话，其大概还有以下可提升的空间，比如：(1) 在诗歌赏析或讲解中，有优美的、轻柔的古典音乐的陪伴、有画面的呈现，进而以声音、意境、视觉之美来感染学生。这样做的好处在于：第一，帮助学生更好地理解诗歌；第二，让学生形成美的感受、拥有美的情怀；第三，带给学生清凉、释然的意境，让学生在闷热的教室里有一种舒适、清凉、快意之感。(2) 板书呈现需丰富。这堂课，板书内容较少，并且基本是以PPT呈现的，教师仅在白板上写了几个字。(3) 教师话语声音和学生话语声音偏低，坐在教室后面听着很模糊。(4) 教室环境需要改善。一是降温设备缺乏，在夏季，闷热的教室极容易影响学生的学习效率；二是没有较好地展现"美"。学校应考虑让学生自主布置教室环境，展现班级文化，让教室环境美而富有文化的感染力。

总体上，梅江中学的这堂课虽然没有过多的行为修饰，也没有在现代化教学工具的运用上进行精心装点，然而其总体是有良好效果的。之所以这么认为，除了我前面提到的理由外，我还了解到，这个班的大多数学生会写诗，而且写得非常好，学校还把学生的这些诗印成了非常漂亮的小册子。不少学生，尤其是几个男生有很强的朗诵能力，声音浑厚、有穿透力。他们的语文老师贾小溪，除了承担语文教学外，还开设了话剧社团课程，由她指导的几个学生排练的话剧还获得了全国一个话剧比赛的二等奖。这些学生原来并没有什么基础。他们入社，一是教师选拔、建议参与进来的；二是通过校本课程推介会，受教师感染和兴趣自愿参与进来。入社后，在排练话剧中，由学生自主选择角色。每个学生将角色展现得很到位，语言也很有感染力。

我听的第二节课是历史课。这是一节历史体验课，属于学校的精品课程之一（另外一个精品课程是足球），而且是学校进行"馆校合作"的较好实践和示范。它是校方与天津博物馆合作开发的一门课程，被学校命为"天博课堂"。在学生访谈环节我了解到，学生对这门课的参与热情非常高，普遍表示很受益。对他们合作能力、性格和行为习惯的养成起到了很大的作用。通过这门课，学生不仅对历史文化有了较深的体验和认识，而且也培养了一定的动手实践能力。比如，此次课程学习，学生不仅学会了制作汉服，感受到了汉服之美，也通过制作汉服对汉文化有了更深入的理解。

通过访谈、查看资料，我了解到，在天博课堂的开设方面，学校明显投入了大量的精力、物力和财力，并与博物馆进行了长期的、有效的合作。关于这些合作，学校和博物馆之间签订了合作协议，进而使合作实现了制度化。平时，学校会根据需要，不定期请博物馆的老师来校讲学，共同开发课程。也会组织学生去博物馆进行体验式学习。

顺便说一下，在校外协作方面，梅江中学已经开拓了很多渠道，比如与社区联合开展实践活动、与天津还有国内其他地区学校进行较频繁的互动交流、与国外一些学校建立友谊联盟、与大学精品社团及其他大学校内资源之间进行协作、互动；与家长进行充分互动，并为此而成立了家长学校等等。难能可贵的是，这所有的协作活动中，不仅有相应的协议，也有具体的制度作保障，并且目前都得到了落实。此外，学校特别重视协作后的反思（包括学校、教师、学生），重视校外人员，比如社区、家长的反馈意见。尤其是在家长学校这块，学校设计的家长反馈意见表里，不仅有家长提意见和建议一栏，也有对家长针对性的建议和指导。它的存在，帮助家长更好地了解了学校、理解了自己的孩子。

(二) 环节二：参观校园

此次对梅江中学校园的参观，主要考察的是学校"一厅、两廊、三中心、艺海荟萃展厅和九大艺术工作实验室"的建设情况。这是学校在环境建设方面最大的亮点。

学校对"一厅、两廊、三中心、艺海荟萃展厅和九大艺术工作实验室"的介绍是这样的：

> 这座楼大厅中央放置的钢琴每天有学生练习、弹奏，让学校回荡着大气典雅的音韵；尚美舞台想唱就唱为学生搭建展示才艺的平台，艺术长廊和闲适随意的阅读长廊中"苹果树"教育连环画，引发了学生对人生无限的思考与感悟；音乐、美术体验中心，心灵驿站更为学生打开了心灵之窗。艺海荟萃展厅（C座四楼、五楼）挂满了大师的名画和学生的作品，让学生与高雅艺术零距离亲密接触；九大工作室各有不同的主题语，突出特色，使人徜徉于无限美感之中……[①]

在参观中，我也的确感受到了学校想要传达给我们的东西。走进大厅，正好有一个学生在那里弹钢琴，神情很陶醉，手法也很熟练。据介绍，这名学生入校前就有了一些基础，但进来后他的水平得到了很大的提升。他多才多艺，会用多种乐器表演，而且都很不错，朗诵很好，组织管理能力也很强，主演的话剧获得了国家级大奖，钢琴演奏也获得了国家级的特等奖。我想，这次偶遇应该不算是真正的偶遇，遇到这么厉害、多才多艺的学生，不排除一种可能，那便是学校事先安排这名学生在这里向我们展示他的艺术才能。但通过这个展示环节，加上我们下午对这个学生还有学校相关领导的访谈，有一点可以确定，学校的确在培养学生审美素养方面下足了功夫。校方能让那些对乐器毫不熟练、从未接触过乐谱的学生学会识简谱，可以弹奏几首名曲，能让有的学生放学后迟迟不愿意回家，还待在大厅学习弹奏钢琴；让每个学生掌握不少于两个乐器等，都证明了这一点。

在音乐体验室，我受到了极大的熏陶。看着学生们的口琴、手风琴、

---

① 本段内容引自天津市梅江中学2017年创建"天津市特色高中"自评报告。

合唱表演，领略着学校刚刚作为特殊人才引进的一位年轻老师优美的舞蹈，我深受触动。显然，学生和老师的表演很有感染力。我们同行的一位专家受此感染，还即兴地与这位老师合跳了一段优美的民族舞，不自觉地融入了这个视听盛宴中。

在美术体验室，我充分看到和感受到了学生们创造力、想象力和动手操作能力的发挥。艺术长廊、体验室内外的墙壁上贴满了学生的作品。这些作品中，有些作品是从学生作业中评选出来的，有些则是学生自愿贴上去的。在我看来，这样的安排，极大地提升了学生的自信心，为学生提供了展现自我、放松自我的平台。它们有的是由废弃物加工而成，比如饮料瓶盖、卫生纸、毛线，有的则属于编织作品、扎染作品、石头彩绘。难能可贵的是，不少作品非常富有内涵，还融入了学生对环保、生态、自然和谐等理念的理解……可以看出，这样的环境建设是对"尚美教育"的较好回应。

参观过程中，看着学生们幸福、自信的神情，充分发挥想象力的艺术创作，极美的艺术长廊，由师生合作共同完成的艺术作品，共同设计的苹果树教育连环画及其展现出的故事，我一次次受到了美的熏陶，不仅多了一些艺术知识，也对美育、德育有了新的理解——这些理解虽在过去已经形成，但我并没有从实践操作层面作过多具体、深入的探索。一些时候，我甚至曾怀疑过这些理解是否理想化了……然而，在参观梅江中学的过程中，我释然了，甚至有了似曾相识、相见恨晚的感觉。

(三) 环节三：查看学校资料

在查看学校诸多材料的过程中，我总体感觉，学校在资料准备上花了很多功夫。归类比较合理，内容具体，且有针对性。不少资料我在之前部分学校还没有系统地看到过。它们足以让我感受到学校在每一项所涉及的制度、措施上下足了功夫。

在过去的评估工作中，我总感觉，学校在制度建设这块存在很大欠缺。有的学校形成了不少制度，但实际并没有充分落实；有的制度则泛泛而谈，并不具有针对性和系统性，也忽视评价性制度、机制的建立……梅江中学则形成了很系统的制度体系，并有相应的评价机制、反馈机制，而且学校在特色建设推进过程中，较好地利用了这些评估和反馈成果。

在查阅资料前，利用中午的休息时间，我与学校分管教学的副校长刘艳华进行了较系统的交流。我把我想要了解的、之前存在的疑问等等都跟刘校长提了出来。同时也问了学校的杨书记一些问题。总体感觉，这所学校的管理人员、老师们对学校的办学理念、特色建设有较高的理解度和支持度。尽管在随意的提问和交流中，有些老师和管理人员表示，学校很多创意性的措施、想法都来自邢爱武校长，使我无法确定，学校在特色建设中，教师、学生的参与度、智力资源的开发程度如何，但从学校注重教师、学生反馈意愿这一点来说，他们一定程度上关注到了教师和学生的参与度，只是还不太明显。而这应该成为学校今后在制度建设等方面重点突破的地方。

(四) 环节四：教师、学生问卷、访谈

在问卷部分，学生全程都表现得很有礼貌。这给我留下了极深刻的印象。

梅江中学对学生文明、礼貌的养成的重视度和呈现度，是我去过的所有学校中最突出的。他们的文明礼仪规范较有特点，并且落实到了日常的学习、生活中。比如，上课、下课学生会向授课教师、听课教师分别鞠躬问好、告别；在楼道每一处见到的学生都会跟老师（包括来访者）很有礼貌地打招呼。在其他一些日常性的活动中，比如校外集体活动返程中，学生们等公交车时会主动排成一列，即使有不少民众或是其他学校的学生拥挤上车、抢座位时，学生还是会排成一列，有秩序地上车。此外，学校也特别注重细节性的礼仪教育，比如体态表达、提交材料时的细节性的动作。而我们在问卷环节也的确感受到了这一点。

若要说点不足的话，就在于：学生对问卷的解答几乎一致，这不排除学校提前进行了辅导和训练。在访谈部分，每个学生都表现得落落大方，表达清晰、神情愉悦，能结合自己的经历、体验讲述自己在学校社团课程中的收获，这已比较难得，但还是没有排除学校有预先训练的可能。

在学校管理人员的答辩环节，邢爱武校长特别有激情地讲述了自己从教历程对德育、素质教育的独特理解，以及这些年她对素质教育、全方位以美育人、以美育德、以德育人、有美有德的坚守。我看到了一个拥有教育情怀、可以不将升学率置于第一位而更关注如何将学生培养成为一个有着良好德行、生活技能、创造能力的普通人的有为的校长。

三 梅江中学的积极经验

此次在梅江中学的系统观察和体验，成为我研究中的宝贵财富。其后，每当思考特色行进中的学校应该朝哪个方向走、可以往哪个方向走时，梅江中学的探索经历总会不由自主地出现在我的脑海中。从这个意义上说，我对学校特色发展的研究热情和研究灵感，一部分即得自梅江中学探索的启示与激励。除了前面提到的一些原因和经历外，能够促使我形成这种感受的，还在于梅江中学在制度建设方面进行的自我突破。尽管一些举措可能在现在看来已没有了让人耳目一新的感觉，但对当时而言（且相比当时天津市的其他学校），一些做法着实值得称赞。

"以美育德"是梅江中学的主打特色。因此，德育便是这所学校的教育重心。为了保证学校德育扎实而有效。梅江中学有以下行动（每项行动都强调开展扎实、有创新）。

班主任队伍建设：针对班主任队伍的建设与发展，梅江中学每周都坚持开展班主任研讨会，无一例外。

德育论坛：每学期都坚持开设德育论坛。为避免论坛枯燥、低效，梅江中学创设了德育故事论坛。

校园管理：学校对教师、学生的一日规范非常重视。平时，学生只要不来，必打电话询问。同时，学校也要求学生友好、礼貌，生活细节等方面会要求学生做到位、礼貌对待所有人员。

校内交流：学校非常注重校内同行之间的交流。尤其注重从失败的故事、事件中吸取经验。

教育评价制度：学校特别凸出反馈性评估以及基于问题的制度、机制建设。比如，在教育评价制度这块，学校不仅有针对各个管理层面的具体的制度，也有星级班级评选、星级学生评选、梅江感动人物评选……并围绕这些评选建立了相应的激励、展示办法。评选有多种形式，包括学生互评、学校遴选、学生自主申报等等。值得一提的是，在选课评价环节，学校专门设计了《尚美艺术通行证》，主要是对学生学习情况的反馈。《尚美成长记录册》，里面记录了学生个人的自我评价和反思。

从更高位的角度看，梅江中学的探索实践谈不上太理想，而且他们也的确还存在不少有待完善的地方。以上我以纪实性的方式展现我在深入梅江中学的所见所闻，亦不否认这一点。在天津市，比梅江中学办学成功的学校存在不少，但在此处，我唯独提到了梅江中学，一是因为我个人恰好在我研究的转折期"遇到"了这所学校，让我有了一种相见恨晚的感动，有了去深度地走近这所学校的冲动，了解它，用它的独特经历验证我先前的思考与发现；二是因为我从梅江中学这里看到了学校特色办学的意义。从生源上看，梅江中学是一所极为普通的学校，在同伴学校还在因为升学率竞争无限度地缩减学生的活动空间、降低对学生思想、道德素养的要求或期待时，梅江中学却能从更为长远的目标出发，引导学生学会做人、具备丰盈人生的能力和素养，这在我看来难能可贵。他们不仅建构了自己独特的办学愿景，也为了这样的愿景潜心做了扎实而创新性的努力，且上下一心。有理想亦有行动、实践扎实而有创新、学校管理层与师生齐心协力、各自建言献策……这便有了发展成为"好学校"的迹象。在天津市，像梅江中学这样的学校还有不少，也正是他们的存在，激起了我对特色办学的研究兴趣。

四　框架结构

这本书总体上凝聚了我近五年对学校特色发展的研究与思考。其虽以理论性研究为主，但也穿插了大量的学校办学案例，于我个人而言，是一个极大的转变。我想，理论思考与实践案例之间的相互映照，或许对有需要的人而言才可谓有"温度"的研究。很多实践案例看似美好，但却存在无法复制的问题，如果我们一味以呈现案例为主，不免会将读者引入模仿通道……真正带给他们启发的东西可能少之又少。这是我不愿意看到的。我希望通过自己的思考，能带给读者更多的思考和启发，他们的想法不一定与我一致，甚至可能与我的认识大相径庭……思考多了，想法多了，这在我看来，便足以表明我写这本书的意义。

在理论分析的过程中穿插案例的意义在于，让读者明白，他们希望实现的、不敢去做的、不能理解的或是被视为"空中楼阁"的种种，在世界的某个角落、某个时期曾经被某个人、某些人实现了。他们是普通人、身在普通校，但却拥有自我变革的动力与信念。靠着这个信念，他们不断进行自我革新与探索，创造了一个又一个的奇迹。我也想让一些"不够自信"或对自身当下状态心满意足的学校明白，他们所羡慕着的好学校，其成功的背后亦付出了极大的努力，这些努力亦掺杂了挣扎、痛苦、犹豫、不安……但最终因为对理想的坚定、对当下拥有的成果的"不知足"、对问题的敏感、对创新的渴望等，走了出来，攀上了一个又一个的阶梯。这个阶梯是他们为自己所设。为的就是解决困惑，去真诚回馈他们所面对着的一个又一个鲜活而灵动的生命……

我也想通过这本书传递一个认识："特色"不应该是学校刻意追求的结果，也非普通校的专利。它应该是一种办学精神，是"好学校"的办学底色。"好学校"必定是有特色的。而对"好学校"的追求，也必然因为它的无止境、无上限，使相应的特色发展变得无止境……

本书共八章内容，分为上编、中编和下编三个部分。"上编"是对我国普通高中特色发展背景、意义的研究。分别从政策、实践和理想三个层面，探讨国内普通高中学校发展的"主旋律"。意在明晰以下一些疑问：（1）从政策层面看，国内普通高中学校经历了什么，其又该去向何方？在此期间，特色办学的意义和方向又是什么？（2）从实践层面看，学校的变革或发展一般存在哪些路径？各个路径下相对更为理想的实践是什么？"内生式改革"的意义是什么？它有哪些不同的诠释方式？它与特色办学是什么关系？（3）从理想层面看，什么是"好教育"？什么是"好学校"？"好教育"与"好学校"的关系是什么？在追求好教育和好学校的过程中，"特色办学"的意义是什么？为了促成好教育、好学校，特色办学应该如何进行？通过三个层面的分析，本部分内容试图表明一个观点：特色办学因其独特的存在意义，已成为学校不可阻挡的发展趋势。

"中编"包括三章内容，主要探讨我国当下特色办学的经验与规律。其中，第四章探讨的是当前国内学校特色办学中存在的诸种困惑与问题；第五章主要结合当前国内普通高中面临的几大改革诉求——优质教育、新高考改革及其伴随着的新课程改革、学生发展核心素养等，分析学校特色办学的方向与路径；第六章着重经验分析，从区域层面分析国内部分省份在组织、推进本地区普通高中特色办学方面做出的探索与努力。

"下编"包括两章内容。主要探讨国内普通高中发展的趋势与未来。其中，第七章从我国教育方针发展的基本规律、贯彻落实教育方针的内涵，以及全球教育发展趋势三个角度，分析国内学校在今后一段时间特色办学、内生式发展的方向及其需要着力提升、强化的实践点；第八章在回顾前文分析的基础上，以案例呈现的方式，分析"好学校"的发展轨迹、典型经验，提出"好教育"的实现路径。

总体来说，本书有以下特点（特色）。

一是特别结合了普通高中独特的办学性质和学段特点，对普通高中学校特色办学与发展进行系统的合理性分析。其中始终兼顾了政策、理论和实践三种话语体系及其各自诉求的相互渗透。

二是对特色办学与内生式发展进行关联性研究。将特色办学纳入"内生式发展"理论框架之下。一方面从特色发展的角度分析学校内生式改革的新路径与新方向；另一方面，基于内生式改革理论，分析学校特色发展与好学校、好教育之间的互通关系。

三是分上、中、下三编建构了普通高中特色发展理论体系。"上编"、"中编"和"下编"三个部分之间呈递进式的逻辑关系。各部分内容，既有问题剖析，也有相应的解决路径分析，各自视角不同，但共同指向了本书提出的两个核心观点：（1）特色应该成为所有学校的办学底色，这对于那些想成为（或希望继续成为）"好学校"的学校尤其如此；（2）普通高中学校特色办学的根本在于满足学生的个性化发展需求，但这种所谓的个性化发展并非"片面发展"，而是意味着学校要着力去研究学生，要把学生的发展需求作为学校办学、改革、创新与发展的依据与动力。可以说，本书既有实践关照，也强化了行文的逻辑性与启发性。

最后，我想说，所有的教育研究都是为了一种美好的"遇见"。这种"遇见"，或者存在于我们的头脑和内心——我们称之为"理想"，或者存在于我们与某个学校的交往经历中，这些经历让我们有了"似曾相识"的感觉，似乎很多的困惑、设想都在此期间得到了印证与升华……"遇见"让所有参与其中的人有了各自的收获：有理想的人因此而更加坚定了探索的脚步，困惑、徘徊中的人因此而得以释然、继续前行……他们都为着"更好的教育"，在各自的领域努力前行，又会因为共同的理想走到一起对话、切磋、相互启迪……猛然间，我们也会发现，原来这所有的遇见，都归功于我们行动中的脚步，那个一直在努力着的、追随我们头脑中的"理想"的脚步。

上 编
普通高中学校发展"主旋律"

第 一 章

政策之维

在我国，普通高中的诞生，某种意义上得自教育民主化运动的推动。1922年，受进步主义教育思想的影响，民国政府颁布了《学校系统改革令》。其中确立的"六三三学制"即标志着普通高中的诞生。不仅如此，"六三三"学制的出现，亦如美国著名教育史专家克雷明（Lawrence Cremin）所言，正体现了对发育期儿童的特殊需求的更大重视[①]。而从另一种意义上看，高中教育的发展又受限于经济、社会的发展需求。尤其在中华人民共和国成立后至21世纪前期的这段日子里，社会发展诉求尤其决定了国内高中阶段教育的发展方向、赋予高中阶段教育以复杂的角色。正是如此，政策视域下的高中教育往往暗含了两种取向：一是以培养社会所需人才、服务社会经济发展为目标的社会本位取向；二是以服务个体发展、满足个体生命成长需求为指向的人本取向。两种取向伴随高中教育发展的全过程，并在不同的历史时期，以不同的分量影响了高中阶段教育发展的整体定位。其间的政策文献中，与高中阶段教育捆绑出现的关键词便是：普及、多样、特色、普职融通。

第一节 新中国成立以来高中教育相关政策之演变

20世纪50年代中期，我国基本完成了生产资料所有制的社会主义改造，并开始进入社会主义建设时期，全国的工作重心也逐渐转向了现代化

[①] [美]劳伦斯·阿瑟·克雷明：《学校的变革》，单中惠、马晓斌译，上海教育出版社1994年版，第336页。

建设,"为社会主义建设服务"成为社会主义教育的根本方向。在这一时期,中学教育除了部分性地承担为高等学校输送人才之外,更多地指向了生产、劳动技能的普及化培养。1954年《中央人民政府政务院关于改进和发展中学教育的指示》中即提到,"中学教育不仅要供应高等学校以足够的合格的新生,并且还要供应国家生产建设以具有一定政治觉悟、文化教养和健康体质的新生力量。因此中学毕业生,除部分根据国家需要升学外,大部分应该积极从事工农业生产劳动或其他建设工作"[①]。1958年,《中共中央、国务院关于教育工作的指示》强调了全日制、半工半读和业余学习三类学校的共同发展,并从"普及"与"提高"协调并进的高度指出了三类学校不同的发展定位:全日制学校担负提高的任务,另外两类学校则用以普及教育,以此提高工业和农业生产的技术水平,提高广大人民的政治觉悟和文化水平。亦如该文件所指,"我们的原则,是在普及的基础上提高,在提高的指导下普及,是'两条腿走路',不是'一条腿走路'"[②]。然而,仔细推敲,此时的所谓"普及"主要指向了大部分的普通民众,目标在于基本的德(政治觉悟)与能(生存能力、生产能力)的培养;而所谓"提高"则主要指向了少部分的精英群体,目标在于为高等学校输送人才。这样,"普及"与"提高"两条腿走路便顾及了多数人的发展,但某种意义上却也过早地造成了个体发展的两极分化,未能真正顾及个体的发展特点与需要。这也与我们如今所言"兼顾'普及'与'提高'"之所指存有明显的不同。

改革开放后,为了使教育更主动地适应现代化建设的需求,我国的教育方针更加凸显了"教育为社会主义建设服务"的迫切性。1983年,邓小平在为景山学校的题词中写道,"教育要面向现代化,面向世界,面向未来"[③]。两年后,这"三个面向"在《中共中央关于教育体制改革的决定》中被作为我国教育工作的指导思想。1985年5月,《中共中央关于教育体制改革的决定》(以下简称《决定》)中提出,"教育必须为社会主

---

① 《中央人民政府政务院关于改进和发展中学教育的指示》,《山西政报》1954年第12期。
② 《中共中央、国务院关于教育工作的指示》,《江苏教育》1958年第18期。
③ 刘亦凡、苏令:《"三个面向"指引教育发展方向》,2018年12月17日,http://www.jyb.cn/rmtzgjyb/201812/t20181217_123512.html,最后浏览日期:2021年10月3日。

义建设服务,社会主义建设必须依靠教育",同时指出"在教育体制改革中,必须尊重教育工作的规律和特点"①。在此背景下,关于高中(中学)教育的政策内容也有了一些变化。这在1985年《决定》中即有所体现。

较之以往的政策,《中共中央关于教育体制改革的决定》中,针对中学(高中)阶段教育所做的指示有几个明显的突破:一是首次深入讨论了"普职融通""普职并立"的问题,指出要"有计划地将一批普通高中改为职业高中,或者增设职业班,加上新办的这类学校,力争在5年左右,使大多数地区的各类高中阶段的职业技术学校招生数相当于普通高中的招生数,扭转目前中等教育结构不合理的状况"②。这个文件虽然没有针对高中阶段教育的发展做整体性的目标定位,但其中却蕴含了高中阶段教育多样化发展的意味,包括学生升学路径的多样化、高中办学形式的多样化(普通教育与职业教育并立)。

20世纪90年代,我国面临全面推进经济体制改革,努力实现第二步战略目标和迎接新世纪挑战的历史性任务,社会主义现代化建设进入新的时期。此时,高中阶段教育的多样化发展也正式出现在了国家政策文件中。1993年,《中国教育改革和发展纲要》中明确提到,本世纪末,我国教育发展的总目标是"形成具有中国特色的、面向二十一世纪的社会主义教育体系的基本框架"。其不仅首次将"有条件地普及高中阶段教育"作为具体目标,也明确提出高中阶段教育多样化、特色发展问题。比如,其中提到:"必须从我国国情出发,根据统一性和多样性相结合的原则,实行多种形式办学,培养多种规格人才,走出符合我国和各地区实际的发展教育的路子","中小学要由'应试教育'转向全面提高国民素质的轨道,……办出各自的特色。普通高中的办学体制和办学模式要多样化"。"改变政府包揽办学的格局,逐步建立以政府办学为主体、社会各界共同办学的体制。""各地要积极发展多样化的高中后教育,对未升入高等学校的普通高中毕业生进行职业技术培训。普通中学也要分别不同情况,适当开设职业技术教育课程。""支持和鼓励中小学同附近的企业事业单位、街道或村民委员会建立社区教育组织,吸引社会各界支持学校建设,参与

---

① 《中共中央关于教育体制改革的决定》,《民主与科学》2009年第5期。
② 《中共中央关于教育体制改革的决定》,《民主与科学》2009年第5期。

学校管理，优化育人环境，探索出符合中小学特点的教育与社会结合的形式。""中小学教材要在统一基本要求的前提下实行多样化。"①

1995年，国家教委在《关于大力办好普通高级中学的若干意见》中指出，普通高中教育存在的主要问题包括办学体制缺乏活力，办学模式单一等。基于此，《意见》提出，要拓宽办学渠道，改变政府办学的单一体制，逐步建立以地方政府办学为主，社会各界共同办学的体制；要鼓励和支持企、事业单位继续办好民办普通高中；支持和鼓励社会团体、公民个人按照国家法律和政策举办普通高中，也可以实行"公办民助""民办公助""公有民办"等办学形式；要继续抓紧普通高中办学模式的改革，改变目前比较单一的升学预备教育模式，逐步实现多种模式办学。②此时的"多样化"主要指向了办学体制与办学模式，目的在于拓展普通高中教育资源，着重在"量"的层面提高高中教育的普及程度、拓展人才培养空间。其后的几年，高中教育的改革重心则逐渐转向兼顾质与量的统筹发展③，某种意义上可以1999年为界。

1999年，《关于深化教育改革　全面推进素质教育的决定》在高中阶段人才培养方面即凸显了质与量相统一的战略实施路径。它将"普及"与"提高"融合到一起，在教育"大众化"的基础上，同步强调"提高"教育质量——既在数量上对高中阶段教育要求"普及"，又在质量上要求"提高"，"在关注民生的同时，也更加注重培养人的综合素质"。④自此，国内教育开始逐渐由注重培养人才的外在属性向人才培养的内在属性过渡，进而翻开了高中阶段教育的新篇章。是年，国务院批转教育部的《面向21世纪教育振兴行动计划》把城市和经济发达地区普及高中阶段教育的时间点定在2010年⑤。不仅如此，1999年《教育部关于积极推进

---

① 《中共中央　国务院关于印发〈中国教育改革和发展纲要〉的通知》，《中华人民共和国国务院公报》1993年第4期。

② 刘世清等：《从重点/示范到多样化：普通高中发展的价值转型与政策选择》，《华东师范大学学报》（教育科学版）2013年第1期。

③ 姚琳、李夏：《改革开放40年我国高中阶段教育政策的价值变迁》，《西南大学学报》（社会科学版）2018年第4期。

④ 姚琳、李夏：《改革开放40年我国高中阶段教育政策的价值变迁》，《西南大学学报》（社会科学版）2018年第4期。

⑤ 《国务院批转教育部面向21世纪教育振兴行动计划的通知》，《教育部政报》1999年第3期。

高中阶段教育事业发展的若干意见》更是针对高中阶段教育多样、特色发展问题提出了多样、具体、明确的方向，其间"初—高分离"、"联合办学"、示范性高中建设、"特色高中"等概念也由此凸显出来。《意见》提到，"高中阶段教育的发展要充分利用现有教育资源。已经'普九'的地方，可以通过学校布局调整、高初中分离、重点学校与薄弱学校联合办学、灵活多样的授课制等形式，挖掘潜力，扩大现有公办普通高中的招生规模。……加强示范性高中的建设，扩大示范性高中的招生规模，努力满足人民群众对高质量高中阶段教育的需求"。"鼓励办学条件较好、教育质量较高的公办普通高中在保证本校规模和教育质量的前提下，采取多种方式与其他学校、社会力量联合举办民办普通高中"，"有条件的高等学校可以按照国家有关规定，采取民办机制举办附属普通高中和外语、体育、艺术等特色高中"。[1]

21世纪初，我国社会呈现了新的转型样态。包括：增强自主创新能力以建设创新型国家的经济转型、坚持以人为本的价值趋向转型、确立法治与德治相结合的治理结构转型、构建和谐社会的社会发展目标转型。与此同时，信息时代的快速到来也使各种思想文化百花齐放、相互交融，并日益改变着学生的成长环境，学生的思想更加自主，个性更加鲜明，这均为国内教育带来了挑战。对此，党和国家审时度势，提出了以"个性发展"为主的一系列教育政策。

2001年，《国务院关于基础教育改革与发展的决定》强调了基础教育在我国整体教育事业中的重要性、优先性，提出"大力发展高中阶段教育，促进高中阶段教育协调发展。有步骤地在大中城市和经济发达地区普及高中阶段教育"。[2] 并凸显了以下三方面的内容：一是继续突出了"分离—融合"的发展路径——鼓励有条件的地区实行完全中学的初中与高中分离，保持普通高中与中等职业学校的合理比例，鼓励发展普通教育与职业教育沟通的高级中学，以此扩大高中学校的规模，促进普高与中职教育的协调发展；二是强调示范性普通高中的建设，以此推动素质教育的实

---

[1] 《教育部关于积极推进高中阶段教育事业发展的若干意见》，《教育部政报》1999年第9期。

[2] 《国务院关于基础教育改革与发展的决定》，《教育部政报》2001年第Z2期。

施；三是鼓励"纵向"的合作办学，引导有条件的普通高中与高等学校合作，探索创新人才培养的途径。在相关政策的目标体系中，普通高中特色发展尚不明朗。直到2010年《国家中长期教育改革和发展规划纲要（2010—2020年）》的颁布，作为对学生个性化发展的支持，普通高中特色办学才真正进入了人们的视野，成为国内普通高中办学的重要方向。

2004年国务院批转教育部的《2003—2007年教育振兴行动计划》再次强调，"多种形式积极发展普通高中教育，扩大规模，提高质量。加大对农村高中发展的支持力度，引导示范性高中建设，加快基础薄弱校的建设，扩大高中优质教育资源供给能力"。[①]

2010年《国家中长期教育改革和发展规划纲要（2010—2020年）》（以下简称《纲要》）将"育人为本"作为教育工作的根本要求，并首次在国家政策中赋予高中阶段教育以独立的教育意义，重新明确了高中阶段教育的性质，认为高中阶段是对学生个性发展而言至关重要的一个时期，要求在此时期塑造学生的自立能力、自主学习能力以及社会适应能力。其中，高中阶段教育确立了三个层面的发展目标：一是加快普及高中阶段教育，注重培养学生自主学习、自强自立和适应社会的能力，保持普通高中和中等职业学校招生规模大体相当；二是全面提高普通高中学生综合素质，注重教育内涵发展，鼓励学校办出特色、办出水平，把教育资源配置和学校工作重点集中到强化教学环节、提高教育质量上来；三是"推动普通高中多样化发展"，包括促进办学体制多样化，扩大优质资源，推进培养模式多样化，满足不同潜质学生的发展需要，探索发现和培养创新人才的途径。鼓励普通高中办出特色，鼓励有条件的普通高中根据需要适当增加职业教育的教学内容，探索综合高中发展模式，采取多种方式，为在校生和未升学毕业生提供职业教育。[②] 自此以后，多样化成为高中阶段教育的基本定位，而"特色"则成为普通高中学校办学的关键词。

2013年《教育部关于2013年深化教育领域综合改革的意见》在"探索创新人才培养途径"里提到，深化高中办学模式多样化试验，加

---

① 《2003—2007年教育振兴行动计划》，《中国教育报》2004年3月25日。
② 《中共中央 国务院印发〈国家中长期教育改革和发展规划纲要（2010—2020年）〉》，《人民教育》2010年第17期。

强高中学校特色建设,启动中小学与高校科研院所合作开展创新人才培养试验①。

2017年《教育部等四部门关于印发〈高中阶段教育普及攻坚计划(2017—2020年)〉的通知》在"提升教育质量"中提到,"改革人才培养模式……增强普通高中课程选择性,推进选课走班,满足学生多样化需求"。又在"推动学校多样化有特色发展"里提到,"深化普通高中课程改革,加强选修课程建设,充分利用校外教育资源拓展校内课程的广度和深度,增强课程的选择性和适宜性……建立学生发展指导制度,加强对学生课程选择、升学就业等方面的指导。探索发展综合高中,完善课程实施、学籍管理、考试招生等方面支持政策,实行普职融通,为学生提供更多选择机会。建立普通高中和中等职业学校合作机制,探索课程互选、学分互认、资源互通。……充分利用信息化手段促进优质教育资源共享,满足个性化学习的需要。建立省域内优质学校对口帮扶贫困地区薄弱学校的机制,缩小学校之间的差距"。②

2019年,国务院办公厅印发《关于新时代推进普通高中育人方式改革的指导意见》在"改革目标"中提到,2022年"普通高中多样化有特色发展的格局基本形成"。又在"完善学校课程管理"这一部分提出,加强学校特色课程建设,积极开展校园体育、艺术、阅读、写作、演讲、科技创新等社团活动。③并继续强化了对普职融通和"普通高中与中等职业学校课程互选、学分互认、资源互通"的鼓励,以及高校、科研机构、企业等各种社会资源融通,学校、家庭、社会协同指导机制的建设。

2020年,《教育部办公厅关于遴选建立普通高中新课程新教材实施国家级示范区和示范校的通知》在普通高中新课程新教材实施国家级示范

---

① 《教育部关于2013年深化教育领域综合改革的意见》,《云南教育》(视界时政版)2013年第1期。
② 《教育部等四部门关于印发〈高中阶段教育普及攻坚计划(2017—2020年)〉的通知》,2017年3月30日,http://www.moe.gov.cn/srcsite/A06/s7053/201704/t20170406_301981.html,最后浏览日期:2020年10月15日。
③ 《国务院办公厅关于新时代推进普通高中育人方式改革的指导意见》,《中华人民共和国国务院公报》2019年第18期。

校的"申报条件"里面提到,"积极推进普通高中学校多样化有特色发展,整体办学水平较高"①。

实践表明,当普通高中只能容纳少数人就学、具有明显的精英取向时,升入高校的路径指向非常清晰,社会对其多样化发展的需求并不会很大。只有随着普及水平的提升,来自普通高中系统内外的多样化需求才会形成足够压力。正是如此,历年教育政策对于高中教育普及化的追求,在经历了由模糊到精准、由数量到质量、再到"量"与"质"的融合后,亦开始强调对学生个性、学校特色、多样办学的强调。甚至将多样、特色的办学追求细化到了学校课程、教学、制度、机制等的建设中。

可以说,进入21世纪以来,尽管我国高中阶段总体上仍然在继续推行教育的普及化,但政策上却增添了很多符合学生个性化发展的内容,也针对具体的素质和能力培养提供了切实的具有可操作性的途径。比如:积极开展素质教育改革试点,在学校教学方面强调学生的学习体验和感受;在课程设置方面加强高中阶段教材建设,开发特色课程,实施研究性学习、社会实践并创设多种选修课,促进学生全面而有个性的发展。此外,还特别注重改进高中阶段考评制度,增加综合素质评价环节。总之,这一时期国家颁布实施的系列教育政策,正如有学者所言,凸显的是"以'育人为本'为旨归,培养学生多方面的素养,使每一位学生都能受到符合身心发展、紧扣个性特色的教育"②。

第二节 多样化:作为高中学校教育发展的主基调

通过前文梳理可以看出,中华人民共和国成立以来,教育的"多样化"曾以隐、显两种形式呈现在历年教育政策中。这基本可以1993年《中国教育改革和发展纲要》的颁布为界。在此之前,各类教育政策中虽

---

① 《教育部办公厅关于遴选建立普通高中新课程新教材实施国家级示范区和示范校的通知》,2020年4月7日,http://www.moe.gov.cn/srcsite/A06/s3732/202004/t20200410_442242.html,最后浏览日期:2020年4月12日。

② 姚琳、李夏:《改革开放40年我国高中阶段教育政策的价值变迁》,《西南大学学报》(社会科学版)2018年第4期。

然不同程度地蕴含了教育多样化发展的意味,但是针对的基本上是办学体制问题,还没有特别指向某一个学段或是教育系统内部的具体问题,文字表述中也鲜有"多样化"的字样出现。1993年《中国教育改革和发展纲要》针对普通高中明确提出了办学体制和办学模式要多样化的问题,主张从统一性和多样性相结合的原则出发,实行多种形式办学,培养多种规格人才,走出符合各地区实际的发展教育的路子,并鼓励包括高中学校在内的中小学校办出各自的特色。某种意义上可以说,这是普通高中多样化发展的开端,亦是普通高中开始释放异彩的前奏。

一 普通高中教育具有的三种角色

在我国,普通高中教育一直以来都被划归非义务教育的行列。尽管如此,它一端衔接了包括小学、初中教育在内的义务教育,而另一端则通向了相对精英化的高等教育。所以,在整个制度化教育体系中,普通高中教育便占据了重要的位置。相应地,普通高中教育也具有了以下三种角色。

(一) 有选择的基础教育

高中教育属于基础教育。基础教育的对象是大众,教育的目的是培养他们的基本情感、态度和价值观,基本的思维和方法,基础知识和能力,使之成为社会的合格公民。但高中教育不同于义务教育阶段的基础教育,它属于非义务教育。高中教育的招收对象不具有全员性。从整个教育体系看,基础教育是整个金字塔式教育体系的根基,而当前国内普通高中教育的非义务性,却决定了普通高中教育是一种有选择的基础教育。这种角色意味着,普通高中教育仅仅面向那些有能力(包括学习能力、经济支付能力)、有期望上大学的个体,但在实然意义上却将这种有能力、有期望上大学的个体归类为某一类群体,即精英群体。因此,在决定谁来接受普通高中教育时,制度化教育的选拔功能便凸显出来。

(二) 预备性的生存教育

从制度化教育体系看,普通高中教育与高等教育联系更为紧密,可以说是高等教育的预备阶段。进入普通高中即意味着向大学门槛迈近了一步。反观当前大学扩招以及社会用人单位对人才的需求,大学学历俨然成为求职的必备之物。换句话说,高等教育已成为人们求得良好生存、满足生活需要的基础。而作为通往高等教育的重要途径之一,普通高中教育即成为获得这些职业的前期准备,因而是一种预备性的生存教育,但还不是全然意义的生存教育。与同级别的职业教育相比,普通高中教育更为严密、系统的知识传授以及它对实践能力的较低要求,都表明它与这些实然意义上的生存性教育截然分离。倘若与高等教育之间的衔接受阻,那么普通高中教育便无法满足那些受过普通高中教育但未进入高等教育阶段的学生其基本的生存性需求。因为在以成绩为主要考量标准的制度化教育体系中,教育向来注重的是学生抽象知识的获取,而非亲临实践的经验和能力。也正是如此,普通高中教育从初始阶段的入学考试到最终的升学考试的全程中,都充斥着融合了学生家庭、社会以及文化实力的激烈竞争,进而将制度化教育的选拔、筛选功能衍化到了极致。

(三)储备性的地位教育

由于当前的普通高中教育不具有全员性,且存在重点与非重点、示范与非示范的差距,再加上不同普通高中总体数量和招生数额的限度,使普通高中在招生标准上持有的择优原则得以合法化,普通高中阶段教育也顺理成章地具有了精英化的特权。这种原则和特权的现实呈现,即是让不同发展水平的普通高中都在绞尽脑汁提高升学率,通过自我宣传和优惠条件吸引优质生源。正是如此,普通高中教育一方面会着重于本校学生应试能力的培养,人为地在学生中间制造差距;另一方面则在招生过程中,提高标准,向初中阶段发放对学生能力进行等级分类的信号。如此,同一学校的不同学生以及不同学校的学生之间在学习成绩以及相关素质的考核上都具有了等级性的差异。另外,鉴于普通高中教育是通往大学尤其是名牌大学最重要的途径,而后者在当前社会中,又是赋予人较高职业和社会地位所必需的符号资本的产出地。因此,学生在高中之前以及高中阶段获得的能力差距即预示了他们进入大学(尤其是名牌大学)和获得好工作、高收入、高地位的可能性。换句话,伴随高等教育地位性的象征意义,普通高中教育也具备了地位的象征。只是这种地位尚未现实化,而是在各种地位性资源的利用和抢夺中,积攒使其现实化的力量。

随着社会的发展以及民众受教育需求的增长,高中教育在整个教育体系中的地位越发凸显。在此形势下,普通高中教育的运行状况、高中入学与升学考试评价、学校办学方式与改革方向等,不仅会影响初中、小学教育的运作方向，制约高等学校人才招收、培养的质量，根本上也会影响每一个适龄个体的生存与发展方向，牵动无数个与之相关联的群体与家庭。正是如此，普通高中教育公平性如何？支撑这种公平性的两个基本指标——数量与质量如何确立、如何体现？便涉及"民生"问题，关乎教育方针中"为人民服务"这一根本目的的实现。也正因如此，在历年相关的教育政策文件中，高中教育地位、独立性的凸显，教育的多样化发展也逐渐成为高中学校发展的"主基调"。

二 从公平的视角看高中阶段教育多样化发展的意味

尽管高中教育属于基础教育的一部分，是人们获取生存性资源的重要途径，然而现实中，高中教育却不免存在某种"地位依赖"，这体现在校际间不同级别的划分、高中有限量的招生数额上。正是这种有限性和等级性，凸显和加剧了普通高中选拔特性的外显，也成为优势群体保持或进一步提升自身优势的有效途径。然而，从教育的本然追求看，它一方面是要尽可能地保障人生命本能的凸显，满足人的生存性需要；另一方面，则是引导人发掘自我内在的精神生命，体现个体的独特性及其与外在环境的和谐。

当前的普通高中教育更强调对人能力的最大发掘，并力图将这种能力专门化，为大学专门教育以及专门化的社会分工做铺垫。但是对于这种专门化的能力，每个人的自我呈现并不一致，也并非每个人都具备或是能够达到选拔性教育对能力本身的要求。这样一来，在普通高中数量有限的情况下，选择一部分适合且愿意接受普通高中教育的人进入普通高中便成为必然。这也意味着，在普通高中教育的门槛前，还有一部分人会被拒绝。那么，在这个时候谈公平问题，便意味着需要站在被拒绝者的立场试问这种拒绝是否合理？如果说，在制度化教育体系中，以成绩或能力的发展状况作为教育的参照或是选拔标准是相对公平且合理的选择，那么，那些没有机会接受普通高中教育的人被拒绝的公平性理由，便必须是因为他们不具备相应的学习能力，或是没有努力、不愿意努力。除这些归属于个人的主观因素外，其他对学生入学机会造成影响或干扰的因素便可能违背公平原则。

然而，学习能力，尤其是初中教育结束后学生已具备的学习能力和素质,仍是一个发展着的概念。换句话说,个体的学习能力和成绩是积累的结果。这种积累,既来源于个体之前受教育的结果,也源于个体所在环境的影响。包括家庭的情感支持、教育期望和生活氛围,以及家庭对学生个体学习的额外投资,如课外辅导等。对于依靠这种附加条件而得到能力增长的个体,他们依靠这种已累积的成绩获得进入普通高中的资格,并不能简单地说是不公平,因为学校教育本身对他们的作用力并没有偏向许多。这便说明,在高中入学机会的阶层差异上,如果被选择的对象接受的学校教育一致,或者说,学校教育对学习能力本身的影响是微乎其微的,而他们已具备的经济、社会资本也只是通过诸如增加课外辅导等机会强化子女的学习能力,那么这样的教育无所谓公平与否。因为它不是学校教育实施分配的结果,也非学校教育能够干预的。尽管如此,在面对这样的问题时,学校教育仍无法置身事外。学校需要为那些无法享受额外投资的个体实施补偿教育,以淡化累积因素对标准化测验本身客观性的影响,凸显教育的效用。

其次,由于初中升学前,学习累积是影响个体获取入读高中的资格的重要因素,而这种累积多半也体现在小学和初中阶段的教育中。因此,义务教育阶段是否具有实然意义的教育公平便成为关键。尽管当前中小学教育具有义务性,也不存在明显的等级划分,然而资源在不同学校之间配置的不均等问题依旧存在。这种不均等的资源配置,往往折射出等级化的信号,使一部分家长不惜动用自身资本,利用择校机会,将子女送入成绩较好的学校。这种现象进一步积聚的结果,便是成绩较好的学校的隐性诞生和固化,以及社会优势阶层向这些学校的积聚。后者往往因为群体优势力量的聚集而进一步加大了个体学习成就获得的期望值和可能性。而那些就读于师资力量相对较为薄弱的学校的学生,极有可能因为条件的累积性差异,在标准化的能力测验中占据不利地位。这种情况发生的背后,显然存在除学生个人主观努力及天赋能力外的其他因素的影响,进而使不同阶层子女在关键性的升学竞争前就已不在同一起跑线上。

从"教育使人成为一个人"这一本真性的追求[①]看高中阶段教育的公平性,可以说,这不仅意味着高中阶段教育的受益群体应指向所有适龄的

---

① 鲁洁:《做成一个人——道德教育的根本指向》,《教育研究》2007年第11期。

受教育个体，也意味着教育的活动类型和方向需依凭个体的资质和个性特征，教育的成效要突出对个体可持续性发展的关注。这些最终又会上升到对高中阶段教育"质"与"量"的考量上。

为了实现质与量的发展，进而满足不同个体的受教育需求，回应国家教育方针中"培养德智体美劳全面发展的社会主义建设者和接班人"这一人才培养规格，高中阶段教育便需在"多样化"发展方面下大力气，即：既需开展体制改革，实现办学体制的多样化，也需开展机制建设、办学模式改革，实现办学模式或人才培养模式的多样化。甚至也需要从微观层面着手，从学校内在的办学要素着手，构建适合学生多样化、个性化发展的教育体系。可以说，"多样化"根本上即结构优化、方式灵活，意味着学校教育的依需发展、以资促优。正如有学者所言，"高中阶段教育应该是一个入口多元、出口多元、内部普职融通、与高等教育密切衔接、体制灵活的'立交桥'式的教育体系，在这个体系内学生具有充分的可选择性，能够最大限度地利用教育资源，最大限度地实现学生的自主选择"。① 这大概便是 2010 年《纲要》出台以后历年文件中"多样化"发展的意味所在。

多样化的核心是适切性，即适切于学生的个性发展、兴趣爱好、能力水平。哈耶克曾指出，"人得到最为多样化的发展具有绝对且本质的重要性"②。因此，普通高中教育的多样化，其实现过程，正是一个把对个体、个性的关照从弱势地位转换为相对重要地位的过程。这个转换，在本质上便是体制的转换、价值观的转换③。

从一般意义上看，所谓"多样化"对学校、学生而言有着不同的意味。从学校层面看，"多样化"意味着关注和重视每一所学校，实现学校自主、特色化发展。要更好地回应教育多样化发展的诉求，学校便需充分发挥自身主体性与积极性，在一定的政策空间内根据学校自身的实际情况

---

① 顾明远、石中英：《〈国家中长期教育改革和发展规划纲要（2010—2020）〉解读》，北京师范大学出版社 2010 年版，第 23 页。
② 转引自杨锐、李天鹰《我国普通高中多样化发展的情境之困与破解》，《现代教育管理》2017 年第 1 期。
③ 杨锐：《统一与多样辩证关系视野下普通高中多样化发展——基于吉林省 54 所普通高中的调研》，《东北师大学报》（哲学社会科学版）2019 年第 6 期。

追求自我定位发展，形成发展特色；从学生发展层面看，多样化意味着要尊重学生的差异与个性发展，为学生的个性差异和发展提供多条路径、多种方式，为每个学生提供适合的教育，帮助学生发现不同、发展不同，进而为不同的选择奠定基础。

三 从教育政策文本看"多样化"

在高度集中的计划经济体制下，政府是唯一的办学主体，掌握着开办学校所需的财政、经济、政策及制度上的所有资源，统一规定学校的办学规模、专业设置、投资制度、招生规模及教学内容等。这种教育体制在各种资源短缺、规章制度不完善的时代，有利于政府集中力量办教育，使教育事业快速起步、快速发展。然而改革开放后，随着我国市场经济的成功运作，国内大众对教育的需求也逐年递增，在这种情况下，单纯依靠政府投资办学这一国有化的办学体制在运作上日显吃力，办学体制改革日显紧迫。正是如此，改革开放以来，国内政策开始强化多元办学主体，不仅强调办学体制的多样化，也逐渐突出了办学模式的多样化。

1958年《中共中央、国务院关于教育工作的指示》提到，"为了多快好省地发展教育事业，必须动员一切积极因素，既要有中央的积极性，又要有地方的积极性和厂矿、企业、农业合作社、学校和广大群众的积极性，为此必须采取统一性与多样性相结合……的原则"。① 这个时期提倡的教育"多样化"是办学形式的多样化，即"国家办学与厂矿、企业、农业合作社办学并举，普通教育与职业（技术）教育并举，成人教育与儿童教育并举，全日制学校与半工半读、业余学校并举，学校教育与自学（包括函授学校、广播学校）并举"，多类学校并立、并举，有望促进教育事业的快速发展。只是，这个时期的文件还没有专门针对高中阶段教育的发展作特定指示。

1985年，《中共中央关于教育体制改革的决定》首次提及高中阶段教育的发展问题。其中，关于高中教育"多样化"的诠释涉及了"普职融通""普职并立"的问题，指出要"有计划地将一批普通高中改为职业高

---

① 《中共中央、国务院关于教育工作的指示》，《北京师范大学学报》（办学经验总结专号）1958年第S1期。

中，或者增设职业班……力争在 5 年左右，使大多数地区的各类高中阶段的职业技术学校招生数相当于普通高中的招生数"①。这个文件虽然没有针对高中阶段教育的发展作整体性的目标定位，但却一定意义上确立了高中阶段普通教育与职业教育并立的基本格局。自此以后，普职并立一直是高中阶段教育多样化发展的关键性的指标。

1993 年，《中国教育改革和发展纲要》首次将"有条件地普及高中阶段教育"作为具体目标，并初步提出高中阶段教育多样化、特色发展问题，不仅提到中小学要办出各自的特色，指出普通高中的办学体制和办学模式要多样化，也提到中小学教材的多样化问题。② 可以说，这一时期，普通高中多样化发展正成为普通高中阶段教育的重要追求，并开始关注学校系统内部局部要素（比如课程）的多样化建设问题。

1995 年，《关于大力办好普通高级中学的若干意见》针对普通高中办学形式和办学模式的多样化提出了更明确的方向，指出普通高中要拓宽办学渠道，办好民办普通高中，实行"公办民助""民办公助""公有民办"等多种办学形式，改变单一的升学预备教育模式，逐步实现多种模式办学。③ 此处倡导的高中"多样化"意在拓展普通高中教育资源，着重在"量"的层面提高高中教育的普及程度、拓展人才培养空间。其后的几年，高中教育的多样发展逐渐转向兼顾质与量的统筹发展。

1999 年，《教育部关于积极推进高中阶段教育事业发展的若干意见》针对高中阶段教育多样、特色发展问题提出了多样、具体、明确的方向，其间"特色高中"这一概念也首次得以凸显出来。按照《意见》所指，"有条件的高等学校可以按照国家有关规定，采取民办机制举办附属普通高中和外语、体育、艺术等特色高中"。④ 然而，接下来的十年间（直至 2010 年），"特色高中"这一概念鲜少在文件中出现。在相关政策文件的目标体系中，普通高中特色发展一直不够明朗。直至 2010 年《国家中长期教育改革和发展规划纲要（2010—2020 年）》的颁布，普通高中特色办

---

① 《中共中央关于教育体制改革的决定》，《中华人民共和国国务院公报》1985 年第 15 期。
② 《中国教育改革和发展纲要》，《人民教育》1993 年第 4 期。
③ 《关于大力办好普通高级中学的若干意见》，《学科教育》1995 年第 9 期。
④ 《教育部关于积极推进高中阶段教育事业发展的若干意见》，《教育部政报》1999 年第 9 期。

学才正式进入了人们的视野，成为国内普通高中办学的重要方向。

从国家政策层面看，关于我国高中教育发展方向标志性（甚至近乎开创性）的表述出现在《国家中长期教育改革和发展规划纲要（2010—2020年）》（以下简称《纲要》）中。《纲要》首次在国家政策中赋予高中阶段教育以独立的教育意义，重新明确了高中阶段教育的性质，认为高中阶段是对学生个性发展而言至关重要的一个时期。要求学校注重教育内涵发展，鼓励学校办出特色、办出水平。其中，"推动普通高中多样化发展"被确立为高中阶段教育重要的发展方向。按照《纲要》所指，"推动普通高中多样化发展"内容包括五项，分别是：办学体制多样化；培养模式多样化；发现和培养创新人才；普通高中特色化；让有条件的普通高中增加职业教育内容并探索综合高中发展模式。自此以后，多样化成为高中阶段教育的基本定位，而"特色"则成为普通高中学校办学的关键词[1]。

2013年《教育部关于2013年深化教育领域综合改革的意见》在"探索创新人才培养途径"里提到，深化高中办学模式多样化试验，加强高中学校特色建设，启动中小学与高校科研院所合作开展创新人才培养试验[2]。

2017年，《教育部等四部门关于印发〈高中阶段教育普及攻坚计划（2017—2020年）〉的通知》在"提升教育质量"中提到，"改革人才培养模式……增强普通高中课程选择性，推进选课走班，满足学生多样化需求"。又在"推动学校多样化有特色发展"里提到：

> 深化普通高中课程改革，加强选修课程建设，充分利用校外教育资源拓展校内课程的广度和深度，增强课程的选择性和适宜性……建立学生发展指导制度，加强对学生课程选择、升学就业等方面的指导。探索发展综合高中，完善课程实施、学籍管理、考试招生等方面支持政策，实行普职融通，为学生提供更多选择机会。建立普通高中和中等职业学校合作机制，探索课程互选、学分互认、资源互

---

[1] 《国家中长期教育改革和发展规划纲要（2010—2020年）》，《人民日报》2010年7月30日第13版。

[2] 《教育部关于2013年深化教育领域综合改革的意见》，2013年1月29日，http://www.moe.gov.cn/srcsite/A27/zhggs_other/201301/t20130129_148072.html，2020年10月23日。

通……充分利用信息化手段促进优质教育资源共享，满足个性化学习的需要。①

2019年，国务院办公厅印发《关于新时代推进普通高中育人方式改革的指导意见》，在"改革目标"中提到，2022年"普通高中多样化有特色发展的格局基本形成"。又在"完善学校课程管理"这一部分提出，加强学校特色课程建设，积极开展校园体育、艺术、阅读、写作、演讲、科技创新等社团活动。并继续强化了对普职融通、"普通高中与中等职业学校课程互选、学分互认、资源互通"的鼓励，以及高校、科研机构、企业等各种社会资源融通和学校、家庭、社会协同指导机制的建设。

2020年《教育部办公厅关于遴选建立普通高中新课程新教材实施国家级示范区和示范校的通知》在普通高中新课程新教材实施国家级示范校的"申报条件"里面提到："积极推进普通高中学校多样化有特色发展，整体办学水平较高……"②

从普通高中政策的发展进程看，在高中阶段教育普及程度较低的时期，普通高中强调的是选拔淘汰，注重学术质量。随着高中阶段教育普及程度的提高，高中教育进入大众化阶段，普通高中的职能便也从升学拓展为兼顾升学、就业、普及等职能。新时期，政策文件对于教育"多样化"的规定，不仅变得更具体、更有操作性，甚至也已被引申为构建多样、开放与可选择的高中教育体系。这又被分设为两个同等重要的板块：一是高中学校办学类型与培养模式的多样化；二是适应学生发展差异、满足学生多样需要的个性化的教育体系（包括课程、教学以及围绕此建立的组织、管理系统）。可以说，目前高中教育体制改革的重点在于发展多样化的高中教育，以此促进高中教育制度的灵活化，使教育更加个性化，即更加适合学校的实际、更加适合学生的个体需要。这意味着，多样化成了普通高

---

① 《教育部等四部门关于印发〈高中阶段教育普及攻坚计划（2017—2020年）〉的通知》，2017年3月30日，http://www.moe.gov.cn/srcsite/A06/s7053/201704/t20170406_301981.html，2020年10月15日。
② 《教育部办公厅关于遴选建立普通高中新课程新教材实施国家级示范区和示范校的通知》，2020年4月7日，http://www.moe.gov.cn/srcsite/A06/s3732/202004/t20200410_442242.html，2020年4月12日。

中普及化发展的必然选择。这种选择实现了两个转变：一是从关注极少数重点校与精英学生，转变为关注每一所学校与全体学生；二是从重视普通高中的升学预科职能，转变为重视普通高中基本的育人职能。

第三节 "多样化"与"特色"何以关联？

对于"多样化"，区域、学校和课程往往有着相对不同的着眼点。而《纲要》所指的"多样化"在根本上要求这三个层面实现统合。为此，各层面除了需明确各自关于"多样化"的不同定位外，还需在此基础上开展联合实践。

从区域层面看，"多样化"意味着将学校作为不同的、相对独立的"单元"进行特色定位、布局，形成区域内差异化的学校发展格局——即"错位发展"。为此，地方当局需就学校办学制定更具开放性的政策，为学校创造"有弹性"的发展空间。包括：第一，认可不同学校办学资源、起点、变革效率的差异，对这些差异的形成进行更清晰的原因鉴定，在此基础上，为学校提供可供选择的幅度范围，允许学校从中选择、确立可以满足自己学校学生需要的特殊目标；第二，通过不同的项目对学校进行针对性的、更加清楚明确的指导，同时，为学校提供其所需的实践、信息和充足的经费支持，使其致力于处理真正的问题。

从学校层面看，"多样化"意味着学校须确立以个性、差异为指引的特色发展思路——即为了学生个体的发展而"特色"。一方面，强化校本意识，正视并珍视学校特有的资源、优势、问题、需求，并致力于发掘、转化其中的个性资源（比如学生个别需求、优势、特长），基于这些数据资料作出学校发展决策，用以支持、调整学校办学实践；另一方面，强化"生本"意识，坚持从学生长远的、个性化的发展需要出发——如联合国教科文组织提到的，使学生形成适应高等教育阶段理智学习需要的思维与认知能力、适应就业需要的技术能力和知识应用能力、适应作为一个负责任的公民参与社会生活的能力等[①]——界定特色办学的意义和方向，并据

[①] 仲建维：《我国高中教育改革：国际视野与本土行动》，《全球教育展望》2014年第3期。

此调整办学实践。包括：学校各类资源的开发、创设、提升应致力于回应学生的发展需求；重视和研究学生的差异性，根据对学生需求的评估作出教育决定，通过灵活多变的教学策略发展学生资质。

从学校课程与教学的层面看，"多样化"意味着以促进个性化学习为导向的学、教体系建设。即学校教学改进活动需建立在证明学习者进步、动机养成、需要和满足需要的质和量结论的基础上，"通过严格的审查选择重点、确立目标，评价那些超越基点水准的证据"①。这包含三个关键环节：一是从学生具体的学习变化、学习表现和学习需要出发，探索实现这一目标最有效的教学策略；二是反思学校组织为支撑这一发展需要作出的调整；三是检视早先制定的学校管理政策，提炼出对学校最有用的改进计划并使其制度化。由于不同个体达到某一领域特定发展水平所需要的学习时间和教育条件存在不同，加之他们在不同发展领域中的发展极限也存在差异，因而依据学生具体的学习情况进行的教育体系的调整便彰显了"个性化"特征②。

以上三种不同的"多样化"如何才能在各自有所侧重的情况下"成全"彼此呢？从部分成功的实践案例来看，那些表现卓越的学校往往会从改变学生的学习情况着手推动改革，并且也能使学生学习取得显著的效果和进步。在这个过程中，这些学校全体教师会不断围绕"我们希望学生的学习和表现产生什么变化"这样的问题协作讨论、确定学生发展需求，并据此制定最有效的教学策略。不仅如此，地方层面的支持政策也会考虑教与学的背景以及学校自身能力构建。然而，从深层次看，高中阶段教育多样化的实现，除了要求地方、教育当局以及学校、教学实践各自基于自身职能、平台的差异对"多样化"进行独特定位外，还有赖于以下四个约束性条件：

一是各层面之间的有效联合。校内外发展方案能系统地聚焦于个性化的教与学，并围绕此开展联合性实践。

---

① ［英］David Hopkins：《让每一所学校成为杰出的学校——实现系统领导的潜力》，鲍道宏译，华东师范大学出版社2010年版，第17页。
② 武秀霞：《普通高中特色化发展：机遇、困境及其提升路径》，《教育发展研究》2017年第22期。

二是为教师赋能。教师拥有明确的权利和责任去为学生创造、安排用以开展个性化学习的弹性空间。比如，在特定的学习单元里，"教师的教学新智慧就要体现在如何给学生提供资源线索、如何合理划定修习范围、如何为不同学习方式、节奏和进度的学生搭建不同的攀登阶梯"[①]。

三是对学校能力定位。依据学校在促进学生潜能实现过程中的力量和薄弱之处确定学校办学起点、优势和办学效率。

四是以"选择性"为核心的学生发展空间定位。一方面，建立以"选择性"为核心的课程文化；另一方面，学校其他各项工作需建立在对大量学生表现数据进行分析的基础上，而这些数据以及相关的技术手段也需被用于为学生提供延展性学习和个性化诊断评估。

---

① 李希贵：《新时代普通高中发展的若干思考》，《人民教育》2018年第10期。

第 二 章

实践之维

时代在发展，教育受众及其需求也在发生变化，这决定学校必须保持持续的变革心态，主动从承继而来的老生常谈、刻板印象中挣脱出来，放弃对"陈词滥调"轻松惬意的重复，确立新的、困难的但却必要的观念。然而现实中，有待学校克服或转变的问题不仅是对"陈词滥调"的重复或坚持倾向，还存在于那些超越现实的许诺、充满诱惑的劝导中。这种用"积极"言语取代行动的消极意向，往往使学校"满足于创设文档而不是将理念付诸实施"。[①] 在此情形下，学校会模糊变革的意义与使命，满足于用文字表述使命，用对话和文档代替变革，而不是成为推进有意义的行动的力量。可以说，面对变革以及在变革途中，学校存在多种选择、多种诠释，这些方式彰显了不同的变革心态，也预示了不同的变革方向与变革效果。

第一节　学校变革的主要路向

变革意味着改变，这种改变力度有大有小。它可以是破坏性的革新——与过去划清界限，也可以是局部的、渐进性的改革。变革的效果和意义如何？这不仅取决于初设的变革目标，更是取决于相关者在参与和推动变革中持有的动机、观念，以及对资源的运用方式等。同时，还取决于由变革产生的可持续的、积极影响。用通俗的话讲，"变"本不是目的，

---

① ［加］迈克尔·富兰：《变革的挑战——学校改进的路径与策略》，叶颖等译，北京大学出版社2013年版，第82页。

由变带来的积极效果才是变革的落点所在。在谈及学校变革时，我们需要关注学校变革路径，探讨支撑在这些路径背后的动因，以及这些不同路径之下积极的做法与消极的做法。而判断这些做法是否积极，便围绕一条主线——动机—行动—影响——而来。

一 以"政策"为指引

当决策者根据法律要求学校去实现一个过去没有实现的目标时，他们或许就陷入了一厢情愿的境地。政策制定者的行为似乎是关注于学校系统应该实现的目标，而实际上是在要求学校系统实现仅仅是他们所颁布的目标。[1]

> 政府的"变革理论"及其相关的新的信念、知识和结果不同于学校的构想。最成问题的是变革的策略无法同时涉及两个世界，因而也就无法产生积极的结果。[2]

"政策"往往以权威的形式规定了执行者在一定时期内的工作方式、工作步骤，以及这一时期内应该达到的目标和完成的任务等。然而有些时候，因为执行者所处情境、需求的特殊性或关键事件的出现，某些政策、规定却可能无法契合于学校具体的发展需求。正是如此，以"政策"为主导的学校制度建设便不免存在一定的局限。就这一点看来，在以政策为基本依循的发展思路之下，学校以何种手段克服这种局限，便成为其获得更高水平发展的关键。

从对部分学校的访谈看来，以外部政策、制度为依据的变革往往会被学校理解为一种"适应性变革"。在他们看来，学校要适应大环境的要求，便需倾力对政策、文件进行解读，并将其融入学校各方面的建设中。由于对"适应性"的差异性理解，以政策为导向的变革在不同的学校往

---

[1] [加] Michael Fullan：《教育变革的新意义》，武云斐译，华东师范大学出版社 2010 年版，第 84 页。
[2] [加] Michael Fullan：《教育变革的新意义》，武云斐译，华东师范大学出版社 2010 年版，第 22 页。

往会体现出截然不同的思路，进而展现出不同的办学效果。

（一）保守型的制度变革

一旦现有的运转模式无法对学校成员发挥引导力和约束力的时候，便意味着需要对学校制度、机制等作进一步的改进了。然而，如何才能避免学校改进可能带来的风险？这是部分学校较为关心的问题。因为担心管理失序或办学质量（升学率）下降，一些学校便会选择保守型的制度（机制）改进。这通常有两种办法：一是对外界政策、制度进行直接迁移，一般较少基于"校情"对它们作内容上的实质性的解释与变更，然而，这种貌似发生变更的制度不仅无助于学校特色建设的深入推进，也容易导致制度实施僵化的问题；二是对学校制度进行小范围的小修小补，用外来制度、政策中的新话语对校内制度中的相关内容进行较简单或较牵强的变通，未能基于对外来制度与校内制度之间相通性或异质性的判断，对制度进行适当的取舍或提炼。在保守型的制度改进思路下，学校现有制度与外来政策、制度在内容、要求、指向等方面的契合程度，不仅决定了学校制度变革幅度的大小，也影响了学校变革的动力。

（二）创造型的制度建设

以政策为导向的制度建设一般也会被理解为"外向型"的制度变革，原因在于，它的推进思路较倾向于自上而下、由外而内。这种线性的、外向式的制度建设路径，在将新的政策诉求植入学校内部育人体系中时，往往会面临"水土不服"的问题。在这一问题上，创造型的制度建设便体现出了它的优越性。

从部分学校案例看来，那些善于主动创造的学校往往更为关注对政策内容中智力资源的挖掘。即面对新的政策要求，学校会淡化政策释放出的权威、强制信号，而设法将政策内容转化为一种可以有效融合于学校现有制度体系中的新鲜的智力资源。比如，他们会积极地挖掘某些能够对学校产生"创造性拉力"的政策、制度内容，扩大其作用，据此打开未来发展的窗口，为自己创造预先行动的机会。同时，对于那些在学校成员看来不够成熟或较具风险性的要求则开辟讨论、沟通的渠道，重视异议，在不断磨合、改进中缩小政策实施可能带来的负面影响。这样做的意义在于，学校能够在保持与社会变革要求相同步的情况下，"在争论的前沿、在行动上以及在不断的再评估上保持比较宽广的视野"①。

二 以校长管理理念为指引

一所学校如何走向优秀或卓越？习惯的看法是：它最好被优秀、杰出的校长带领。理由在于，一方面，这些校长具有富有个人特色的教育理念和管理方法，他们能够帮助学校准确定位发展方向、及时作出重大决策；另一方面，他们在校内外具有较高的声誉，能够为学校带来所需的支持。正是如此，一些学校的改革实践以及围绕此进行的制度建设，会较多地依赖校长。校长个人的管理理念、改革魄力决定了学校制度变革的思路与动力。与以"政策"为导向的制度变革思路一样，这种以校长管理理念为导向的制度变革也存在一定的局限。能否克服或避免这种局限，同样决定了学校发展程度的高低。

（一）以校长个人办学理念为主导

以校长个人理念为主导的学校改革，很多时候"深植在一种个人化的和非系统的世界观之中"②。倘若没能有效结合学校成员的集体努力，那么这种改革思路极易形成一个对于学校成员集体无力的假设。在这种假设之下，校长容易被视作正确的化身，其可以以给定"处方"的形式去确立制度、传达制度，引导学校成员赞同制度，组织教师并安排他们做事。

然而，这种思路通常很难令学校实现真正的突破：要么难以使教师产生主人翁意识，去主动认同变革观念、将变革视为他们自己的事情；要么则容易形成一支只愿听从命令却不愿意进行主动创造的教师队伍。一些学校深度依赖校长个人的办学理念和管理思想——校长个人的能力、偏好甚至成了彰显学校特色的决定性因子，所以一旦校长发生变更，伴随新校长个人办学理念和管理思想的不同，过去曾经运行良好的管理制度便可能遭遇被突发性地更替或改变的问题。由于缺乏本校范围内的、预先的问题调

---

① [加]迈克尔·富兰：《变革的力量——透视教育改革》，中央教育科学研究所、加拿大多伦多国际学院译，教育科学出版社2004年版，第89页。

② [加]迈克尔·富兰：《变革的力量——透视教育改革》，中央教育科学研究所、加拿大多伦多国际学院译，教育科学出版社2004年版，第86页。

研，缺乏本校办学理念进一步的深度渗透，也未从根本上回应造成原有制度实施低效的症结，这种变更在一段时期内便容易造成学校成员的不适应、不理解甚至抗拒，进而影响了学校发展持续、深入的推进。这正如迈克尔·富兰（Michael Fullan）指出的那样，"管理人员、领导者和变革领袖能带来一些特别诱人的依赖性"，然而他们"培养的是附属的信徒，而非独立的思考者"[①]。

（二）校长引领与集体努力相结合

成功的学校改革经验显示，学校制度建设的过程，应该是一个集中校内智力资源，积极寻找学校内部问题、科学预测学校发展前景、提出实现目标优化所需的计划、方法和途径的一个自主且富有创造性的过程。为此，在以校长管理理念为导向的变革思路下，制度建设便需建立在校长引领与学校集体努力相结合的基础上。这一过程中，校长不是"给定处方者"，而是拥有一定变革知识的关键性领导者。他不仅能为学校成员厘清学校愿景、改善共同的心智模式、建立多元的学习组织，也会在全校构造一种承担风险和探索的氛围，能引领和培养其他人的领导力。

与以校长个人理念为主导的制度变革不同，这种集校长引领与成员集体努力于一体的制度变革，不仅强调校长及其他学校管理者的制度引领，也重视全校师生的共同参与，比如将教师、学生个人的想法、研究成果进行提炼后纳入学校制度建设中。这种在有效结合校内成员的质疑、反馈、评价和建议后发生的制度变更，不仅强化了成员对学校特色办学理念、管理思想的认同感，更有助于形成制度的实施合力，也让校长以外的学校管理人员发挥了一定的领导力。同时，普通教师也有机会为学校办学提供智力支持。这便较好地避免了学校其他成员对校长个人的过度依赖。

三　以学校发展需求为指引

所谓"发展需求"对学校而言，通常存在两种情况。

一是由学校外部诉求转化而成的需求。当政府、社会机构、社会人士等对学校提出的某些要求或期待以合力的形式使学校产生了某种不得不做

---

① ［加］Michael Fullan：《教育变革的新意义》，武云斐译，华东师范大学出版社2010年版，第85页。

出改变的压力感时,这些外来的要求便可能转化成为学校自身的发展需求。由于多数时候学校用以达成此种需求的动力得自外力的推动——比如某些可以赋予学校荣誉、可以为学校提供物质或经费支持的评比或评估,因而能否获得外界认可,能否在众多的学校中脱颖而出,便成为学校主要的关注点。

在发展过程中,受此类需求的驱动,许多学校便出现了"为了特色而特色"的问题。他们会热衷于竞争和比较,试图通过"人无我有、人有我优、人优我精、人精我转"[①]来凸显本学校与其他学校的不同。为了通过"区别"彰显特色,他们便倾向于追求高大上的办学理念,热衷于名牌项目的设计,甚至也会为了有别于其他学校而在制度、措施的名称上下功夫……虽然他们也关注学生的发展,但并没有将学生的发展置于核心位置。正是如此,这些高大上的理念、制度最终多流于形式,而不会真正渗透、落实于学校管理、实践中以服务于学生的发展。

二是学校为了解决办学质量"问题"生发而出的需求。许多案例表明,一个组织只有在遭遇危机、挑战或是对现状存在较强烈的不满足感时,才会有更大的动力去谋求变革,去进行自我突破。正是如此,一些具有强烈发展意愿的学校,往往较为重视"问题"的发掘,会将问题解决作为学校自我发展的突破口。比如,他们会强调对学校发展现状的诊断与预测,会对阶段性目标的达成情况进行总结与反思,并据此制定未来一段时期的发展规划……在制度建设方面,这种基于问题生发而出的需求一旦产生牵引力,便会带来一系列的制度创新。

从实践经验看来,以需求为导向的制度建设要助力于学校的特色化发展,不仅需要结合外部变化、外部标准和要求对学校制度进行本土性的解释与回应,也要充分结合校内需求的动态变化,尤其是因学生个体差异、特质的不同发展要求带来的需求变化等,进行制度的调整或完善。正是如此,在制度建设的全部环节中,学校始终需要进行三方面的努力:一是保持危机意识并时刻直面危机,使学校内部发展适应外部变化的需要;二是运用外部标准对自身目标进行分类,整合并形成自己的奋斗目标;三是不断地选择和整合创新过程。这些实践不仅能够保证学校"特色"发展的

---

① 邬志辉:《学校特色化发展的重新认识》,《教育科学研究》2011年第3期。

可持续推进，也有助于学校制度创新的实现。

第二节　主动变革抑或被动变革？——学校改革动力寻探

面对变革，学校是主动发起还是被迫执行，往往产生两种不同的变革形态，即主动型变革和被动型变革。从变革的发起方看，所谓"主动型变革"意味着学校是变革主体，是变革的发起方，拥有强烈的变革意愿，这种意愿能够促使学校在发展中围绕变革愿景、依循明确的规划不断调整自我、摒弃不合时宜的教育观念和办学举措，使学校朝着预期的方向螺旋前进。所谓"被动"又分为两种情况：

一种情况为"起点被动过程主动型"。即：学校不是变革的发起方，但变革动力较强，在发展过程中心态积极，认可变革的意义和必要性，能将外在的变革要求转化为积极的探索行动，变革意愿强烈。这样的变革模糊意义上可以归为"主动型变革"，但由于这样的变革其动因非来自学校自我需求和意愿的驱动，而可能是某种外因驱使、诱惑的结果，进而可能在发展过程中随外力的减弱而停止。因此，此种情况下的变革也会分流为两种形态：一种为"外力依赖—积极配合"下的所谓"主动型变革"——但未必属于真正意义的主动型变革，其持续性往往无法保障；另一种为"外力驱动—主动配合"下的主动型变革，因体会到外力指引本身的积极意义，而可能会结合学校实际持续对外界变化、变革需求进行积极回应，进而产生持续的变革。这两种形态的变革其区别在于，前一种形态对于变革必要性的解读外在于学校发展需求，而可能得自外力诱使或强迫，后一种形态对于变革必要性的解读已转化为学校自我的需求驱动，进而可以算作"主动型变革"。

第二种情况为"起点被动过程被动型"，学校始终都不是变革的主动参与者，对于变革本身抱有消极态度，形式上的变化重于实质意义的改变，较少有实质意义的效果。这便体现为引言中出现的两种情况，一种是对"陈词滥调"的坚持，另一种是用华丽的文字取代行动。针对这样的问题，迈克·富兰（Michael Fullan）曾这样说道：

当变革的决策是根据政治上的需要而决定时，或者只是根据觉察到的需要制定而没有发展的时间时，质量上的缺陷或者是无法轻易获取材料和其他资源的情况就会时有发生。换句话说，当采纳比实施更重要时，决策通常是在没有后续或前期准备时间的情况下制定的，而时间对获得足够的资源而言是必要的。富有雄心的变革项目几乎都是受政治驱动的。结果是，在最初决策和开始变革之间的时间距离通常都太短，以至于无暇顾及质量问题。①

就此看来，变革动力如何？这根本上并不取决于谁是变革的发起方，而在于"变革因何而起"，是否激起了学校发展的内在需求，使学校意识到变革对于自我发展的意义。这种意义感、紧迫感，会驱使学校愿意投入更多的时间、精力、人力去开展探索、推进变革，不仅保证变革能持续进行，也有足够的耐心和定力忍受变革、试验过程中可能遭遇的失败。甚至也会在学校变革获得阶段性成果、即将进入舒适区时，引入新目标，使学校进入新的发展阶段。这样的学校即总体处于"探索—行动"的发展状态中。

在不可扭转（或回避）的变革趋势下，往往会出现以下四种类型的校长及学校：一是校长专业能力强、发展意愿强烈，能积极、主动适应国家、地区计划，任职于条件具备且表现良好的学校；二是校长有想法、善于发现问题、能直面新形势，能予以信任，但却任职于需要获得某些支持的、具有一定发展潜力的学校；三是校长能力虽强但办学业绩低，任职于可能具有发展潜质但尚待"定性"的学校；四是尚未进行变革，而地区也没有给予关注的"脱离屏幕"②的学校。这些学校在同样的变革诉求之下，展现了不同的态度与能力，也将学校引入了不同的发展层次中，甚至随着校长观念的承继（或转变），或者持续卓越，或者"改头换面"，或者停滞不前……

---

① ［加］Michael Fullan：《教育变革的新意义》，武云斐译，华东师范大学出版社 2010 年版，第 69 页。
② ［美］莎朗·D. 克鲁斯、凯伦·S. 路易斯：《建构强大的学校文化——一种引领学校变革的指南》，朱炜、刘琼译，北京大学出版社 2013 年版，第 120 页。

为什么要变革？对于这个问题，学校往往会给出这样一些理由，比如，为了生存，改变生源差、升学率低的现状；为了不再平庸，从众多的学校中脱颖而出；为了追求适合的教育，让每个学生获得更好的发展……我们可以把这些理由视为学校直接的变革动机。单看这些动机并不能判断其影响之下的学校变革究竟为主动型的变革还是被动型的变革，而是需要看，学校具体的变革观念、变革行为能否转化为积极的变革行动。阿伦特在《人的境况》中指出，"人能够行动的事实，意味着总是可以从他身上期待未曾预料的事情……去行动，在最一般的意义上意味着去创新、去开始，发动某件事"①。由此看来，变革行动便意味着有实践、有创新、有发展。

如前文所述，"被动型变革"可体现为初始动机被动和变革过程被动两种情况。不管是哪种情况，被动型变革往往难以带来持续、实质意义的效果。即便有效，这样的改革通常也会局限于局部层面，比如由教学、课程、信息技术、组织管理及教师专业发展某一维度的切入而引发的相关性变化，虽有一定力度但却不足以触及学校的结构、形态和整体品质。可以说，在教育中制造变革是容易的，但是这些变革未必能带来改进。为了促成学校真正意义的改进，学校应该将变革方向置于"那些具有创造持续性改进潜能的变革策略，从而大范围改善学生的学习结果"②。

"学校之所以充满活力的部分原因是必须处理不稳定输入"③。相较于被动型变革，主动型变革因为有强有力的变革意愿作引领，对于变革的意义，学校也拥有深切的认识，进而在决定开展变革之时，学校往往会顺应社会整体结构的转型及相应的教育结构与功能转型之大趋势，致力于学校整体面貌、内在基质和实践形态的有结构的变革。④ 这种"顺应"不是生搬硬套，而是与学校发展需求、发展定位相融之下的一种主动创造。它是学校发展轨道的方向性延续，将学校带离舒适区，使学校有了新的时代印

---

① ［美］汉娜·阿伦特：《人的境况》，王寅丽译，上海人民出版社2009年版，第139页。
② ［加］迈克尔·富兰：《变革的挑战——学校改进的路径与策略》，叶颖等译，北京大学出版社2013年版，第160页。
③ ［加］Michael Fullan：《教育变革的新意义》，武云斐译，华东师范大学出版社2010年版，第19页。
④ ［加］Michael Fullan：《教育变革的新意义》，武云斐译，华东师范大学出版社2010年版，第2页。

记。在这一过程中，学校也会呈现以下两种不同的变革取向：

第一种属于"革新取向"的教育变革。这种取向的变革可理解为以某项变革诉求为动因和目标的教育改革。在此种情况之下，学校深知某项变革的意义，会在过程中跟踪和检视某个特定的革新，看其如何进展，以决定哪些因素与成功相关[1]，进而推动学校向前发展。实践中，一些学校或部门会通过综合学生表现、检查累积数据，判定学校是否经由原来的状态得到了改进，是否取得了显著进步并迈上新的轨道，某种意义上便体现了这种取向。

第二种属于"能力建构取向"的教育变革。这种取向的教育变革，以问题为导向，探索学校如何才能发展组织和系统的革新能力以获得进一步的改进[2]。尽管如此，这种变革非仅以能力建设为目标，而是与变革的结果相联系。为了强化这种联系，学校会通过三个参照对象（学校自身起点、其他学校、学校办学的绝对标准）判断自身做得如何。

总体上，"革新取向"的教育变革与某个给定的新项目的内容有关，它关注某个特定的变革，并跟踪其成功或失败的轨迹。"能力取向"的教育变革则涉及持续改进的组织能力，会从学校、学区的文化入手检验变革是如何创新的。两种取向的教育变革多数时候会交叉在一起。

主动变革是学校办学活力的重要体现。学校为什么愿意进行变革？这其中涉及学校办学自主、内生动力问题。从一些典型的教育改革案例看，那些愿意变革甚至主动发起变革的学校，在组织开展变革中多数是理性的热情参与者，他们不仅会理性评估变革可能会带给学校的影响（好的影响和不好的影响），也会综合考虑学校实际，对即将注入学校的有意义的理念和尝试进行再打磨，予其以学校自身的意义，使其在熟悉的、可信赖的现实情境下扎根、发展。

动力需通过行动来体现。这又体现为学校及其成员在变革行动中的洞察力、内省力、探索力和坚持力。办学活力强的学校往往具有以下特点：

---

[1] ［加］Michael Fullan：《教育变革的新意义》，武云斐译，华东师范大学出版社2010年版，第49页。

[2] ［加］Michael Fullan：《教育变革的新意义》，武云斐译，华东师范大学出版社2010年版，第49页。

(1) 有先进的办学理念作引领。掌握一定的理论，并将其内化、转化，作为观望、审视外在变革趋势、变革需求的独特窗口，以此更清晰地判断学校正在进行（或即将进行）的改进将如何带来学校自身，以及学生成长、学业成绩等的改善；(2) 注重"证据"与反馈。注重数据跟踪、监测，开发更精准的工具，检测学校改进效果，避免随意决策。在有证据证明学校改进的努力确实不奏效时及时作出调整。这样的做法，旨在形成一种有力的、更容易被学校成员采纳的支撑体系，并以此发现、推行可适用于学校整体范围内，且最终服务于学生学业质量提升的系统性改革。(3) 可持续性研究与预判。注重可持续性研究与预判的学校更倾向于把积极的流动视为周期性的，把倒退看成暂时的，进而倾向于不断寻找激发活力的方法。在改革进入平稳期甚至即将面临低谷时，他们不轻言放弃，也不盲目坚持，而是审慎进行绩效提升期的预判，在此基础上调整学校现有的办学思路或办学举措。他们没有经历也不会希望有持续的好运，而是当事情发展不顺时，能够坚持到底。① (4) 重视"他者"、异样之声。任何时候——即使是在变革进展顺利且貌似向着成功的方向发展时，学校仍不可避免地会遭遇来自变革群体、相关者乃至学校成员中异样的声音甚至抵制性的力量。然而，对变革的抵触有时候是具有启发性的。正是如此，这些不同的声音或抵制，在明智的决策者那里往往被视为了一种学习资源。因为他们深信，有时候抵制者或许是正确的，他们也许有着良好的判断力，能够发现变革中的随波逐流、错误导向和无法实行的情况，将学校从自满、麻木、非理性的尊崇与一致中"激醒"。

> 投入变革确实存在巨大的压力和激励因素，而这又导致了许多学校虽然投入改革，却不真正具备将改革付诸实践的能力（不论是个人的能力还是组织的能力）。这样，变革就只是在表面上得以接受，仅有一些语言和结构有所变动，而不是教学实践的改变。②

---

① [加] 迈克尔·富兰:《变革的挑战——学校改进的路径与策略》，叶颖等译，北京大学出版社 2013 年版，第 148 页。
② [加] Michael Fullan:《教育变革的新意义》，武云斐译，华东师范大学出版社 2010 年版，第 5 页。

变革中，阻碍学校发展动力的因素有很多，因此在推动某项具体变革的过程中，对学校行动障碍的排除便是一个复杂的工程。面对不可回避的变革，我们需要排除因人力因素带来的行动阻滞。（1）心理问题。即对变化、转折、失败的恐惧、抵触与不适应感。这种恐惧感的存在，会驱使成员只关注短期利益，倾向于安全的短期选择，或是只关注自我的生存，而忽视集体的长远利益。（2）认知问题。倘若变革的设计者或决策者不清楚未来，不了解那些对于实施任何变革都至关重要的价值观、思想和经验，便容易将行动替代为说和计划，把谈论某事、搜集数据、撰写计划等同于做事。（3）思维惰性。若学校决策者不善于思考、不质疑现存的实践，沉浸在对过去曾经做过的事情的回忆中，依凭印象做事，而不去反思为什么要去做这些事，那么即使学校碰巧展现了某些值得肯定的做法，然而这样的做法也只能局限于经验层面或小范围的"小打小闹"，无法进一步提炼以此充实学校办学的理念体系，更无法传导给他人。然而，通常看来，这样的"即便"（即偶尔展现的值得肯定的做法）也鲜少出现。因为多数时候，面对不可回避的变革，疏于思考的学校会倾向于实施那些有助于提升学校形象的变革，或者倾向于采纳那些复杂的、模糊的、无效的而又耗费资金的革新，因为它们不需要真正的执行。[①]（4）视界狭隘。变革的设计者和决策者只局限于学校或校长试图做的事情，而不去理解更大范围的文化、结构和规范如何对他们的努力做出回应。然而，这种孤立的计划比什么都不做更糟糕。就像有学者指出的那样，"精致的程式化的计划，甚于浪费时间"[②]。

第三节　内生式学校改革：从"我"到"我们"

所谓"内生"，通俗意义上讲，就是基于学校、以学校为主导力量进行的改革与发展。然而，这并不是说内生式的学校发展不需要借助外力、

[①] ［加］Michael Fullan：《教育变革的新意义》，武云斐译，华东师范大学出版社2010年版，第61页。

[②] ［加］Michael Fullan：《教育变革的新意义》，武云斐译，华东师范大学出版社2010年版，第87页。

不需要对外开放。而是意味着学校在发展过程中要坚持一种"自我"立场。这种立场进一步体现为学校的自主、自治与能动，既不排斥与同伴学校的交往、互动，也不排斥对他方经验的借鉴，进而不同于"唯我"立场。

在学校改革实践中，内生式发展往往会分为两种理解：一种是基于"自我"的发展立场；另外一种是"唯我"的发展立场。所谓"唯我"的发展立场，顾名思义即坚持"封闭式"或非输出性的发展思路，这根本上体现了变革路径的封闭性和发展利益或发展视野的唯我性。在此立场之下，学校发展成为自己的事情，与他人无关、与同伴无关。校与校之间亦呈现了竞争—非合作关系。相比之下，"基于自我"的发展立场则包容性更强，它可以是内部与外部同步发力的"内生侧"改革，也可以是保持自身特色、需求的一种协作式发展。可以说，真正意义的"内生式"改革应该是一种基于自我的关系性发展，是一种始终存留"关系"理念、善于进行"关系"运作的改革。

任何变革通常无法回避两种基本思路：一种是"自上而下"的改革。所谓"上"指的是更高一级的行政系统、更具有宏观指导意义的政策，其中的变革指令往往被作为一种标准施加于学校，学校在后续行动中能多大程度达到该标准，便决定了学校改革成效。第二种是"自下而上"的改革。所谓"下"指的是较低层级的变革单元（比如部门、学校、地方政府）。由"下"发起的变革范围较小、针对性强，往往起因于某种小范围内的，但影响力却不可小觑的问题或能力增长的需求，会体现出所在组织、机构的文化特色、独特的变革诉求。这两种思路的根本区别在于变革的发起者和落点不同，但无所谓孰优孰劣。可以说，自上而下和自下而上的改革都可能推进学校的内生式发展，这取决于"上"与"下"之间能否形成一种开放和持续的对话机制，取决于外在的改革举措能否被学校自我消化、为我所用。从这一意义上讲，内生式的学校变革多数时候是自上而下与自下而上两种思路糅合于一起的产物。在内生式发展视域下，学校既要对自我独特的优势、需求、问题有清晰的认识，随时准备取长补短，也要对外界变化、变革诉求保持敏感与洞察力，随时向校内引入新思路、新方法以应对学校存在的障碍与不足。

一　内生式发展何以必要：从薄弱学校的存在说起

在我国，"薄弱学校"一词最早出现在1986年3月国家教育委员会发布的《关于在普及初中的地方改革初中招生办法的通知》中。然而在这之前，"薄弱校"与"优质校"已成为被人们以较为模糊的评判标准区分而成的两种在发展水平、教育质量、办学条件等方面具有较大差距的学校。尽管从某一确定的标准看来，校与校经由"比较"总会出现优与劣，而且一旦比较对象、评价标准发生改变，原先被视为优秀的学校未必还会是优秀，而原先被视为"薄弱"的学校也未必还会是薄弱。然而，只要一定的评价标准存在，"薄弱校"便是存在的，它或者是一个事实性的存在，也或者会是一个观念性的存在。只是，一直以来，政策中言及的"薄弱校"以及人们潜意识中的"薄弱校"却是一种事实性的存在，即存在城乡（尤其是农村地区）的一部分在办学条件、师资队伍、管理水平、生源等方面较差甚至低于基本水平的学校。

在学校数量充足而受教人员偏少，且受教育没有成为每个人都必须具备的经历的年代，薄弱学校是否存在，往往并不会引起社会的较大关注。毕竟人们在接受教育外还能获得更多生存、发展的机会。然而，随着知识经济时代的到来，教育在社会发展中的分量得到前所未有的提升。正是如此，越来越多的人为了提升自身素质、增强生存能力，开始热衷于寻求好的教育。隐藏在教育背后强大的经济、社会效益及其可能带来的各种潜在利益，驱使国家将小学、初中教育划定为了"义务教育"，而这种教育也成为所有适龄儿童必须具备的教育经历。伴随这一变化，原先本已存在于初中、小学中的"薄弱校"渐渐凸显出来，并引发了人们关于教育公平、社会公平的激烈讨论。如此，20世纪80年代开始至今，薄弱学校的发展与改进，一直成为国家、地方、社会追求教育公平、实现教育普遍发展的重要举措。

20世纪80年代后期，我国一些大中城市率先迈开了薄弱学校发展的步伐。1998年教育部印发的《关于加强大中城市义务教育阶段薄弱学校建设，办好义务教育阶段每一所学校的若干意见》对大中城市薄弱学校发展提出了切实可行的十项措施，使"办好义务教育阶段每一所学校，为每一位学生提供良好的教育"有了制度依托。2003年教育部工作重点明确提出：要加快城市薄弱学校的建设步伐，促进教育均衡发展。2007年以后，薄弱学校的改造与发展每年都被列入教育部的工作重点之中。2010年出台的《国家中长期教育改革和发展规划纲要（2010—2020年）》中进一步指出：切实缩小校际差距，着力解决择校问题。加快薄弱学校改造，着力提高师资水平……据此看来，薄弱学校的发展成了必然的趋势。

过去很多年来，为了实现教育均衡化发展，国家投入了大量的经费用于支持义务教育阶段学校基础设施建设，并且取得了极大成效。很多地区的义务教育学校达到了基础教育现代化建设标准。因此，单从硬件甚至某些软件的量化标准上，并不能判断一所学校的优劣。而它们也不再成为制约一所学校发展的关键。存在于一所学校内部的制度、机制、教学、组织、管理等驱动因素各自力量的发挥以及它们彼此之间的相互支持，成为学校突破自我的根本所在。然而，从已有的相关研究和实践看来，人们眼中的薄弱学校发展，多数时候还是被视为一种较为机械的、可以批量进行，甚至有着确定发展程序的事务。学校发展并没有被视为一种能动、自主、灵活、创造性的过程。正是如此，截至目前，除了部分改革观念超前、拥有极强发展魄力的薄弱学校发生了根本性的变化外，多数传统认识意义上的"薄弱校"仍处于发展的倦怠期。"等、靠、要"的观念在这些学校并没有得到根本消除。

除此之外，随着社会新问题、新趋势比如"择校热"、高中教育的高度普及、高等教育大众化、个性化教育诉求等的出现，"薄弱校"已不再仅仅是小学、初中阶段教育特有的问题，而是所有基础教育学校面临的问题。换句话，原本存在于"薄弱学校"自身的问题——尤其是学校自主、灵活、创造性的发展，成为所有基础教育学校必须认真对待的发展主题。然而，这却是目前国内多数学校有待提升的薄弱点。

就此看来，仅仅依循过去的、保守意义上的"薄弱学校"的观念系统来探讨薄弱学校发展，已不合时宜。不论是学校改革实践还是相关的教育探索、研究，亟须围绕"薄弱学校发展"确立全新的观念。这个观念便是，避开"标准化""外显化"的发展思路，避免来自社会某些"符号""比较"的干扰或诱导，从学校"自我"出发，从学校自我发展的动力系统出发，探讨学校个性化、多样化、特色化的发展之路。

知识经济时代的到来加剧了人们对优质教育资源的追求。择校现象屡禁不止。许多家庭想方设法将子女送往升学率高的所谓"好学校",导致这些学校人满为患,而薄弱学校却生源不足、步履维艰。可以说,薄弱学校的存在不仅是教育发展不均衡的表现,也是教育均衡发展的"瓶颈"。这意味着,要实现教育均衡发展,就必须让薄弱学校优先发展起来,缩小校际差距。这一道理,在许多研究者、实践者乃至教育部门工作人员那里再清楚不过了。然而真正触及实践却困难重重。许多地区、学校曾围绕"薄弱学校发展"进行了各种各样的尝试,然而真正成功的却是凤毛麟角。许多研究曾围绕"薄弱学校改造",从学校外围的政策、制度以及学校自身内部师资队伍、管理、教学等维度进行了各种各样的探索,然而,真正能够触发学校去主动变革的成果却仍不多见。何种原因造成了这样的问题?薄弱学校真正的需求点究竟在哪里?对于这些问题,相关研究仍没有给出足够的回应。

薄弱学校的存在不仅是教育自身的问题,也是社会问题,甚至可以说是国家、地区的政治、经济问题。故,解决薄弱学校的发展,并非学校乃至教育系统自身的事情,而是整个社会所有相关人员全力支持、相互支撑、相互配合的结果。这一过程中,各系统要素、人员之间应该建立互通有无的关系。这意味着两点:第一,在庞大的协作系统内,单纯将薄弱学校置于有待被照顾、施舍、改造的位置并不可取。而过去一直盛行着的"外源式"策略对薄弱学校的改变同样无所助益。第二,尽管外部支持对薄弱学校发展必不可少,而内外协作才是薄弱学校获得根本提升的必经之路。然而,真正涉及如何协作,却是学校自身的事情。换句话,不论是学校自身的实践探索,还是相关的教育研究,均有待抛开"自上而下"或"自下而上"的线性思维取向,基于学校自身的立场和特殊情况,进行针对性的问题诊断和薄弱点提升。这便是当前内生式发展的核心意旨所在。

一些成功的学校改革案例即表明,在坚持挖掘学校自我发展动力、积极性的前提下扬长避短,并基于学校自身问题、需求开展有效的对外协作,是较为理想的路径。然而,这种路径的可操作点又在哪里?时代、政策的要求、社会诉求、学校自身特殊的处境、人员构成等,如何实现相互支持?这诸多的问题意味着,学校改革会是一个长期的、系统的、无止步的工程。毕竟,社会在进步,人的发展诉求也在不断提升,教育的处境、条件、功能、性质也在不断发生改变。在此情况下，言及"谁是薄弱校"无关紧要，而结合时代诉求探索学校自身存在的问题、薄弱点、优势和劣势等，反倒是摆在所有学校面前最为切实的问题。

可以说，简单移植、照搬他方经验，对于一所学校的发展并不能产生根本性的作用。而基于学校自身存在的问题、条件、资源，进行创造性、特色化的发展，更容易激发学校活力、增强学校发展自信。与之同时，对区域而言，相应的评价机制的改变，尤其是"竞争性""区分性""排斥性"意味的化解，转而以"差异性""错位性""多样化"的要求引领和带动学校发展，也是值得深入拓展的空间。

如前文所述，任何学校都会存在各种各样的缺陷——"薄弱点"。当这些薄弱点进一步积聚进而影响了学校总体的办学绩效时，该校便可能被人们判定为"薄弱校"。然而，"薄弱学校"既可能是一个事实性的存在，也可能是一个观念性的存在。作为观念性的存在，所谓薄弱校便存在于人们的印象里，会随着时代发展理念的变化而发生变更。从这一意义上说，对学校薄弱性的判断往往也依赖于对应的参照标准建立在哪一类群体组成的比较圈子之内。比较对象的变化会模糊传统意义上的好学校与薄弱校之间的差距，甚至使一些过去不被视为薄弱校的一般校附着了薄弱的印记。这意味着，当下薄弱校开展内生式发展的诉求与路径，同样适用于非薄弱学校。在多样化、特色化教育发展的趋势下，内生式发展更会是所有学校都无法绕开的最为基本的发展思路。

二 自治式改革及其不同呈现

对于"内生式"发展，实践中还有较多的空间有待去探索。其中最为基本的线索就是学校对于"我—他"关系的认识与利用。若学校淡漠于外在关系网络的建设与利用，倾向于内省、自问，基于并依靠学校自身力量推动改革与发展，不依赖外援（或是对外来的援助不抱有太多的期待），那么这样的学校在内生式改革的发展思路下，推崇的便可谓是一种"自治型"的改革思路。所谓"自治型"改革，根本上指的是，学校改革所依靠或动用的人力、智力等资源基本来自学校内部，学校计划解决的问题、进行的改进得自学校的自我反思与探索，改革成果具有明显的、学校自身的印记或特色。自治型改革的成效往往较多程度地依赖于校长的专业素质、治校理念、管理风格等，校长的个人英雄主义和成功梦想甚至成为学校创新的动力来源。

（一）自治型改革的两种类型

校长是否乐于"社交"，是否重视或善于建立、利用"内—外"协作网络，往往体现出两种截然不同的改革立场，即："封闭—内向"型的改革立场和"开放—自主"式的改革立场。两种立场尽管总体上均能够体现学校的主体性、自觉性与自决力，但在发力的方式上却存在明显的不同。

1．"封闭—内向"型改革

"封闭—内向"型改革一般较少依靠外援，遇事自己解决。校长及其管理团队较倾向于挖掘学校内部力量、倾听内部声音，依靠内部的声音与判断进行管理决断。这在21世纪初的一些典型的学校改革案例中即有所体现，如洋思中学、东庐中学和杜郎口中学。

> 洋思中学、东庐中学、杜郎口中学分别是江苏泰兴市、江苏溧水县、山东茌平县的农村初级中学。它们在改革之初都是典型的薄弱学校，面临着三流的硬件、三流的师资、三流的生源的困境。洋思中学在1982年以前，没有一个学生能考上高中，参加中考也没有一个学生的数学能考及格。杜郎口中学在开展教学改革之前，有一半的学生跟不上教学进度，师生关系紧张，教师体罚、变相体罚学生的现象时有发生，学生厌学情绪和辍学情况十分严重。1998年春初三年级某班有60名学生，中考前只剩下21名。[①]

由于办学质量差、生源不足等原因，三所学校都面临着被撤并的"危险"。在这样的背景下，他们开展了破釜沉舟式的教学改革。1985年后，洋思中学借鉴小岗村包产到户的农村改革经验，把"承包制"请进课堂教学，同时抓"当堂完成作业"，注重激发人的积极性，以提高课堂教学质量。1992年，洋思中学初步提出了"先学后教，当堂训练"的教学改革思想。之后，这一思想不断得以完善，

---

① 许爱红等：《农村中学课堂教学模式的重大变革——解读杜郎口中学"三三六"自主学习模式》，《当代教育科学》2005年第11期。

形成了"先学后教,当堂训练"的教学模式。东庐中学在相继进行"集体备课制"、"师徒结对制"、"自编同步练习、单元测试卷"、"导学卡"、"目标教学"等教学改革和实验的基础上,经过反思、总结,最终在1999年提出了"以人为本,教学合一"的口号,并开展了"讲学稿"教学改革的探索。"讲学稿"避免了备课与课堂教学游离,与学生学情脱节的情况,实现了教师的教和学生的学的深度统一,也将学生的课前预习、课堂学习和课后复习高度统一了起来。杜郎口中学在长期的教学实践中提升出了"三三六"自主学习模式。其中,自主学习三模块"预习、展示、反馈"将课堂大多数的时间留给学生,注重小组学习和组内同学之间的帮助,让每个学生在课堂上都有参与和表现的机会,极大地发挥了学生在课堂上的生命活力。①

在改革之初,洋思中学、东庐中学和杜郎口中学都属于薄弱学校,都面临着三流的硬件、师资和生源的困境。他们通过突破各自的局限,通过持续性的自主革新,在教学时间和空间结构以及师生、生生互动的方式上,对传统教学组织形式进行了大幅度的改革,极大地提高了教学质量,推动了学校的跨越式发展,并成为在全国有影响力的名校。② 这些根植于学校自身系统内部的探索,不仅有效挖掘了学校现有的资源、潜质,解决了学校最初遇到的难题,也极大提高了学校教育质量,彰显了学校特色。

许多薄弱学校也曾试图通过自我革新来实现学校的发展,但却没有取得预期的效果。为什么洋思中学、东庐中学、杜郎口中学在那个时期能够力排艰难、脱颖而出?究其原因,还在于校长对学校改革方向强有力的引领。校长领导力的缺乏往往容易致使改革举措难以在全校范围内形成共识并落实在行动上。可以说,在"自治型"的改革中,若没有外在资源、

---

① 本案例转自高维《学校教学改革的内在逻辑——基于"洋思"、"东庐"、"杜郎口"中学教学改革经验的思考》,《江苏教育》2011年第35期。

② 高维:《学校教学改革的内在逻辑——基于"洋思"、"东庐"、"杜郎口"中学教学改革经验的思考》,《江苏教育》2011年第35期。

力量的特别支持，全然依靠学校自身的探索与努力，那么校长的治校能力、前瞻性的改革理念便往往容易成为学校发展的瓶颈。由于高度依赖于校长个人的治校能力、治校理念等，"封闭—内向型"的改革往往容易因为校长的变更而在效果上大打折扣，甚至致使改革停滞不前。不仅如此，因为高度依赖内部力量，依赖学校内部团队成员的集体改良与创新，"封闭—内向型"的改革通常也不会进行颠覆性的创新。这在一些类似的企业文化中已有所体现。

    日本企业的创新推动力即来自团队成员的集体主义创新精神。而集体主义的企业文化通常难以产生颠覆式创新，大部分集体创新仅限于企业产品的价值改良和提升。因为以团队去做产品，全面创新缺乏动力，害怕失败，日本的团队式创新便往往只能是一种改良式的创新。这种创新追求的是，在别人研发的产品基础之上，进行一些改良型的微创新，比别人做得更好就行。①

虽说自主革新模式是最有生命力的学校变革模式，但常常也最难以启动和落实。毕竟延续传统、因袭习惯是多数学校普遍选择的方式。在难以获得外界支持、认可的情况下，调动学校内部人员的集体智慧和改革积极性，这足以挑战校长个人的领导能力。前面所提三所学校之所以在那个时期摸索出了适合学校条件的教学改革思路，原因有两个：一是它们均处于宽松的教学改革环境，外部制度约束较少，家长亦鲜少干涉学校事务。"没有改革成败的顾虑，这些学校能够沉重而又洒脱地以破釜沉舟的勇气，开展非常规的教学改革"②。然而，随着教育制度化程度的提高，以及家长对子女教育的日益重视，这样的情况如今越来越少见。多数时候学校改革不得不顾及外在的制度引导，甚至需要考虑家长意见，将家长群体纳入学校治理体系中来；二是校长拥有核心领导力，学校成员有共同的改革意愿。在此情况下，校长能够将自己所思、所想转化在学校教育、管理

---

① 李利凯：《开放式创新：大协作改变世界》，上海三联书店2016年版，第64页。
② 高维：《学校教学改革的内在逻辑——基于"洋思"、"东庐"、"杜郎口"中学教学改革经验的思考》，《江苏教育》2011年第35期。

实践中，而教师们也有一定的机会贡献自己的智慧，为学校发展出谋划策。洋思中学的改革理念得自校长蔡林森教育自己儿女"由差转优"的经验。东庐中学陈康金校长"以人为本，教学合一"的教学改革理念的深化亦得自部分教师针对"讲学稿"提出的建议。

> 东庐中学的"讲学稿"一开始仅仅是由教师使用，在改革过程中，有教师提议也将其发给学生一份。这个简单的建议，促进了"讲学稿"内涵的提升，直接推动和深化了东庐中学陈康金校长"以人为本，教学合一"的教学改革理念。在这些学校，教学改革思想的形成和完善是集体智慧的结晶。

总体上，推崇"封闭—内向型"改革的学校其活动基本上限于在学校系统内进行，与外部交流互动较少，也较少与外界建立战略合作关系，而是更加倾向于从内部挖掘人才潜力，寻找创新和创意。

2. "开放—自主"型改革

"开放—自主"型变革并非自治型改革的专有模式。根据学校变革的开放程度，以及学校在整体变革过程中的自主情况，所谓"开放—自主"型变革可以是自治型改革的一种，也可以划归互动型改革的范畴。自治型改革范畴下的"开放—自主"型变革，总体上还是主要依赖于学校内部力量，同时辅之以对外协作。与"封闭—内向"型的改革相比，"开放—自主"型变革在过程中已开始对外发展合作关系，实现了从"我"到"我们"的初步转变。但是与"互动型变革"有所不同的是，这种变革属于局部开放式变革。是否重视协作资源、是否重视（或能否）将外部资源有效吸收、转化成为学校内部创新成果，决定了学校在自治型改革中的发展层次。

学校改革举措是否具有明显的"外源性"或"外化"特征，或者换句话，学校在自我改革过程中是否建立或凸显对外协作网络，是否针对这样的网络建立或形成了"内—外"资源、力量的协调、利用和转化机制，并依靠协作网络进行自我改革与创新，为自治型改革与互动型改革的根本区别所在。

"所有成功的变革都是在原先没有合作的地方发展了合作关系"①。这意味着，合作是学校发展无法绕开的路径。任何成功的学校，要么在一开始就注重发展合作关系，通过合作关系开展内部创新，实现学校更高层次的发展，要么会在变革后期，为提升变革成效进一步增加学校创新成果，由主要依靠内部集体攻关、创新逐渐转向外部学习、同伴互助、相互支持。这便保证了学校改革成果的长效性与持久性。

前文提到，自治型改革即使最大限度利用了学校内部集体智慧，然而因为一些不可抗拒的因素，这样的改革一般也难以持久和深入。进一步说，在所有类型的改革中，纯粹依赖学校自身力量进行的"自治型改革"若非具备杜郎口、洋思中学所处的宽松的发展环境这一条件，通常难以成功或持久进行下去。正是如此，在推崇自治型变革的学校中，往往会呈现出以下几种发展层次：

第一层级——"杰出学校"，这样的学校在坚持"自治"的同时，一般较倾向于"开放—自主"型的革新模式。在改革过程中，其一方面会通过"传播最优的实践和网状组织运作"②，成为本校甚至伙伴学校办学实践的主导者。另一方面，注重优势输出，会通过与薄弱学校结成正规、系统的"联盟"，在提升伙伴学校表现的同时，提升学校自身的影响力和知名度。他们会建立生态性的改良系统，这样的系统足以使本学校成为学校变革群体中的领头者，让其他学校学习自己，或者跟随自己，但是难以超越。

第二层级——"优秀学校"，这样的学校在改革思路上与第一层级的学校基本一致，即：改革路径是通过局部的网状组织进行的，且对外协作基本体现为"输出"。与第一层级的学校相比，这一层级的学校在外部协作上一般限于有限的地域范围内，多数时候在本地网状组织中进行，并主要体现为师资力量的输出。比如，派遣一流教师去当地其他学校充当顾问，在自己最擅长的领域辅导一些学生，等等。

---

① [加] Michael Fullan：《教育变革的新意义》，武云斐译，华东师范大学出版社2010年版，第40页。
② [英] David Hopkins：《让每一所学校成为杰出的学校——实现系统领导的潜力》，鲍道宏译，华东师范大学出版社2010年版，第149页。

第三层级——"较优秀学校",这样的学校虽然在某些重要领域存在优势或表现优秀,但是在另外一些重要领域却表现一般。与第一、第二层级的学校相比,这样的学校相对更加重视开放式的发展。这种"开放"一方面体现为在自己的强势领域帮助其他学校,另一方面体现为,在自己的弱势领域寻求其他学校的支持和帮助。

第四层级——"普通学校",与前三种学校相比,这样的学校对于外部支持往往体现出更大的渴求或依赖。他们虽然具有自我改进的能力,但在学校改革过程中,还需要从外部寻找改革顾问,需要运用"联盟干预",从其他一所(或多所)学校寻找支持(甚至持续的支持),将那些与同伴学校或其他机构、力量合作形成的改进数据作为提高自身办学水平的基础。

第五层级——"薄弱学校",与前几个层级的学校相比,这样的学校几乎没有自我改进的能力,需要强有力的"联盟"干预获得支持,或是需要通过国家教育改进策略和可能的改进援助工程获取指导。"如果这些策略在短期内不能成功,那么,为了对涉及的学生提供足够的帮助,关闭学校、提高学术声誉或者培植学校竞争力,可能就是可选择的其他办法"[1]。

后两种学校由于受限于自我改进能力,进而体现出较强烈的"外援"需求。因为对外在支持的较高依赖,以及学校自身消化外部资源、力量等能力的缺失,这些学校往往可能陷入被动的跟风、模仿之中,进而难以从根本上摆脱发展困境。

三 互动型改革及其不同形式

"在我们所有的成功中,我们都看到了从'我'到'我们'的深度转变"[2],就此看来,未来的学校也不会是全然自治的,"作为整体变革的改进系统的一部分,学校将会有更多的与外界相互联系的形式"[3]。从这一意义上说,互动型改革会是多数学校推崇的一种改革思路。所谓"互动"

---

[1] [英]David Hopkins:《让每一所学校成为杰出的学校——实现系统领导的潜力》,鲍道宏译,华东师范大学出版社2010年版,第149—150页。
[2] [加]Michael Fullan:《教育变革的新意义》,武云斐译,华东师范大学出版社2010年版,第48页。
[3] [加]Michael Fullan:《教育变革的新意义》,武云斐译,华东师范大学出版社2010年版,第39页。

意味着两点。一是"关系"确立。即：学校改革与发展是建立在与其他学校（或机构、力量）常态性的互助、互动、合作、协调、沟通、交流等基础上的。二是行动强化。学校有着实质意义的行动、创造，各项互动性的举措不是仅仅停留在制度、文件甚或口头上。

对"关系"的不同认识，或者说，在不同的关系语境下，互动型改革即具有不同的内涵和表现。例如，当所述的关系建立在利益的基础上时（如供应商与客户、生产者与消费者等），此种语境下的互动便倾向于凸显能力、成果等的交换，进而可能受制于一定的利益结构。一旦利益缺失，互动便可能停止；当所述的关系建立在共同的精神追求、责任、担当的基础上时，此种语境下的互动便被诠释为意义、信息的持续传递、交流和共享。而互动双方便可能因此成为"发展共同体"，他们的服务对象便更多指向了具体的人，而非变革主体或变革本身；当所述关系是以"支配—服从"的关系为前提时，此语境下的互动更多指向一种单向度的、物化或工具化了的影响形态；反之，若所述关系是建立在对等性和交互性的基础上时，那么，此种语境下的互动则是一种双向度、联合性的意义建构。就此看来，对"关系"的认识往往直接影响着我们对于互动型改革的定位。正是如此，互动型的学校改革在实践中便体现为以下几种类型。

类型一：合作式改革（发展）

"合作"一般被解释为共同从事，指的是两个或两个以上的主体为了共同的目的，一起工作、一起行动。由于发生在不同的主体或对象之间，"合作"便建立在一定的关系基础上。这种关系可能是对等的、主体间性的，也可能是影响与被影响的关系。正是如此，所谓合作式发展在实践中便存在两个层次。

第一个层次为"同伴—合作"式发展。这种发展建立在对等、主体间性的关系基础上。其一般具有以下特点：（1）合作双方地位平等，互为指导，各取所需，互利共赢；（2）合作目的明确，有共同的追求；（3）对话式交往，经由共同协商、行动实现共同追求。

基于"同伴—合作"开展的学校改革要获得成功，往往需要满足以下几个条件：（1）合作者能够悬置他们各自持守的观念与自足心态，能够尊重彼此、赏识彼此，从对方身上看到自己需要学习的方面和发展的条件；（2）有共同感，有共同的追求，并以此共同确立改革目标，共同判断变革风险，共同承担风险责任，共同探讨可供选择的变革路径，以及彼此可能存在的局限。这种同伴式的合作，相对更容易被资深学校行政管理人员所接受，因为它能使合作各方"以平等的身份获得许多来源的建议"[1]。

在校与校的合作中，还有一种比较常见的合作形式，即"结对指导"。这便指向了第二个层次"指导—合作"型发展。"指导—合作"型发展一般发生在优势学校与普通学校（或薄弱学校）之间，或是老牌学校与新建学校之间。与"同伴—合作"型发展有所不同，此种类型的改革或发展通常建立在不对等的合作关系基础上。合作双方办学实力、地位有差异，因此在合作过程中往往体现为一方主导，另一方协作或跟从的现象。除此之外，"指导—合作"型发展还具有以下特点：一是合作网络较窄，一些时候会以"点对点""一对一"的形式存在；二是单向性明显，较多时候以"一方输出，另一方输入"为主要形式；三是合作目标未必一致，居于主导的一方与对方学校开展合作，可能是出于责任，也可能是为了证实某个试验或探索。相对薄弱的一方，则可能是为了尽快提升办学绩效、改善办学环境、提升学校知名度……

这种以优带弱或以老带新的合作，对新手领导而言可能更容易出成效，对薄弱学校或新建学校而言更容易在短期内提升学校知名度和影响力，然而从学校长远的发展看，使用同伴网络对学校更有帮助，对资深的学校领导者更具吸引力。原因就在于，同伴网络能使合作方以平等的身份、多渠道获得建议，即使这些建议不能很快转化到学校办学实践中。

类型二：协同式改革（发展）

"作为学校内和学校间有目的互动的结果，学校领导者除了越来越意识到自己学校的成功并切实承担起自己的义务之外，也会越来越关注其他学校的成功并为之承担义务"[2]。正是如此，近些年，学校之间越发重视建立、发展一种共同改进式的教育伙伴关系（比如组成联盟），通过这样一种机制，学校可以经常性地聚焦于一些特定的主题（这些主题通常是

---

[1] ［加］迈克尔·富兰：《变革的挑战——学校改进的路径与策略》，叶颖等译，北京大学出版社2013年版，第125页。

[2] ［加］迈克尔·富兰：《变革的挑战——学校改进的路径与策略》，叶颖等译，北京大学出版社2013年版，第139页。

他们之中任何一所学校单独研究所无力解决的）开展合作。包括课程设计和专门领域的研讨，包括分享应对关键挑战进行的创新；探讨学生的行为和发展方向……当所有这些组织、联盟沉淀在很多这样的伙伴关系中时，一些"更加正式的安排就进入（合作）联盟的形式（发展出一种将管理与责任连接到一起的更有力的机制)[①]。"其间，学校与学校的合作、伙伴关系便由不够对等且范围较窄的"协作"逐渐发展为互动更为密集、更加正式的网状式的协作、创新体系。

在经济与科技领域，开放、合作、共享已被证明是有效提高创新效率的重要途径。因此，创新越来越具有开放性。换句话，如今的创新越来越体现为一种开放式的创新。在这样的趋势下，通过一定的协作网络，充分调动各类主体的积极性和创造性，跨学科、跨部门、跨行业组织实施深度合作和开放创新，对于加快不同领域、不同行业以及创新链各环节之间的技术融合与扩散，变得更为重要。这在教育系统内同样如此。

基于教育供给侧的改革需要不断回应学生多样化、个性化的教育需求，需要特别关注学龄特征以及各学龄段学生发展的衔接性与适切性等问题，在此形势下，学校多样、特色办学便成为必然趋势。为了更好地实现多样化、特色化发展，学校之间便需要扭转竞争心态，在更大、更开放的协作网络下研究学生、研究教育，为学生乃至学校量身打造发展方案，这种根据学校具体情况、不同学生发展特质进行的针对性、个性化的联合研究与探索，便是一种开放式的教育创新。

开放式创新一般有两个特点：一是强调创新主体的多元化，重视且善于建立横向和纵向的合作关系，愿意与任何人、任何机构开展合作；二是重视客户体验，与客户合作开展创新，让客户参与到系统内部的创新中来。[②] 因此，它可以帮助学校从外部和内部同时获得有价值的创意和优秀的人力资源。其实现既有赖于同学段下不同学校之间的互动，也有赖于不同学段的学校之间的互动，因而是一种发生在不同学校主体之间的"主体间性"的联合式合作与创新。

---

① [英] David Hopkins：《让每一所学校成为杰出的学校——实现系统领导的潜力》，鲍道宏译，华东师范大学出版社2010年版，第155页。

② 李利凯：《开放式创新：大协作改变世界》，上海三联书店2016年版，第10—11页。

通过网状组织运作，学校能否将这些经由协作获得的资源、知识、行为进行再整合，使其与学校自身系统相匹配，成为学校开放式发展能否成功的关键。对学校而言，开放式改革（创新或发展）的成功依赖于以下条件：一是互动（包括连接、沟通、共享、交互等活动过程），其意味着作为创新主体的各个学校之间要实现（能满足一定强度或达到一定程度的）互惠知识的分享、资源的优化配置、行动的最优同步等；二是匹配度，即由协同获得的知识、资源、行动、绩效等与各学校的匹配程度，其意味着，将内部的技术资源和创新活动与外部资源及外部创新活动全面互动合作，"除非学校内部网状组织是有效的，在学校间的相互学习上是有效的，并能有效地减少校内变异，否则，学校未必能有效地与大的网状组织中的其他学校相互协作、配合"[1]；三是开放式整合，即知识、资源、行动、绩效等创新要素在系统内的整合和无障碍流动。这样一来，开放式创新便体现为一个"沟通—协调—合作—协同"的过程[2]。在这一链条中，协同是开放式创新的理想状态，但却不是终极目标。随着协同的推进，越来越多的主体会产生在系统内开展合作创新、合作发展的意向，进而促使目前的组织发展成为更大的共同体。在这一共同体下，沟通—协调—合作—协同将成为循环式的发展过程，而学校发展渠道也将呈现出网状式的结构。

所谓"协同"，从表象看，指的是多人（或多个主体）共同完成同一或多个事务的方式与过程；从本质上看，它是一个具有较高整合度、较强互动性的网络系统，是不同主体、资源、要素的交互耦合或大跨度整合。协同的实现，意味着系统中多个子系统或要素之间整体效应的产生，即互动、整合、无障碍流动的实现。也正是如此，协同使任何一项活动都不再独立，学校或个人的工作也不再是单打独斗。它将参与协作的学校带入了一种网状式的协作系统中。这样的系统"通过增强学校在建设多样化课程中的协作能力、提供长期的和专业化的支持，又发展出一种超越一所学校门限的、为多所学校共享共有的教育愿景"[3]。通过协作网络，学校不

---

[1] [英] David Hopkins：《让每一所学校成为杰出的学校——实现系统领导的潜力》，鲍道宏译，华东师范大学出版社2010年版，第117—118页。

[2] 陈劲、阳银娟：《协同创新的理论基础与内涵》，《科学学研究》2012年第2期。

[3] [加] Michael Fullan：《教育变革的新意义》，武云斐译，华东师范大学出版社2010年版，第117页。

仅可以充分利用外部资源，注入新的技能与知识，创造相对优势，迅速提高自身的发展能力，还能在协同合作中同外部环境互相依存与作用，提高学校影响力，加速学校创新步伐。可以说，在网状组织的运作机制下，其中的每一所学校都能为区域内所有学生提供范围更大的服务，同时也提升了学校在当地层面上持续改进的能力。可以说，"协同"对优秀学校和薄弱学校而言均具有重要的意义。正因为如此，实践中的协作共同体便呈现出了多种组合。

在协作共同体中，根据合作成员层次与类型的不同，可将"协同式改革/创新/发展"分为三种类型：（1）同质型协同，即具有相同教育层次的学校或办学机构的联合；（2）异质型协同，即不同层次与类型的学校的联合，如上海市七宝中学教育集团，由包括5所高中、6所初中、1所九年一贯制学校和1所小学在内的13所学校组成；（3）混合型协同，指的是在发展共同体内有学校也有社区以及其他相关利益主体，如上海桃浦教育集团是由桃浦中学、桃浦文化馆、桃浦公园、桃浦镇新杨工业园区、金鼎学校等10个机构组建而成。这些不同的协作体通过不同的治理模式，比如理事会制、主任委员会制、管理委员会制、总校务会制、校长联合办公会制等，讨论与决策联合体的整体规划与发展，管理与协调工作。[①] 在网状式协作系统下，这些有着不同发展层次、不同背景的学校要形成强大的合力，一方面，需要形成各个学校都能够认同的文化价值基础，"如果被集合起来的诸多单位或个人缺乏必要的文化价值整合机制，大家的价值文化相互冲突，就可能会事倍功半"[②]。其次，需要各学校校长发挥强有力的领导力，在协作过程中，他们能始终清晰地展现各自学校的价值追求和发展的明确目标，这种领导力通常也可以在相对分散和彼此平等的团体中通过社交来实现。这样，"在面对有限资源的竞争时，协同工作的团队可以获得更多的资源、认可和奖励"[③]。

综上所述，突出学校主体动力发挥的改革是提升学校办学质量的理想

---

① 刘莉莉：《集团化办学的理性审视》，《教育发展研究》2015年第18期。
② 陈劲、阳银娟：《协同创新的驱动机理》，《技术经济》2012年第8期。
③ ［德］哈索·普拉特纳等编：《斯坦福设计思维课4：如何高效协作》，毛一帆、白瑜译，人民邮电出版社2020年版，引言。

途径。尽管内生式改革包含自治型与互动型两种思路,且两种思路之下都有相对较为理想的诠释方式。然而,在网络化的生存环境下,学校越发需要在坚持自我的同时确立一种"我们"立场,在区域的引导和支持下强化合作能力的建构,与同伴学校开展深度协作。这意味着,不论是自治型改革还是互动型改革,均有赖学校树立"对话"意识,既要以更加包容、开放的心态与同伴学校开展协作,又要在这样的协作中向着自身认同的价值追求和目标进行探索与创新。否则学校极有可能陷入"我中无他"或"他中无我"的境地,而偏离内生式发展的本然之意。

第 三 章

理想之维

"理想"意味着一种美好的期待。它高于现实,可以是一种令人向往的观念或近乎完美的境界,也可以是虽在未来但却可预期、可达成的一种较高远的目标。因为主体不同,一些在某些人看来是理想的事物在另外一些人那里未必算作理想,而可能已是正在进行中的或是已经被实现了的事务。此处要谈及的"理想"亦不另外。它会因不同人持守的教育观念、对教育的不同定位,以及对教育效果的不同预期而有所不同。尽管具象多有差异,但这些所谓"理想"根本上却指向了共同的东西,即:好的教育应该是什么。从理想的维度看教育,涉及两个基本问题:理想的教育和教育的理想。前者因人而异、因时而异、因事而异,后者却有一个较为恒定的价值基准。正是如此,本部分便包含三个方面的问题探讨:一是从应然与实然各自的视角看,何谓"好教育"?"好教育"与"好学校"何以自成一体?二是从实践可触及的层面看,好学校应该具备哪些品质?三是对不同类型的学校而言,"好教育"的达成有没有共通的路径?

第一节 从教育的本真看"好教育"

教育、学校本是中性的概念,然而一旦在其前面加上"好"字,便成了一种价值判断。既然是价值判断,其合理性便依赖于一定的语境,进而具有了相对性。正是如此,对于任何一种关于"好学校"与"好教育"的界定,我们要试图去评判它,便不免需要用换位思考的方式,进入那样的语境去理解诸如此类的判断缘何产生、其正面的价值意义是什么、这样的意义何以实现。尽管如此,关于好教育的判断还是存在一定的"基准"

的。这种基准即存在于理想意义的"本真"层面，也存在于摆脱地域、个体有限视界的方针、目的层面。

从理想意义上看，"好学校"与"好教育"应该是一个一体式的概念：能够提供好教育的学校一定是好学校，反过来，被人们视为"好学校"的学校一定是能够提供"好教育"的学校。假设"好学校"与"好教育"的确自成一体，那么，对好学校的判断与定位便依赖于对"好教育"的判断。

何谓好教育？这个问题背后又有两种解读：一种是实然层面的解读，一种是应然层面的解读。所谓实然层面的"好教育"区别于观念层面的教育认识，指的是现实中被认为是好教育的教育在过程中体现的基本样态。显然，因为不同群体需求、视界、经历的不同，实践中人们对好教育的判断不免会出现参差不齐。所谓应然层面的"好教育"多体现在理念层面或目标层面。它指的是那种契合于教育本真的教育。所谓教育本真，即在客观视角下对"教育应该……"做的判断。

教育具有一定的特殊性。这既可能是相对于文化、经济、政治等社会子系统而言的，也可能源于教育活动中的人的特殊性。但不管是基于这两种情况中的哪一种，教育的特殊性最终均附着于人本身，需要通过对人的某些较为独特的影响和作用体现出来。如此，将教育理解为一种为了人的发展、围绕人的发展而展开的活动便不足为奇了。

海德格尔曾指出，本真状态必须符合三个条件：属于自己；已经得到个别化，即不再停留于类之中；成为自由的能在，能够为了自身而作出抉择。与之相对，非本真状态也具有以下三个特征：错置了自身的存在，没有成为它自己，将自己的抉择委托给常人。[1] 而加拿大伦理学家泰勒也说过，本真性只有在意味着卢梭所谓的"内在声音"之中的本真性时才能成立。[2] 由此看来，本真是存在于主体或事物其自身的内在现实，是符合其特质的东西。保持人或事物本身的独立性与独特性也正是本真所要表达

---

[1] 方向红：《海德格尔的"本真的历史性"是本真的吗》，《江苏社会科学》2011年第2期。

[2] ［加］查尔斯·泰勒：《本真性的伦理》，程炼译，上海三联书店2012年版，第34—35页。

的内容。正是如此，我们说教育的本真即表达了教育的根本特质。其有赖于对人之本真更为全面、深入的认识。

德国哲学家、人类学家H.普勒斯纳有一句名言：人天生是一种文化生物。这不仅表明人对文化的汲取之需和创造能力，也揭示出一个道理：人天生就是有缺陷的，进而一生中需要不断地发展和完善。正是如此，尼采说道，"人是一种可以理解为还'不确定的'即不定型的、其本质还处在发展中的动物"[①]。这意味着特定的图示不仅无法引领人的成长，反而扼杀或阻滞着人得以发展的诸多可能。从这一点看来，成为真正的自己，对一个人而言，并非单单指向人自身独立性与独特性的维持，而是在于潜藏在这种独立性、独特性背后的人自身生命的流动性或是对自我的不断否定和超越。对此，教育的本真所传达的精神便蕴含对个体生命之无限性和可能性的承认与保护。这种无限性与可能性，决定教育的本真无法在有限视域内用较为详尽的话语来表达。在一般的视域之中，将教育本真确立为"使人成为一个真正的人"反倒较为恰切。正如鲁洁先生所言，"人们不论如何定义教育，教育有其不言自明的意义：那就是教育要使人成为人，教育要促进人的发展"[②]。至于这种要成为的人究竟意味着什么？具有什么样的状态？则是对个体完整的生命结构、多元的生命特性的质询。进而，将教育所围绕着的"人"进一步确立为"生命"，将教育本真、教育理想进一步定位在对个体生命结构、特性的接纳与维护上，便是自然而然的事情了。正是如此，国内不少学者趋向于赞同一个观点：教育是"直面人的生命，通过人的生命、为了人的生命质量的提高而进行的社会活动，是以人为本的社会中最体现生命关怀的一种事业"[③]。

舍勒指出，"生命只'应该'在生命位于生命价值系列中的更高位置时，并在能自由支配有用事物的程度上制造有用事物，享受惬意事物"[④]。

[①] 转引自［德］O. F. 博尔诺夫《教育人类学》，李其龙译，华东师范大学出版社1999年版，第39页。

[②] 鲁洁：《教育的返本归真——德育之根基所在》，《华东师范大学学报》（教育科学版）2001年第4期。

[③] 叶澜等：《教育理论与学校实践》，高等教育出版社2000年版，第136页。

[④] ［德］马克斯·舍勒：《价值的颠覆》，罗悌伦等译，生活·读书·新知三联书店1997年版，第137页。

如此，真正美好的事物或真正适恰的价值导向，并不能脱离其展现生命意义的宗旨。对教育而言，能否将个体的生命置于首位，使个体在展现其生命特性的过程中收获精神上的惬意之感，也是决定其自身得与失的关键。这意味着，生命特性的发掘、生命意义的完整呈现是教育的终极价值（而非条件性价值）。它与较高的成绩排名、荣耀、社会地位等并无必然联系，甚至会因为后者而遭受排挤与压制。尽管如此，生命意义的彰显并非全然指向个体内部，也非全然独立、自由地展现而出的，而是在与无数的他者协同并进的过程中得以实现的。正像有学者指出的，追求生命的本真、展现人的潜能和力量，实质上是在人化的形式中使万物固有的本质、潜能、力量得以开掘和发挥的。[1] 这又预示了人在施展其潜能、力量的同时与他种生命浑然一体的关系，进而与他种生命之关系的失调也会导致人之生命结构的破坏。因此，在肯定个体生命之"关系性"成分的基础上，认识和维护个体生命价值的独特性，这才是对教育本真较为合理的诠释。

综上所述，教育的终极目标指向"人"。从这一意义上看，所谓"好教育"应该是引导学生完善其生命特性与生命结构的有效活动。然而，人的生命既有"独特"、自我的成分，也有共同、"关系性"的成分。正是如此，现实中，一个人发展完善与否，或者说，对个体独特生命的成就与否，还有赖于其所在的生存环境（如时代和地域）。进而，对"好教育"的完整判断，不得不需要回归现实，从时代、社会发展特点和需要的角度来进行。

第二节 "好学校"的不同呈现

在市场、政策、理念的引导下，外在的诉求可以很快得到学校的关切。然而，关切并不等于主动适应。一些存在于学校内部观念、制度、机制中的"常理"、成规、习惯，即使曾经帮助学校少走了一些弯路，然而新时期却容易成为学校自我突破的障碍，使学校尽管处在同环境下也会体现出不同的发展层次。

---

[1] 高清海等：《人的"类生命"与"类哲学"：走向未来的当代哲学精神》，吉林人民出版社1998年版，第336页。

一 "好学校"何以成就"好教育""特色校"?

从评价的侧重点和标准看来,"好学校""好教育""特色校"本具有不同的象征与指向。然而现实中它们却逐渐被模糊化为可以局部进行替换的概念:似乎一所学校只要成为"好学校",那么那些有良好寓意的符号比如"好教育""特色校"也可以顺势获得。但是反过来,"特色校""好教育"如果没有较高的升学率,便不能被视为"好学校"。

可以说,在大众的心目中,"好学校"就是升学率高的学校,[①] 这是人们在忽略价值性指标的情况下对学校所作的貌似精准但却极为模糊的判断,其本来不是对学校教育合理与否的价值评判,但却最终替代了这一判断。这种观念不仅剥夺了许多学校由"薄弱"向"优秀",抑或由"优秀"向"卓越"转变的机会,甚至也让一些本来优秀的学校丧失了进一步发展的动力。

有些"好学校"由于升学率高、声誉好而拥有了较多的社会支持力量和物质支撑。在校园环境、设备应用、师资配备、生源选拔等方面,他们往往不需要付出太大的努力便可达到"最优"或"较优",进而较之条件一般的学校更容易彰显特色、特长和专长。这一现象的存在,加之技术性评价指标存在的欠缺、各类荣誉符号之间可置换的"常理",往往带来一个问题,即:某些"好学校"会将各类特色化发展视为普通校的"专列",而他们则成为这一专列上有禀赋、有特长的特邀旅客。沿途中的新鲜感过后,特色发展不再成为其目标。这导致的结果便是,更多的学校丧失了通过特色发展追求"更优"的机会和寻求更多可能的动力。

可以说,所谓"好学校"只是一个模糊概念,不仅如此,它还具有相对性。换句话,被称为"好学校"的学校未必真正优秀(比如,当某校处在一个教育普遍比较薄弱或落后的地区时,或许是相对优秀的,但一旦参照标准或比较对象发生变化,该校便未必优秀)。对"好学校"的判断,既依赖于判断主体的视界和价值期待,也受限于时空、地域条件。正是如此,一些明智的教育中人开始突破地域限制,以开放式的视角重新思

[①] 蔡春、张爽:《论回到"学校""教育"本身的学校发展》,《教育研究》2011 年第 6 期。

考和判断学校、教育的发展层次。其中所谓"开放"意味着，对学校的评判和比较，需要采用开放性的参照标准，比如要突破时空、地域限制，要回望过去、放眼未来……这样的评判的最大意义在于，避免了学校的自满、安于现状、不求革新等的惰性心态，将那些不甘平庸、永远都在追求自我、实现自我的学校置于台前，引导学校走出排斥性的竞争心态，以更加平和、澄净、包容的心态关注学生的发展。

二 "好学校"的三个层次

由于所谓"好学校"不存在统一的评判标准，现实中便出现了以下不同类型、不同层次的好学校。

（一）"卓越"学校

即众多"好学校"中的佼佼者。这样的学校具有两个明显的特点：一是高度的示范性，这样的学校一般具有非常成熟的运转模式与办学机制，能够通过传播最优的实践，成为本校以及伙伴学校办学实践的主导者；二是高度的自治性与引领性。卓越学校一方面有生态型的自我改良系统（包括观念、制度、文化等），该系统可以使学校保持对新事物的包容心与接纳力，对学校问题的敏感心与解决力，对学校未来的谋划心与执行力，对学校改革之成功与失败的改良心与辨别力。另一方面，有独特的优势和擅长的领域，这足以使学校持续成为众多学校变革群体中的领头者，让其他学校学习自己或是跟随自己，但是难以超越。正是如此，卓越学校一般拥有较大范围的影响力，是地域内、外都享有较高知名度的好学校。

（二）优秀学校

即一般意义上的"好学校"（数量多于卓越学校）。其在一定的地域范围内，有较高的社会知名度和影响力。与卓越学校相比，这样的学校虽然也有一定的示范性、自治性与引领性，但在相应特征的体现程度上稍显薄弱。比如，他们有能力进行自我改良，但改良心态却可能仅仅限于某一个时段，持续继承下来的知名度与影响力，足以为学校赢得好的发展平台和资源，故学校不需要做进一步的努力便可维持现状。这便造成了一些优秀学校"吃老本"甚至优势退化的现象；再比如，这些学校有一定的引领性，但由于其知名度和影响力限于一定的地域范围，因而所进行的优势输出只能限于更小的领域和更小的范围。属地方性或地域内知名的好学校。吉姆·柯林斯在《从优秀到卓越》中说道，优秀是通向卓越的大敌。他认为，我们的周围之所以缺乏杰出的学校，主要是因为我们有了很多优秀的学校。[①] 因为那些被崇尚、吹捧惯了的优秀学校最容易安于现有的成就，而他们的经验连带负面的价值判断也容易被普通学校所效仿，进而无法避免地使一些有志探索"好教育"的普通校刚刚起步便可能止步不前甚或转而追求符号、排名和荣誉。

（三）"次优"学校

即最普通意义上的"好学校"（数量多于优秀学校）。该类学校在一定的地域范围内有一定（但不够响亮）的知名度和影响力。但与卓越学校和优秀学校相比，这样的学校却存在"偏科"或优势覆盖不足的问题。他们在一些重要领域有较明显的优势和特色，但在另外一些领域却表现一般，学校优势领域还没有作为一种独特的文化、要素、资源辐射到学校其他领域或办学要素中。正是如此，这样的学校在对外协作过程中，一方面会在自己的强势领域帮助其他学校，另一方面则需要在自己的弱势领域寻求其他学校的支持或帮助。因此，这些学校尽管在某些领域也存在优势或表现优秀，但此种优势不足以使学校成为同行中的佼佼者。

根据以上三种类型的"好学校"的比较，可以看出，卓越学校是"好学校"里面少数的、杰出的学校。从表面上看，卓越学校的办学系统优于"优秀学校"、远优于"次优"学校。从更深层面看，所谓卓越学校之"卓越"有两个意味：第一，特色与创新成为学校谋求自我发展的常态化手段（区别于刻意为之），是学校的办学底色；第二，卓越反映的是一种办学水平和办学境界，它超越了"比较"的范畴，是学校的一种自我成就、自我实现。与"优秀"不同，"卓越"体现的是一种追求，一种不甘平庸、不断进步、精益求精的办学心态。由于这样的心态与追求，卓越学校的发展动力一般存在内部，其致力于为本校学生提供更好、更适合、更有效的教育，而淡漠于外在的排名、荣誉（毕竟这些外来的符号已是学校顺势可得的东西，不需要学校有意为之）。

第二次世界大战中期，降落伞的安全性能普遍不够。为了提升安

---

① ［美］吉姆·柯林斯：《从优秀到卓越》，俞利军译，中信出版社2009年版，第1页。

全性能，厂商做了很多努力，最后将合格率提升到了 99.9%，但仍存在 0.1% 的缺陷。然而当时的军方却要求产品的合格率达到 100%。对此，厂商不以为然。他们认为自己生产的降落伞能达到这个程度已近乎完美了，没有必要再改进，并一再强调，任何产品都不可能达到 100% 的合格。然而，99.9% 的合格率毕竟意味着降落伞还存在一定的质量问题，也意味着每千名伞兵中就有一人可能丧生。为了解决这个问题，军方改变了检查质量的方法，他们决定从厂商前一周交货的降落伞中随机挑出一个，让厂方的负责人亲自配带从飞机上跳下。这个方法实施后，不合格率竟然变成了零。厂商眼中的"奇迹"就这么通过技术攻关实现了……①

这个故事形象地表达了"优秀"与"卓越"的边界：如果说从一开始的低合格率到 99.9% 的合格率的实现，体现了某厂商超越一般厂商的技术攻关能力，它是使该厂商从众多商家群体中脱颖而出的最有说服力的证据。然而，从 99.9% 到 100% 的合格率却将"优秀"与"卓越"截然分开。较之前者，0.1% 跨度虽小，但却是优秀和卓越之间的根本距离，也是众多群体难以跨越的鸿沟。这个距离的产生，关键不在技术或能力，却在于一种特别的心态、一种追求。它体现的是一种发展的无边界之感，一种不自足和不断充盈着的自我实现感。

在我国，"重点学校"一直作为人们心目中的"好学校"而存在。新中国成立后，党和国家领导人多次提出要建设一批重点中学。1950—1985 年间，教育部先后发布了《关于有重点地办好一些中学和师范学校的意见》（1952 年）、《关于有重点地办好一批全日制中小学校的通知》（1962 年）、《关于办好一批重点中小学试行方案》（1978 年）、《关于分期分批办好重点中学的决定》（1980 年）、《关于进一步提高普通中学教育质量的几点意见》（1983 年）。在这些政策的推动下，全国各省区市乃至县都先后形成了一大批重点小学、重点中学。90 年代中期，国家教育委员会虽淡化了"重点校"的提法，用"示范高中"取而代之——其间的相关

---

① 案例来源：余昌国：《质量感悟：从降落伞的故事说起》，2018 年 8 月 15 日，http://blog.sina.com.cn/s/blog_40d086230102xrww.html，最后浏览日期：2020 年 10 月 15 日。

政策提到,"到 2000 年……每个县要面向全县重点办好一两所中学。全国重点建设 1000 所左右实验性、示范性的高中"①。然而集中优势资源选拔、发展部分学校的做法根本上并没有淡化"重点校"的热度。尤其在高中阶段,"重点校"的提法及其连带的政策支持一直得以延续下来。尽管如此,这些所谓的重点校却未必是卓越学校。

从积极意义上说,"重点校"在政策层面的推动,是国家在资源稀缺、"百废待举"、"百业待兴"的形势下所作的必然选择,它对快出人才、早出人才、出好人才,推动社会经济发展和教育发展具有重要意义。实践证明,这样的政策的确培育了一批教育资源丰厚、教育质量高的学校,使部分适龄儿童、青少年受到了高质量的教育。然而,排斥性、竞争性的评选制度也不可避免地扩大了校际间在资源配置和教育质量上的差距,导致了教育公平的缺失。从这一意义上说,彼时的"重点校"是以削弱周边学校力量为代价而存在和发展的。不仅如此,这在凸显个别学校自我光环的同时削弱周边同伴群体,也造成了一部分重点校沉浸在舒适区而出现优势弱化的问题。这与本文所提"卓越"显然有所差距。

三　高品质办学的诸种定位

所谓"卓越学校"无疑是"好学校"的理想型态。但这种理想并非不可触及,而是为"好学校"确立了一个不可"终结"的发展目标,使好学校始终处于自我否定、自我完善的发展状态中。教育面对的是一个个全然不同的生命个体,这种不同决定学校教育永远会处于探索、突破的境地中,正是如此,学校的高品质发展便是无止境的。那么,有人或许就会问了:现实中有这样的学校吗?如果有,他们是怎么诠释"卓越"的呢?为了回应这个问题,我们便先来看看,在国内外具有选拔、评比性质的学校"推优"或"创优"项目中,优秀学校都被规定为哪些特质。

"蓝带学校"

蓝带学校是美国政府对那些在特定的办学指向上取得成功的学校的称呼,它起源于 1982 年联邦教育部提出的"蓝带学校计划"(Blue Ribbon

---

① 《国务院关于〈中国教育改革和发展纲要〉的实施意见》,《人民教育》1994 年第 9 期。

Schools Program）。该计划的提出有三个目的：确立和认可全国杰出的公私立学校；提供研究为基础的效能标准，作为各校自我评估和改进参考；激励各校将办学成功经验与他校分享。①

由此可初步推断：在美国被评选为"蓝带学校"的学校具有以下特质：

（1）全国杰出。也就是在办学水平、办学绩效等方面居于全国领先水平。不仅如此，蓝带学校必须以"卓越"和"均等"为核心——追求所有人的卓越：凡是膺选为"蓝带学校"的学校，必须致力于追求所有学生的卓越发展（发展好每一个学生），以其为使命。

（2）"发展"无边界。尽管这些学校已经在全国居于领先水平，但是还未达到国家给出的效能标准（这些标准或者是根据新时期的发展点，或者是根据国家对于学校教育发展新定位，经由研究后得出的），进而仍然需要学校进行自我评估，以求更进一步。蓝带学校有基本的遴选标准，包括八大方面：学生核心和支持；学校组织和文化；挑战性的标准和课程；主动的教学和学习；专业社群；领导和教育活力；学校、家庭与小区伙伴关系；成功指标。不仅如此，这一标准每年还会根据特殊需求略加调整。这便将有志成为顶尖学校的学校带入了不断否定、完善，不断关注校内外需求、强化自身能力建构的境遇中。避免了学校"一劳永逸"的惰性、自满心态。

（3）示范引领。被评为"蓝带学校"的学校不仅要自己优秀，还要有服务意识、责任意识、带动能力。能够将办学经验提炼为可复制、可推广的东西，带动其他学校的发展。从这一角度看，"蓝带学校"是摈弃唯我式的发展基调的，其成功要建立在对外辐射、积极影响上。蓝带学校的"卓越"虽由评选、竞争产生，但他们的发展并非以削弱其他学校为代价。

"灯塔学校"

"灯塔学校"（Beacon Schools）是由英国教育及技能部认定的杰出学

---

① 孔令帅：《美国新"蓝带学校"计划述评》，《世界教育信息》2004年第10期。

校。在英国,要成为灯塔学校也极为不易,它必须满足以下条件:(1)必须连续三四年经由英国皇家督学评定为杰出学校;(2)必须有明确的证据显示学校在某些教育措施上有极为突出的表现——如课程发展、行政领导与管理、资赋优异教育、增进家长参与、欺凌行为防治教育、新进教师辅导等;(3)提供优质的教育环境与活动,并且有助于提升学生的学业成就。①

可以看出,灯塔学校与蓝带学校一样,都属于国内办学一流的学校,他们不仅关注学校现有的发展水平,还关注学校改进实务,强调学校经验推广及辐射带动,比如,举办校际教师研讨会;提供教学导师的服务;提供其他学校人员现场观察、观摩的机会;办理校际教师在职研习进修活动;提供辅导咨询服务。但与"蓝带学校"不同,"灯塔学校"是另外一种形态的卓越校,它强调"学校特色",要求被评选的灯塔学校必须经认定具有某种学校特色。这种特色,一方面足以作为其他学校学习的榜样,另一方面可分享、可推广。学校要有意愿将这些特色办学的经验传递给其他学校参考。为此,地方教育行政部门也会协助灯塔学校建立校际之间的学习网络,将灯塔学校的学校特色介绍给每一所学校。这样做的最终目的在于,协助其他学校进行革新,让其他学校都能够和灯塔学校一样杰出。

值得肯定的是,这种突出"特色"的杰出学校评选,一定意义上有助于促使学校在差异化发展中追求"卓越",以示范性的作用追求"差异化"的优秀与不同,避免陷入同质化发展的境遇中。没有一个组织能在自身认为不重要的领域开展卓有成效的活动②。因此真正卓越的学校必然具有一种办学的信念与信心去持续性地发展特长领域、去彰显自身的与众不同(特色)。在此意义上说,真正的好学校必然是有特色的。

在我国,基础教育包含了两段:一段是义务教育,另一段是非义务教育。义务教育具有"全员性",它要求所有适龄儿童必须接受规定年限的学校教育。从深层意义看,这其中包含了强制性与权利的平等性两个意

---

① 田莉:《灯塔学校:英国推广优质教学的有益尝试》,《基础教育参考》2007年第2期。
② [美]彼得·德鲁克:《卓有成效的组织管理》,杨剑译,机械工业出版社2014年版,第192页。

味。正是如此，近些年国家乃至地方针对义务教育阶段的政策更凸显教育公平，致力于让每一个适龄儿童享有同等接受好教育的机会。也因为如此，集中有限资源发展少数优秀学校或重点学校的"排斥性"、竞争性的教育发展机制渐渐淡化。关注学生个性化发展、学校多样特色发展、校与校之间协同与合作的示范性、错位式的教育发展机制得到推崇。在此情形下，"好学校"虽然还在提倡，但是它的竞争点和考量点正日渐回归学生的"获得感"本身，学生的成长特点和发展需求，成为学校寻找发展点和创新点、证明自身教育实力的重要依据。

示范性高中

"示范性高中"是我国在某个时期对满足特定标准的一类普通高级中学的统称。1994年，国务院关于《中国教育改革和发展纲要》的实施意见提出，"到2000年……全国重点建设1000所左右实验性、示范性的高中"。根据这一精神，1995年国家教委发布《关于评估验收1000所左右示范性普通高级中学的通知》及《示范性普通高级中学评估验收标准（试行）》。其中提到，"示范性高中应是全面贯彻教育方针，模范执行教育法律、法规和有关政策，办学思想端正，加强德育，积极开展教育教学改革，教师素质与办学条件好，办学有特色，学生德智体等方面全面发展，社会和高等院校对学生的评价好，学校的管理水平高，有较长的办学历史，在省（自治区、直辖市）内、外有较高声誉的普通高级中学"。并强调，申报示范性高中学校所在县（市、区）必须有对薄弱高中扶持、改进的积极措施，并取得一定成效；国家教委评估验收的示范性高中包括办学卓有成效的侧重升学预备教育、实行分流教育、侧重就业预备教育的高中和特色高中等。[①]

从这些文件看，"示范性高中"虽未根本超越"重点学校"，但其中对素质教育、特色办学、模范执行国家新政策的要求的凸显，却某种意义上避免了"好学校"一味承袭自身传统、不思改变的惰性心态。促

---

① 国家教育委员会：《国家教委关于评估验收1000所左右示范性普通高级中学的通知》，1995年7月3日，https://www.gdjyw.com/jyfg/12/law_12_1256.htm，2020年10月11日。

使好学校积极回应时代发展新诉求，积极挖掘自身特色，也驱使地方兼顾好学校以外的其他学校的发展。正是如此，稍后的几年，上海、北京等地对于示范性高中的评选与建设均强化了素质教育引领，将示范性高中定位为本市或各区县实施素质教育的领跑校，要求这些学校办出自己的特色，并充分发挥示范、辐射作用。原有的重点中学也得以逐渐淡出大家的视线。

2004年，北京市第三批高中示范校的颁牌便体现了新的转折：一批原非重点中学的学校（如北京十一学校、中关村中学、北京第二十中学、北京工业大学附属中学）入围示范高中之列。这批示范校打破了原来重点校的格局，使原来的重点校和非重点校得以在同一平台上竞争。可以说，"示范校"是针对重点校制度存在的弊病而推出的替代制度。这一制度的推行，意在通过入围的示范校展现素质教育和全面发展的成功经验。相比重点校任命的"终身制"，示范校需按照一定条件接受评定与督察。主管部门也会通过"复审"制度，对教育教学质量滑坡、不能发挥示范和辐射作用的示范高中给予警告，甚至可能撤销其"示范性普通高中"称号。在此压力下，"好学校"便不得不走出"舒适区"，不断寻求发展，向卓越趋近。

高品质示范高中

"高品质示范高中"是江苏省在对本省高中教育开展星级评估的基础上又创设的引领性发展项目。该项目将"高品质示范高中"定位为：具有高品质理念、高品质队伍、高品质课程、高品质生活、高品质文化和高品质管理，具有自我发展的强烈意识、自觉创建的责任担当、自信建成的理想追求，国内一流、国际有影响的高品质示范高中，引领并带动全省普通高中提升教育质量和办学品质。

相比于北京市的示范性高中，江苏省对高品质示范高中似乎有着更高的要求：入围的学校需在过去的"星级评估"中有着不错的成绩——原则上取得四星级高中资质10年以上、复审合格的普通高中[1]。某种意义

---

[1] 江苏省基础教育处：《省教育厅关于高品质示范高中建设的意见》，2018年5月7日，http://jyt.jiangsu.gov.cn/art/2018/5/17/art_55510_7641293.html，最后浏览日期：2021年10月3日。

上说，这些学校基本是在重点中学级别的学校中选拔出来的。除此之外，他们便有着较为一致的要求，即：学校办学要素要全方位优质；学校有更高的教育理想和价值追求；需形成本校的优势和特色；需发挥示范作用。

品牌高中

"品牌高中"是天津市继本市"特色高中建设"项目后，针对普通高中优质发展而新推出的项目。该项目将"品牌高中"定位为：具有先进办学理念、独特办学文化、鲜明办学特色、一流办学队伍、卓越办学品质，育人评价机制科学、核心品牌价值突出的学校。并规定，入围的学校必须强化示范辐射，发挥其在落实立德树人、发展素质教育、创新育人方式等方面的引领作用，带动全市普通高中教育质量和办学品质的整体提升。就此看来，品牌高中某种意义上其实是重点高中与特色高中的结合体。它既强调办学绩效"最优"，也强调办学特色，同时还凸出了较大范围的学校影响力。

放眼全国，尽管以"品牌"为项目引领的高品质办学为天津市独有，然而以"品牌"为办学追求的学校却不在少数。这样的现象为何存在？在教育领域，实现学校办学的品牌化发展其独特的意义又在哪里呢？

诚然，"品牌"本是作为商品的一种标识或品质而存在，进而与教育并无太多的关联。然而随着学校特色建设的推进以及教育大环境下多种因素的影响和渗透，"品牌"却正成为不少学校追求更高办学品质、展现比较优势的动力所在。可以说，品牌的追求与确立是学校追求"高位"发展的体现。对品牌的合理关注，有助于驱使学校避免"闭门"办学，关注学校以外的教育需求与"回音"，为学生提供更加适合的教育。正是如此，天津市特借"品牌"之名喻普通高中高质量发展样态，意在引导学校确立开放、互动式的发展理念，强化学校公共服务意识和服务能力。在此意向之下，一所学校要成为"品牌学校"，便需同时建立两种价值：既要为每一位用户（学生）提供个性化的服务，也要为更广泛的社会（包括其他学校）服务。

目前的问题是，教育话语体系下的品牌概念（亦如实践中已然出现的"学校品牌""品牌学校""教育品牌"等）其内涵、特质等仍颇为模糊。不仅如此，那些已然习惯于使用这一概念的学校、部门尚未有明确的意识，去从教育自身的规律出发认识或界定品牌之于学校、教育的指导意义，并给予"品牌"以明确的评判标准。如此一来，提到学校"品牌"，人们还会自然地将其与营销学中的"品牌"相联系，更关注学校具备的比较优势和社会效应，以及他者心智中的学校印象，进而不免使学校对于自身办学方向、办学质量的定位与评判呈现"外控型"的特点。在此情况下，若外界对于教育的效度、去向有着较为一致的、理性的判断与认知，那么这种外控型的评判更有可能驱使学校提供适合于学生、社会需求的教育；相反，若外界对教育的去向、追求看法不一，甚至还夹杂各种利益期待，那么这种评判便极易将学校带离轨道。

事实上，自《国家中长期教育改革和发展规划纲要（2010—2020年)》颁布以来，多样、特色发展已经成为高中阶段教育的主线。在此形势下，国内各省市针对普通高中学校开展的项目，比如天津市的"特色高中""品牌高中"，四川省的"高品质高中"，上海市的"特色普通高中"，江苏省的"高品质示范高中"等建设项目的推出，均意在通过强化学校办学特色提升学校办学质量、增加学校办学活力。在此形势下，尽管国内对于"好学校"的判断没有完全摆脱重点学校制度的窠臼，但因为淡化了好学校"终身制"，强化了学校的示范引领和特色，进而便将一部分可以发挥示范作用的"好学校"推至了寻求改革、创新的前沿。即使这样，并非所有追求改革、创新的"好学校"都能成为卓越学校。在优秀学校与卓越学校之间，还存在 0.1% 的距离，这个距离看似渺小但却难以跨越。它是学校的一种自我超越力，是决定所有办学要素能否集结于一体，重新组合、重新定位，为着学校特定愿景而前行的关键所在。

第三节　卓越学校的办学品质

如果每一所学校都有一个成为杰出学校的机会，那么有三个方面是它必不可缺的：第一，有一个道德的目标——增强实力，消除差距；第二，直接聚焦于提高教学质量和改善课堂教学实践的改革，而不是学校结构性变革；第三，持续的、系统的变革。①

如前文所述，卓越学校之卓越关键在于一种无边界的办学追求。这样的学校一直将自身置于不断的自我超越之中，进而能够持久成为拥有丰富内涵、特色和亮点的，可以持久发挥示范、引领作用的学校。在多样化、特色化发展趋势的推动下，这些学校教育品质的保障必然会关照学生的个性化需求，确立以个性化学习为核心、以学生个性化发展为目标的特色办学思路。大卫·霍普金斯（David Hopkins）在《让每一所学校成为杰出的学校——实现系统领导的潜力》中提到，只有实现学生的个性化学习，才意味着高质量教学的实现。也就是说，以个性化学习为中心的高质量教学体系是优质教育最为核心的特质。它意味着要为实现学生的潜能而采取各不相同的教学风格的教学。"通过创造一个关注学生的需求、兴趣和抱负的教育途径，系统将不仅仅产生优异，它还将对社会公平与正义作出有力的贡献"。② 除此之外，独立创新、网格式协作和社会责任也应成为卓越学校的重要特征。

所谓"独立创新"，不仅意味着学校成为区域内一个独立的、有个性的改革单元，更意味着学校领导模式向"专业自决"的转变：为了充分挖掘校本智力资源，学校需构建一种集体领导模式，通过创建改进小组以及提升各个层级上领导和管理改革的技术，为每一个组织赋能，增强集体领导能力。北京十一学校校长李希贵在总结其办学经验时反复强调构建"赋能"的组织结构的重要性。在他看来，"一个健康的组织结构，必须能够引导方向，明确地告诉大家劲儿用在什么地方。不仅如此，这样的组织结构，还要把构建客户关系作为必须，让每一个岗位都找到客户并成为客户，视客户的需求为自己的职责"。③ 这种组织结构往往有助于让更多的教师成为管理主体，使学校成为"校长把握方向，各车厢自带动力的

---

① ［英］David Hopkins：《让每一所学校成为杰出的学校——实现系统领导的潜力》，鲍道宏译，华东师范大学出版社2010年版，第9页。
② ［英］David Hopkins：《让每一所学校成为杰出的学校——实现系统领导的潜力》，鲍道宏译，华东师范大学出版社2010年版，第56页。
③ 李希贵：《新时代普通高中发展的若干思考》，《人民教育》2018年第10期。

高铁动车组"①。

有调查显示，依据办学理念系统开发培育特色仍是目前学校特色培育最常见的路径，相对而言，与高校、社会合作以及依托竞赛和评比的路径方法比较薄弱。② 然而，寻求外部支持和培训才是学校有活力的象征。正如迈克尔·富兰所言，"如果你不和各种各样的涉及相同的和不同的事务、其他的大的网络相连接，那么，令人鼓舞的愿景在理论上的概括、调查和解决问题获得更大的能力以及建立有成效的相互关系，其效果都是有限的"。③ 如此，校内外协作资源的深度开发便是学校获得"质"的突破的关键。为更好地推动学校高品质发展，所有的协作需"向精品化要质量"，不仅突出以共同价值为基础的专业化的技术探索，还要求协作团队能始终面对真问题，致力于在具体的、细分的领域内寻求可操作的实施步骤与方法策略。④

所谓"社会责任"可体现在两个层面：

从育人层面看，"社会责任"意味着致力于将学生培养成既能适应现代世界又具备参与社会生活的能力的负责任的公民——亦如南开系列学校的校训"允公允能"所表达的那样。南开学校创始人张伯苓先生曾指出："允公是大公，而不是小公……惟其允公，才能高瞻远瞩，正己教人，发扬集体的爱国思想，消灭自私的本位主义。""允能者，是要做到最能，要建设现代化国家，要有现代化的科学才能，而南开学校的教育目的，就在于培养有现代化才能的学生，不仅要求具备现代化的理论才能，而且要具有实际工作的能力。"⑤

从学校发展层面看，"社会责任"意味着区域（或更大范围）内的学

---

① 周华：《谁来调动教师的积极性——以"完全组阁制"化解学校管理难题》，《人民教育》2017年第2期。

② 冯明、潘国青：《上海市普通高中办学特色调研报告》，《上海教育科研》2012年第1期。

③ ［加］迈克尔·富兰：《变革的力量——透视教育改革》，中央教育科学研究所、加拿大多伦多国际学院译，教育科学出版社2004年版，第105页。

④ 唐江澎：《变革者联合起来，携手走向现代高中——"中国高中六校联盟"的由来及其教育追求》，《人民教育》2014年第13期。

⑤ 娄岙菲：《"允公允能，日新月异"：严修、张伯苓与南开中学》，《基础教育》2013年第5期。

校互助与共同创造,即一所学校的品牌发展需被置于包容和协作的环境中进行,不能以削弱周边学校水平为代价,而应该体现出"以一带多"的集群发展态势。通过对一所或某几所优质学校的发展以及相应平台的建设,带动更多学校在直面学校困境的过程中形成具有自身特征的解释系统,"在探寻切合自身发展的路径中定位学校的优势领域与品牌发展重点"。[1] 李希贵校长曾提到,"高品质的学校朋友多,他们习惯于请人帮忙,但乐善好施更是他们的天性"。[2] 这其实表明,在任何时期强调校与校之间的协作不论就学校自身发展还是区域教育集群发展而言都是必要的,因为协作不仅能为一所学校创造其自身无法实现的资源,也能够为更多学校提供所需的服务与支持,进而形成区域内优质学校资源的共建共享。顺着这一思路,关于学校品牌与质量的评判便应以其社会贡献率、辐射率(比如,该校能为别的学校或校外学生提供更多专业化的支持;能与更多的学校建立合作关系,共同开发其自身无法实现的、为多所学校共享共有的多样化课程)为重要指标。

张伯苓先生自创办南开之日起,就尤为强调自主办学,推崇"独立之精神、自由之思想"。他不断在借鉴世界优秀文明成果的同时紧密结合中国国情进行教育改革与创新,并坚持提倡个性教育和多样化教育,努力培养全面发展的人。1944 年南开建校 40 周年之际,张伯苓回望多年办学实践,再次肯定了"允公"目标之正确、"公能"训练之适当,认为它们是南开学校得以迅速发展的重要原因。[3] 如今,"允公、允能"不仅被南开学校永久传承,也得到了更多教育人士的欣赏和尊崇。可以说,南开学校的成功看似一个特例,但却集中体现了高品质办学的共同精神。

---

[1] 张伟:《名校文化的区域生长与学校品牌的集群发展》,《教育科学论坛》2015 年第 2 期。
[2] 李希贵:《高品质学校的 N 个习惯》,《人民教育》2015 年第 14 期。
[3] 王文俊:《张伯苓教育言论选集》,南开大学出版社 1984 年版,第 254—255 页。

中 编

行进中的特色探索

第 四 章

发展之困

从政策话语看,各学段教育总对应着一些关键词,比如:学前教育发展的关键词为"公平普惠安全",义务教育发展的关键词为"优质均衡",高等教育发展的关键词为"内涵",而高中阶段教育发展的关键词则为"多样""特色"……但这并不意味着,"均衡"不能在别的学段出现,"内涵"不可以作为大学以外其他学段教育的追求,多样、特色也只能限于高中学校。也正是这样的原因,实践中便出现了"关键词不够关键"的有趣现象:我们的高中学校虽被驱使着追求多样、特色化发展,但对特色办学的认识却仍然停留于起步、探索阶段,而一些追求公平、优质的义务教育学校,反倒尝到了特色办学的甜头,将学校特色诠释到了极致。也因如此,有关特色办学的经典案例不在高中学校批量出现,却大量出现在了小学。这对倡导特色办学的高中学校而言着实有点尴尬。那么,疑问便产生了:这样的现象究竟因何产生?特色办学在高中学校究竟多大意义上行得通呢?

第一节 "特色"作为一种办学底色

"让'特色'成为学校的办学底色",这仍然是在理想的层面对学校办学所做的一种愿景式的期待。毕竟,成为"底色"便意味着所有的学校都无一例外的需要实现特色办学,通过特色办学追求学校的高质量发展。目前的难度就在于:一,在政策文件中,特色办学还没有作为硬性的规定施加于学校,它虽然一直被鼓励,但也给学校留下了选择与拒绝的空间;二,学校还未真切体会特色办学的深远意义,特色办学、优质教育、卓越学校三者之间还未真正在实践中确立关系。比起特色办学，更高的升学率貌似与人们心目中的"好学校"距离更近，也貌似更容易被推至"卓越学校"的行列。然而，如前文所述，这样的认识着实是对"卓越"的误读，也容易将学校带入同质化发展的境遇、将学生带入标准化生产的链条中……正是如此，我们仍然需超前于政策预期，将"鼓励"作为"需要"，重新思考"特色"是不是对那些有志于追求高质量发展的高中学校的附加要求？倘若"特色"成为高中学校的办学底色，那么这样的学校又会是什么样子的？它对高中教育而言意味着什么？

"没有一个组织能在自身认为不重要的领域开展卓有成效的活动"[1]，这是现代管理学之父彼得·德鲁克在《卓有成效的组织管理》中提出的一个经典论断。对于这句话，可以有多个角度的解读，比如，我们可以将其解读为"成功需要付出100%的努力"，也可以将其解读为"卓有成效的发展必然建立在良好的积淀之上"，"卓越必然是一个组织精心打造自身特色、延续特长的结果"……从学校办学的角度看，以上语句也传达了这样一层含义：真正卓越的学校必然具有办学的信念与信心去持续性地发展特长领域、去彰显自身的与众不同（特色）。在此意义上说，"特色"可谓卓越学校的一种办学品性。既然是办学品性，便意味着特色不是学校有意追求的结果，而是学校在行动过程中自然展现的一种习惯，一种深藏于内心、长期坚守的办学底线。有了这样一种底线，不管学校是否意识到（或承认）自身进行的是特色发展，这样的办学都可以算作特色办学。相反，一旦缺失这样一种底线，学校便可能将"特色"发展作为一种外在的东西，会因外力或某些利益的缺失而终止寻求特色，进而体现出了"为了特色而特色"的办学心态与办学行为。实践中，许多追求特色发展的学校把特色建设等同于特色项目，把某一个方面的特色作为学校在特色化发展阶段追求的目标，便是这种心态的真实写照。然而，这还绝不是真正意义上的特色发展。

---

[1] ［美］彼得·德鲁克：《卓有成效的组织管理》，杨剑译，机械工业出版社2014年版，第192页。

对学校而言，真正的特色发展，不仅需要在某一个方面或某几个方面与众不同，还要"全面地显示其卓越性"①。即学校所有的方面不仅做到"最优"或"更优"，还能做到与众不同。而只有将"特色"作为一种底色渗透学校办学的方方面面，才可能实现这一切。否则，"特色"对学校而言只会是一种附着于表面的、没有实质意义的负担。

不管外来的经验、策略、预见对别人、别的学校多么富有意义，如果学校不存在适合这些经验、策略、预见赖以生长的土壤，那么它们对学校便不会产生任何的意义。毕竟，意义"总是在'熟悉的、可信赖的现实'情境下才会产生"②。学校只有赋予这些经验、策略、预见以校本化的理解与诠释——也可以称其为创新，它们的价值才得以应证。这些所谓能够帮助外来经验、策略、预见得以转化、产生意义的"土壤"便是学校不同于其他主体的特色性的办学因子。从这一意义上说，特色是学校创新的切入点。由于根植于学校，对特色的坚持往往也能够促使学校凝聚内部力量，明确发展方向。遗憾的是，对特色办学之意义的正视、对普通高中特色发展的坚持也只是在近10年才发生的事情，甚至在较大程度上还限于政策倡导层面。特色发展还没有引起普通高中学校普遍、足够的重视。

自《国家中长期教育改革和发展规划纲要（2010—2020年）》（以下简称《纲要》）提出"推动普通高中多样化发展""鼓励普通高中办出特色"以来，多样、特色便成为国内普通高中学校改革与发展的关键词。不仅如此，在《纲要》第五章第十三条中，特色办学被列入"普通高中多样化发展"之下。这表明，特色办学是普通高中学校多样化发展应有的选择。如今，在国家、地方政策的推动下，普通高中特色办学得到了越来越多学校的青睐。在一些学校，特色建设在提升学校内涵与社会知名度、激发校本改革、促进学生个性化发展等方面初步展现出的效能，也让特色办学与多样发展、教育质量提升之间有了更多的、观念上的联系。尽管如此，地方、学校对于特色发展、多样发展不尽相同的路径选择，却也让特色、多样和高质教育之间的关系变得朦胧化。怎么看待、协调"特

---

① 邬志辉：《学校特色化发展的重新认识》，《教育科学研究》2011年第3期。
② [加] Michael Fullan：《教育变革的新意义》，武云斐译，华东师范大学出版社2010年版，第17页。

色"、"多样"和"高品质教育"之间的关系?如何使特色办学与高品质教育切实关联?这是普通高中学校在深化特色发展方面面临的问题。

第二节 多样与特色如何兼顾?
——一种理念之困

普通高中教育的多层次、多类型、多形式化发展是适应社会需求多样化的结果,"是满足人民需求多样化的重要方面"[①]。高中教育只有实现多样化才能进一步满足学生个性发展、多样选择的要求。从相关政策文件的颁布与实施看,国内各界、各地对于普通高中多样化发展、普通高中特色建设的大量关注可以2010年《纲要》颁布为界。然而早在20世纪90年代,国内就已有不少研究、实践明确围绕教育的多样化发展作了探索。不仅如此,关于特色教育、高中学校特色发展、特色学校建设等研究也在这一时期陆续进入了人们的视野。从这一意义上看,多样化发展与特色发展几乎保持了某种"同步"关系。然而这种关系究竟是偶然还是必然?其何以呈现,又是如何得以确立的呢?

一 "多样"与"特色"如何关联?

根据《纲要》表述,多样化是普通高中学校发展的重要方向,而特色办学是多样化发展诸多举措中的一个方面。据此设定,不管什么样的特色办学,理应助益于学校乃至学生的多样化发展,并被寄希望于打破"大一统"格局或办学形式的单一化等问题。然而仔细推敲,这样的设定其实还隐藏了一个支撑条件,即:对特色办学有效性的规定。为了合乎《纲要》设定的逻辑,有意义的特色办学必须以"多样化"为原则,突出"质性差异"(与"形式差异"相对)下的多样化——只有这样的多样化才"更能突出办学个性和特色"[②],否则便无法从根本上避免办学趋同或特色发展的形式化等问题。

[①] 范国睿:《促进高中教育多样化发展》,《教育发展研究》2010年第24期。
[②] 孙晓红:《大众化高等教育质量的多样化发展趋势分析》,《中国成人教育》2003年第5期。

然而，从《纲要》"鼓励普通高中办出特色"这一表述看，"特色办学"是作为一种非硬性的条件被置于普通高中"多样化发展"的条目之下的。这意味着，目前，"特色办学"可以被视为学校的一种自愿性的选择。在此情况下，若学校还未真切领会特色办学的意义，还缺乏特色办学的主动性，那么地方对普通高中特色发展的推进便不免迎来几个"无力"局面：（1）若学校未能意识到特色办学的必要性，不管其有无具备特色发展潜力，相关部门均无合适的理由以特色发展为方向对学校办学进行引导或干预，甚至也不能就"特色"程度对学校办学质量进行评判；（2）若要吸引更多的学校开展特色建设，地方政府便可能需降低"特色"门槛与标准，如此一来，即使所有的学校都选择了特色办学这一方向，这种低标准的特色却极易违背"多样化"原则，进而背离特色办学本来的意义；（3）若坚持多样化原则、严守"特色"标准，那么我们又可能面临难以辨别和吸引更多有潜力的学校加入特色发展行列中的问题，甚至一些已选择特色办学的学校会在途中知难而退。这些现象背后其实存在以下三个症结：

第一，"多样"与"特色"各自的指向以及它们之间的关系目前还不够明了，二者在普通高中办学实践中不仅未能相互规定，也未得到同等重视，致使特色建设在普通高中办学中成为可有可无的存在。

第二，普通高中办学指向、质量评价标准尚未与特色办学真正挂钩，这致使特色办学在高中阶段的优势难以凸显，进而也难以吸引有办学潜力的、优质的学校加入其中，并为此付出持续努力。

第三，普通高中学校在特色办学方面尚未形成丰富的、足够成熟的经验基础，也未形成足够的拉力和吸引力带动更多的学校主动加入其中。被动的"模仿"跟进、非连续性的"摸索"势头仍高于积极、持续、创造性的反思、研究与探索。

二 "多样"与"特色"如何相助力？

在多样化发展时期，要让"多样"与"特色"相互助力，让学校、学生都能在特色办学中得到差异式发展，便需强化以下三个关键。

一是将"多样"与"特色"确立为普通高中学校办学的两个平行指向。一方面，普通高中学校需始终以多样化为原则，追求"不一样"的办学特色；另一方面，特色建设应该作为一种专业精神、一种办学底色或办学习惯，成为普通高中学校办学的责任与追求所在。

二是构建"有弹性"的特色发展空间。地方在推动普通高中多样、特色发展的过程中，需认可不同学校变革效率的差异，帮助学校确立一个可供选择的幅度范围。在此基础上，学校从中选择适合自己的发展方向，确立可以满足自己学校学生需要的、可持续跟进的特殊目标。

三是重塑高品质特色办学形象，拉近"特色校"与"好学校"之间的距离。包括：第一，规范教育质量评估标准，确立支持个性化教与学的、超越以认知能力为主的质量认定取向[2]，引导学校立足个性化的学、教体系建设；第二，将特色办学目标确立为高水平、个性化的教与学本身，使学校特色建设致力于追求高质量个性化的教育供给；其三，结合高品质学校的办学特质以及一般学校较普遍存在的薄弱点，分析出学校特色深度发展要点，形成能够适应未来高中教育改革方向的学校资源建设思路、教育工作思维、管理模式和育人环境。

分别审视以上三个"关键"，不难发现，当前普通高中办学实践中已不乏相关的探索。尽管这些探索背后的动因和"旗号"存在差异，比如：有的只是受新高考改革的驱使，有的则是为了应对高中新课程改革的需要……但它们却没有绕开一个关键性的问题：对学生多样、个性化发展需求的关注。从当前高中教育改革各类政策以及普通高中学校办学实践看，不论是普通高中教育还是普通高中学校特色建设，要更好地回应来自社会、人才发展的"多样化"需求，便需寻找"质"的突破，即以个性化教育为核心，使多样、特色与高品质教育能相互确证，进而呈现出一种循环式的作用关系（如图 4-1 所示）。在这种关系下，不管实践从它们其中的哪个点切入，另外两个点也因此而得以延伸、拓展。

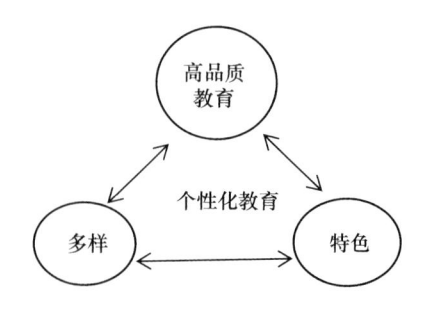

图 4-1 普通高中个性化教育循环式作用关系模型

第三节 特色办学为了什么?
——一种实践之困

如果说"特色化"与"多样化"对学校发展而言切实关联,那么在我国,由基层学校自主探索的特色发展便可推至 1993 年《中国教育改革和发展纲要》的颁布。这二十多年(截至 2020 年)的探索时间不算短,但成效却不是太明显,"千校一面"的局面并没有得到根本的扭转[①]。这其中既有学校认识不够到位的问题,也有制度不够创新、操作不够到位、政府作为不够科学的问题。这尤其体现在观念、制度、学校文化建设三个方面。

一 观念层面

"特色办学为了什么",这很大意义上属于认识层面的问题。学校怎么通过行动回应这个问题,他们围绕"特色"开展的一系列办学实践与探索背后又深藏哪些价值观念,这又涉及学校办学观念的问题。其中涉及:学校怎么看待"特色"? 怎么实践"特色"?

"特色"一般被解释为一个(或一种)事物显著区别于其他事物的风格和形式。其对应的英文 characteristics,在柯林斯词典中被解释为:品质、特点明显、显著、典型的。就此看来,一所学校被评定为"有特色"便往往需要在某些办学要素方面品质、特点突出,在众多学校中容易被识别(与众不同)。从更理想的层面看,这样的学校应该具备三个基本特征:一是符合教育发展的基本规律;二是在一定的区域范围内,在一个或几个方面向学生提供可以超越其他学校的优质教育资源条件,即在这些方面其教育质量是优异的;三是教育、管理方式独特、育人效果明显。其中,第一条是学校特色发展的前提性条件,第二条可谓学校特色发展的意义与指向,第三条则是学校特色发展水平的重要标识,亦是第二条的支撑性条件。如果说教育的意向在于"成人",那么学生的发展便是所有学校

[①] 万华:《促进学校特色发展的地方教育政策反思——以广东省 G 市为例》,《教育研究与实验》2015 年第 3 期。

教育最重要的旨归。因此,从根本上看,学校特色发展理应致力于学生的个性化发展。问题是,实践中,诸多学校却在比较长的一段时期盛行着"为了特色而特色"的发展理念。

尽管我们不能就此评定"为了特色而特色"的发展理念对学校而言一定不合适,但这样的理念由于规避了"生本",模糊了学生发展在学校办学中的核心位置,便容易使一些本来属于"本末倒置"的特色办学行为披上合理的外衣,背离学校特色发展的初衷。

(一)"求异"本位

"本位"即以……为出发点,"求异"即追求差异、不同。因此,所谓"求异"本位便可理解为学校进行特色建设、发展特色的直接动机在于"与众不同",评定学校特色发展水平的主要依据也在于"与众不同"。这种不同是在一定范围内与其他学校相比较而得出的。它可以体现为学校文化的不同、学校硬件资源条件的不同,也可以体现为学生培养定位的不同。但究竟什么样的"不同"才是学校"特色"发展应该追求的?什么样的特色才能增加一所学校的辨识度,展现学校的优势呢?

实践中,如果学校并非致力于对学生的个性化教育与培养、并非致力于服务学生的素养发展,那么"求异"本位的特色办学观念便容易发生异化,出现一类现象——比如"增加癖"、"项目癖"、跟风等问题。这类问题较常见的体现便是,学校热衷于追求热点或拉项目,将流行的管理方式、实践模式等搬运过来,嫁接到学校现有的管理体系下,但却不对这些舶来品的优点和弱点进行细致评价,也没有就它们如何或是否能和学校正在进行的革新相结合这一问题进行深入研究。

熟悉的事情在做的过程中总是显得非常简单,因此我们就容易形成这样的错觉:自身拥有的知识与能力别人同样也拥有,进而会过分看重那些对自己很难而又不擅长的东西,[①] 甚至认为我们可以在一切领域占据领导地位。然而,优势通常是具体的、特殊的。如果学校不知道自身的优势所在,并在此基础上制定适合于一所学校"成长状态"的战略计划或改进行为策略,即使它增加再多的项目,也难以取得相应的成果。在"为了

---

① [美] 彼得·德鲁克:《卓有成效的组织管理》,杨剑译,机械工业出版社2014年版,第38页。

特色而特色"的观念驱动下,为了让生硬的嫁接更容易彰显它的不同和差异(进而尽快展现学校特色发展成效),学校便趋向于将一部分精力用于特色包装,让那些看似相似的办学行为诠释、宣传得尽可能完美、不同。这样一来,"为了特色而特色"的办学便容易演化为一种修辞之争、一种校与校之间表达力与宣传力的较量。这样做的后果便是,学校使命会被一些新的词汇和观念包装成华丽的新衣,成为慷慨陈词的主题。如此,即便"使命"对文化变革能起到作用,这种作用也仅限于提供给人们对于时髦又复杂的观念的肤浅理解。然而,正如莎朗·D. 克鲁斯(Sharon D. Kruse)在《建构强大的学校文化——一种引领学校变革的指南》中所指出的那样,"如果我们仅停留于口号,而不是在实践中推动真正的变革,那么,什么改变也不会有。只有当人们参与持续性学习时——这种学习既能挑战他们内心的基本假设,又能提供实现目标的更好途径——他们的行为模式才可能发生转变"。[1]

如此一来,表面上追求不同特色发展的学校反倒容易在跟风、避重就轻、趋易避难中呈现出新的办学趋同——"异中持同"问题。然而,指向多样化目标的特色发展却要求学校根本上体现"同中求异",即以不同的办学理念为出发点进行优势分析,寻求不同的学校改进策略。这样,即使是相同的办学径路,也会展现不同的办学效果。"优势分析在告诉我们应该在哪些领域有所增强的同时,也告诉了我们应该在哪些领域去获取新的优势"。[2] 而要认识自己的优势与劣势,学校就需要自问:哪些工作我们可以轻松完成而其他学校难以完成?哪些工作其他学校可以顺利实现,而我们学校却无法做到?与之同时,学校也需要了解:我们的学校可以为学生提供哪些资源平台,使学生在某些方面得到更出众的表现(而其他学校难以做到)?什么样的教育定位可以帮助本校有特别需求的学生获得更适合、更好的发展(让他们不至于因为标准化教育的存在而被埋没或否定)?为了本校多数学生的发展,我们的学校还需要作出哪些调整或

---

[1] [美]莎朗·D. 克鲁斯、凯伦·S. 路易斯:《建构强大的学校文化——一种引领学校变革的指南》,朱炜、刘琼译,北京大学出版社2013年版,第12页。
[2] [美]彼得·德鲁克:《卓有成效的组织管理》,杨剑译,机械工业出版社2014年版,第37页。

改变？

"有助于一所学校保持位置甲的策略并非一成不变"[1]。相同的策略也不能直接将学校从位置丙推向位置甲，将处于位置丙的学校推向位置乙的策略与将位置乙的学校推向位置甲的策略也有差别。在目前的教育管理体制下，学校通过特色建设获得发展，便意味着需要在一系列或清晰或模糊的本土性的规范下进行自我管理与发展。这样一来，学校便在"我们各不相同"和"我们应该按照同样的基准行事"之间形成一种价值张力。如此，倘若学校不注重自我的优势分析，便容易掉入随大流、办学趋同的窠臼，难以从根本上回应、解决教育"供不应求"的问题。

（二）"需求"本位

从学校办学角度看，教育需求可来自多个层面，包括：（1）学生发展需求，这一层面的"需求"里既有普遍性的因子（即存在某个学龄段的普遍、一般性的需求），也有个性化的因子，比如学生因家庭、性格、特质等因素衍生的特别的教育需求；（2）教师发展需求，其中同样包含普遍性需求和个性化需求，涉及专业发展、专业创新等方面。教师普遍性需求涉及新老教师在不同教龄、专业化的成长期存在的发展需求或工作需求，个性化需求则可以是个别教师因偶然的机遇或实践产生的、希望学校给予支持、进而付诸实践的有价值的想法，这些需求一定程度上可以作为一种特别的智力资源帮助学校丰富办学思路；（3）学校发展需求，包括特殊需求，即学校出于资源竞争需要或生存境遇的改善愿望而产生的发展需求，普遍性需求，即学校因回应政策诉求而需付诸行动的发展需求等；（4）社会教育期盼，关注、关心学校教育的家庭、社会人士对学校教育、发展的期望等。

学校教育受众和社会相关利益群体需求的多样性，学校变革影响因子的多变性、复杂性，决定学校办学需求亦是多样、复杂的。因此，以"需求"为本位定位学校办学特色往往会涉及对诸多需求的分析、排列、选择等问题：哪些需求足以推动学校的特色发展，并促使学校朝着良性的方向运行下去；不同需求之间有无共性的成分，以使学校可以通过某些点

---

[1] ［英］David Hopkins：《让每一所学校成为杰出的学校——实现系统领导的潜力》，鲍道宏译，华东师范大学出版社 2010 年版，第 144 页。

予以兼顾、获得回应，这是学校进行需求分析时需要考虑的问题。

对英格兰和威尔士、澳大利亚、荷兰、新西兰、瑞典和美国等国针对择校问题进行的一项国际性比较研究发现，需求压力其实并不足以真正地产生办学形式的多样化。学校积极主动的改革才是必需的。[1] 较之求异本位，需求本位的特色发展尽管相对更突出内省，更倾向于对学校自身资源的分析、挖掘与运用。但若权衡不当，学校也容易掉入"应接不暇"的旋涡而迷失自我。因此，避免该问题的出现，关键还在于学校如何对待各种需求背后的要求：他们是倾向于简单地改变自己去适应这些要求，还是致力于需求判断，透过不同的要求寻找其背后可以与外界发生更多联系、可以产生更多创造的空间、资源。换句话，学校需要具备一种主动性的适应能力、探索力与创新力。

所谓主动性适应，意味着学校不是简单地改变自己去适应环境，而是不断地改进自己以便能够生长，并在更加多样化的环境中建立更为多元、丰富的联系。"当个人、机构和社会通过持续地扩大和加强它们相互依存的联系来加深它们的相互关系时，成长、变革和最终的进化就发生了。"[2] 学校发展同样如此。只是，学校要把其内在的问题、需求分析和外在的学习结合起来，还有赖于自身的创新。即一方面要通过自我研究和外在的学习，产生出新的想法或认识，另一方面要将这些新知识、新想法运用于实践、解决现实问题。这某种意义上便指向了知识、理念的迁移与运用。有迁移就会有重组，有运用便会有生发。因此，迁移与运用某种意义上便意味着对原有知识、理念的解构与重构，其一般会体现为，用现有的知识和条件改进或创造新知识、新事物、新方法、新元素，进而是创新的体现。

> 所有策略的一个基本前提就是基于证据的、从行动中学习。立足于研究和调查，适当的行动和修正，是所有大范围变革的核心。[3]

---

[1] 刘福才：《我国普通高中办学体制改革：现状、问题与发展路向》，《华南师范大学学报》（社会科学版）2010年第6期。

[2] ［加］迈克尔·富兰：《变革的力量——透视教育改革》，中央教育科学研究所、加拿大多伦多国际学院译，教育科学出版社2004年版，第166—167页。

[3] ［加］Michael Fullan：《教育变革的新意义》，武云斐译，华东师范大学出版社2010年版，第194页。

"探索是活力和自我更新的发动机"[①],这一过程重要的行动体现便是对问题的发掘。原因正如迈克尔·富兰所说,"问题是通向更加深入的变革和达到更为满意的途径"[②],只有对问题进行分析,我们才能够知道下一步必须做什么以便得到我们所需要的东西。然而,在一些学校,问题却经常被忽略、否定,或者被作为责备和辩解的理由。有研究即表明,办学成绩不佳的学校往往体现出敷衍草率、拖沓、因循守旧等特征,他们也往往自觉面临比较少的问题;而办学成绩良好的学校则善于深入探讨学校自身存在的问题以及这些问题产生的原因,并进行许多实质性的工作,如综合配备教职员、继续培训教师、重新设置课程计划等等。"成功的学校并不比其他学校问题少,他们只是将问题处理得好。而且,不出现问题通常是很少去作尝试的迹象","当我们把问题看成是很自然的、预料中的现象,而且我们还去找问题时,学校变革的努力就可能成功"。[③]

总之,在"需求"本位的特色发展思路下,学校发展往往倾向于应对最为急需处理的问题,在深入现实、批判性的调查和思考什么需要改变之后,改革的需求才逐渐清晰起来。然而,成功实现系统性发展的学校还具有一种"顾客取向"。他们持续关注如何加强家长与学校、家长与他们孩子的教育之间的联系,也积极加强与地方社区,尤其是那些影响孩子成长的资源之间的联系。随着这些人际互动的扩大及其在学校生活中的制度化,校内外更大的信任和相互参与才会形成。正是如此,表面上倾向于"内省"的成功学校发展同样需要不断地与外界发生联系,在内外需求联系中保持一种平衡。

(三)"资质"本位

"资质"一般指的是一个人的素质,但有些时候也会指一个机构、组织从事某种工作或活动所具备的条件、资格、能力。因此,此处言及资质本位其实包括两点:一个指向"生本",指的是以本校学生素养培育为核

---

① [加] 迈克尔·富兰:《变革的力量——透视教育改革》,中央教育科学研究所、加拿大多伦多国际学院译,教育科学出版社2004年版,第35页。
② [加] 迈克尔·富兰:《变革的力量——透视教育改革》,中央教育科学研究所、加拿大多伦多国际学院译,教育科学出版社2004年版,第35页。
③ [加] 迈克尔·富兰:《变革的力量——透视教育改革》,中央教育科学研究所、加拿大多伦多国际学院译,教育科学出版社2004年版,第36、35页。

心，把学生视为积极的、可靠的、可以为学校教育发展提供智力资源或启示的协作者；另外一个则指向"校本"，指的是以本校优势资源的发掘与运用为基本点，比如以本校特有的办学理念为出发点进行优势分析，寻求学校发展改进策略，明确学校应该在哪些领域有所增强、应该在哪些领域获取新的优势。

　　学校通过公布自己的优势与不足的概况和与其他学校对照而言的基点（即学校行为的更为周全的写照）公开提出自己的责任。正是这些构成了责任内容：（甲）对个性化给予更切实的关注，（乙）发展所有有关教师的专业技能。这样，当内外部责任变得更加恰当的时候，它也就变得更为"智慧"。[1]

从理想意义上看，以"资质"为本的特色发展应该是"生本"与"校本"的结合。为了保持学校的良性运作，学校需要通过特色建设与发展确保各项工作卓有成效地朝向既要使学生达到一般的优秀，又要实现学生的充分发展的方向。同时，还要运用丰富的数据，尽可能充分地判断和表现出学校在促进学生潜能实现中的（优势）力量和薄弱之处。这便是"将学校外部监控水平与内部运作过程结合起来以适应每一所学校独特的发展状态"[2] 的实践表达，进而彰显了学校对"个性化"更加切实的关注。这样做，意味着学校不是应用市场法则来思考教育，把学生与家长视为教育的消费者，[3] 而是通过自我实现、自我提高和自我发展实现学校的独特式发展。

　　推动个性化是合乎道德的。在忠于职守的教师把学习者个体当作人对待，权衡教什么和怎样教的过程中，我们极为生动地看到这一

---

[1] ［英］David Hopkins：《让每一所学校成为杰出的学校——实现系统领导的潜力》，鲍道宏译，华东师范大学出版社2010年版，第96页。
[2] ［英］David Hopkins：《让每一所学校成为杰出的学校——实现系统领导的潜力》，鲍道宏译，华东师范大学出版社2010年版，第96页。
[3] ［英］David Hopkins：《让每一所学校成为杰出的学校——实现系统领导的潜力》，鲍道宏译，华东师范大学出版社2010年版，第54页。

点。那还不仅是一个矫正教育学路线，使其回到让每一位学习者都能成功的进步思想上的、具有充分挑战的问题，即使这一点非常重要。这也是教师发自内心深处对学生关怀的职责的体现，满足学生求学的饥渴，帮助他们成为具有熟练学习技能和良好自信的自学者。①

每一个学生本来应是与众不同的，这应是学校进行特色发展的理由和意义所在。也正是在此意义上，我们说，学校特色发展既应持续追求适合于本校、当下学生的个性化教育体系，也应从根本上寻求"成人"之教育，使每个学生在适合他的教育空间内获得最大限度的、全面的发展。然而实践中，相较于"人"的全面发展，时代话语与政策定势对学校而言更具有优先性。校长们常常更关注教育的时代大势与政策走向，缺乏教育"成人"的本体性思考，学校发展（通常被定位为与其他学校相比，在生源、升学率、资源等方面的比较性优势）较之"立德树人"（与学生素养全面发展密切相关）更具有优先性。即便如此，有研究通过对高中校长的访谈也会发现，普通高中学校在对待多样化发展、特色发展上，存在承认与抵制双重心态，他们对普通高中多样化、特色发展的理念、意义及其政策导向抱有肯定态度，但却对其实践存有消极、畏难心理。这正应验了莎朗·D.克鲁斯等的判断，"当新的文化内容不被看好时，人们宁愿和他们熟知的东西待在一起，而不是进行什么变革。对于无法预知的担心总会使人更愿意将赌注压在已被确知的东西上面"②。

然而，一所学校的良性发展却要求学校（尤其是校长）具备一定的"危机"心态和紧迫感，以此不断地将成员带离舒适区。就像迈克尔·富兰在《变革的力量——透视教育改革》中指出的那样，一所学校的成功变革，较大意义上取决于校长的自我超越能力。"高度自我超越的人永不

---

① [英] David Hopkins：《让每一所学校成为杰出的学校——实现系统领导的潜力》，鲍道宏译，华东师范大学出版社2010年版，第54页。
② [美] 莎朗·D.克鲁斯、凯伦·S.路易斯：《建构强大的学校文化——一种引领学校变革的指南》，朱炜、刘琼译，北京大学出版社2013年版，第13页。

停止学习，他们会敏锐地警觉自己的无知、力量不足和成长极限，但这绝不动摇他们高度的自信。"① 而我们也的确从国内一些杰出学校的校长身上看到了这些品质：他们重视对外部世界的感知，以及对未来世界的先知先觉。会通过接收海量的信息、体验多元的价值、接收多样甚至反面的意见与评判，进行组织思考与调整，以此将学校带入新的发展期。而这种对学校成功实践的不断反思、改进恰恰在另外一种意义上印证了优秀校长对于学校良性发展的追求与信念。北京十一学校李希贵校长在提到他的学校管理心得时曾这样说道，任何行业的变革或变迁均有可能与我们的学校发展产生关联，因而不得不引起我们的关注和重视。"因为你无法估量蝴蝶的翅膀可能引发的巨大风暴。社会的诉求、家长的焦虑、孩子的迷茫，应当放在一起研判，这一切都应该引发我们思考。"② 这与上文所述不谋而合。

以上三种情况可谓各学校目前对于特色发展意义与去向较普遍持有的观念。从一般意义上看，三种观念各有可取之处，也的确将一些学校带入了良性发展的轨道，但实践中，因为各种利益牵涉或现实阻碍，这些观念往往又会背离它们各自的理想预设，致使该观念主导下的实践在某一阶段、某一时期变得难以推进，甚至偏离轨道。这些现象的存在虽不能排除学校认识不到位、观念与行动未能协同并进等问题，但也意味着，三种观念需在实践中得到更好的统合：我们需要用"为了特色而特色"的观念鼓舞成员士气，被社会所认可；也需要随时进行需求分析，关照学校内外的相关利益群体，将不同的需求纳入学校办学智力资源库，获取学校内外不同力量的积极支持；同时，还要有自知、自觉之心，取学校之优长，以此作为学校的特色与生长点。

二 文化建设层面

2000 年以来，随着《基础教育课程改革纲要》的颁布，学校文化建设成为中小学校改革与发展至关重要的方面。何以如此？意义正如杜威在

---

① ［加］迈克尔·富兰：《变革的力量——透视教育改革》，中央教育科学研究所、加拿大多伦多国际学院译，教育科学出版社 2004 年版，第 24 页。

② 李希贵：《学校如何运转》；教育科学出版社 2019 年版，第 172 页。

《学校与社会·明日之学校》中所言,教育的目的在于文化的陶冶,并因此而促进人格的发展。只有以文化助推教育、用文化传播思想、培育人格,学校施加于教师、学生的影响才会更为生动、持久。[①] 而著名教育家梅贻琦也指出,学校文化"犹水也,师生犹鱼也……大鱼前导,小鱼尾随,是从游也,从游既久,其濡染观摩之效,自不求而至,不为而成"[②]。就此看来,在任何时期,学校文化都理应是推动学校创新、教育发展必不可缺且最为理想的力量。

一般而言,所谓学校文化是一种可以见诸学校制度、规范、准则、校园环境、校风、校训以及学校全体人员行为方式的、能够将学校师生凝聚在一起的一种共同的信仰、信念和价值追求。因此,理想情况下,每所学校其独特的形成历史、人员构成、所处的环境或境遇及其对待教育的方式和态度等,决定学校文化及其建构路径也会是个性化的。进而,那些重视学校文化建设、能够将学校文化发挥到极致的学校,也容易成为富有特色的学校。同理,那些有意通过特色建设获得发展的学校,也应将学校文化建设置于最核心的位置,以其独特的文化彰显学校特色、发挥极具特色的教育影响力。实践究竟如何呢?

2008年以来,北京、天津、上海等地率先开展了普通高中特色发展试验。如今,过去了十多年,一部分学校已然成为名副其实的特色校,而更多的学校仍处于特色建设的摸索、攀爬阶段。因为希求被赋予"特色""品牌"学校的头衔,进而提升学校影响力,多数学校在学校文化建设方面下足了功夫。校园美化、功能大楼、功能教室、主题式的楼层文化、教室文化建设,以及校园主题活动、主题节日的定期开展等等,成为这些学校彰显自身文化、特色的主要途径。

不可否认,作为学校的一种身份标识,[③] 学校文化在实践中的确成了学校特色发展的关键。然而,这样的文化建设是否发挥了其本应有的教育力?是否对学校全员产生了预期的影响力?恐怕,单就这些文化实体并不

---

① [美]约翰·杜威:《学校与社会·明日之学校》,赵祥麟等译,人民教育出版社2005年版,第37页。
② 刘述礼、黄延复:《梅贻琦教育论著选》,人民教育出版社1993年版,第102页。
③ 项红专:《七个向度:学校文化建设的品质提升》,《教育科学研究》2017年第7期。

能说明学校文化建设的成效。实践中，不少学校虽然意识到以文化建设推动学校特色发展的重要性，然而，他们对于学校文化内涵的定位以及学校文化指向和去向的模糊化处理，却造成了学校文化表达无力的后果，进而也使特色建设趋于形式化。这主要体现如下。

（一）文化来源不明与学校文化内涵深度不够的问题

学校文化能否为学校特色发展提供必要的支撑？这首先取决于其根基是否牢固——校方界定、标识的所谓学校文化其来源、存在是否合理、合情，是否获得了学校成员的共识和认可；其次，取决于其内容、表达形式是否有足够的感染力——学校文化能否对成员产生深远的作用力和影响力。正是如此，学校文化建设便涉及学校传统、时代精神、地方文化、学校内在发展需求等多个因素之间的融合。而学校文化的挖掘与提升也需要抓住几个元素，包括：学校历史和发展经历中的关键人物、关键事件、时代精神元素、地方文化、学校及其成员的内在发展需求。当前，学校在特色办学实践中对于学校文化建设虽说基本考虑到了这些元素，然而在某一元素上"驻足"过多或过少却容易模糊学校文化来源的合理性，进而带来以下问题。

1. 讲不清的学校文化

有些学校在解释本校办学理念、诠释学校文化的过程中，热衷于用当下政策、制度、理论中的流行话语对理念、文化进行包装。因为缺乏对新制度、新理念中核心话语的深度解读，也没有深入研究新话语、新理念与学校办学传统、理念之间的相通性，这些学校在将新话语加入文本、符号、实体、校园主题活动等文化载体的过程中往往显得盲目，甚至缺乏对本校固有文化应有的自信。因为缺乏对新话语、新主张、新思想的深度理解，属于学校自身特色、个性的那一部分学校文化反而被形形色色的流行话语掩盖了。

2. 由虚无的历史、人物或事件得来的特色文化

能够体现学校特色、个性的学校文化，通常来源于学校特有的发展历史、事件、人物。然而，并非所有学校都需要、都可以从自身发展历史中挖掘特色、彰显特色。换句话，学校传统并非学校特色文化提取的唯一途径或必经途径。对于新兴学校尤其如此。然而实践中却存在这样一些现象：有些学校在挖掘特色办学理念时，为了追求标新立异，也为了迎合学

校名称、地方故事传说，在未充分考究这些名称、故事指涉对象之虚实与合理性的情况下，便对学校文化进行包装、注解。于是，便出现了所谓的龙文化、莫愁文化等牵强附会的、缺乏可参照点的学校特色文化。

3. 由校长偏好演化而来的"给定"的特色文化

校长个人的办学思想、办学理念往往容易被注入学校文化内容及其载体中，甚至会在一定时期作为学校主流的意识形态决定学校办学方向、教学与管理方式、制度内容等。然而有些时候，对校长个人思想、理念、偏好的过度尊崇，反映在学校文化建设上，却容易造成这样一些现象：有些学校因为校长偏好某类事物或是专长于某些学科、专业，而在挖掘学校文化的过程中会有意地从这些事物、学科、专业领域获取文化灵感，确立学校精神和办学理念，塑造学校特色。因此，实践中便出现了标榜玉石精神的学校文化（因校长酷爱玉石）、由光学中的某一物理现象延伸出的教育思想与文化。这种"给定"式的文化确立方式，倘若没有集校内智力资源于一体，没有发挥学校成员在文化、理念确立方面的领导力、参与力，那么极易使文化仅仅成为校长意识中的文化，而难以真正被学校成员接纳和认可。一旦校长发生变更，所谓的学校文化便可能随之发生变更，进而出现文化发展的非连续现象。而这些存在时间较短、可以随时发生改变的所谓学校文化其实并不能算作真正意义上的学校文化，进而也无法在学校特色建设方面发挥其应有的效力。

（二）文化指向不明与学校文化建设表现无力的问题

在特色发展过程中，每一所学校都力求彰显自身独特的办学能力、表明自身独特的教育信念和价值追求。因此，学校文化建设成为学校特色建设的重要维度。然而，学校究竟需要建设什么样的学校文化、通过什么途径体现这些文化呢？迫于时间的压力，也鉴于对"学校文化"的分类式理解（比如将文化分为显性文化与隐性文化，或是物质文化、制度文化和精神文化），多数学校将学校文化建设的重心放在了校园文化、主题活动等"看得见"的文化建设上，也的确塑造出了独特的校园文化景观。然而，在走访、参观一部分学校的过程中，容易发现，不在少数的学校虽然在校园布置、楼层文化设计等方面下足了功夫，然而，倘若没有听校方领导的详细讲解，我们几乎难以捕捉、领会到这些实体、活动想要传达的文化、精神和意义。

出入一些学校校园，经常会看到校训、校徽等文化符号，还有诸如雕塑、长廊、园林等文化景观，似乎在学校领导的意识中这就是学校文化所在。然而，严格意义上讲，这仅仅只是学校中的文化，却非真正意义的学校文化。[①] 毕竟学校文化的本体在于学校成员共同的价值与信念。倘若没有这种本体性学校文化的支撑，单是依靠学校口号和写在墙上、制度文本中的办学方针、规则等，并不能说明学校文化所在。因为它们不能对学校成员起到意义导向的作用。而缺失了这种意义导向，这些所谓的学校文化再丰富，也不过是没有灵魂的修饰。其不仅不能算作真正意义的学校文化，对学校特色建设也不能起到应有的推动作用。

有些学校的文化建设之所以被认为"指向不明"，根本在于核心价值观的缺乏。因为这种缺乏，学校所谓的精神文化建设（比如校园文化节的开展）、物质文化建设（比如校园景观布置、命名）和制度文化建设等，要么缺乏文化渗透力和感染力，不能被学校成员领会和接受；要么则是它们各自传达的精神存在不相一致的问题——比如某些学校倡导关爱、理解的学校文化，然其制度、条文中却更多地显现了硬性的规范与约束，而其楼层文化则致力于凸显学生表现美的能力，学校管理、教学中也较少捕捉到这些理念。这种碎片化、无承接的文化建设显然会弱化学校自身的核心价值与信念，进而使文化建设趋于形式。

（三）文化去向不明与学校文化影响力弱的问题

学校文化去向如何？这主要关涉学校文化建设的效度——学校文化对学校发展、学校师生发展的影响情况。严格意义上讲，校方宣扬的办学理念和教育价值并不一定就是学校文化，其只有通过一定的实体、环境、符号、办学行为体现出来，并得到学校师生的理解和认同、被学校师生内化于心、外显于行，且得到社区和学生家长的认同时，才能算作学校文化。就此看来，学校文化建设既要重视学校文化的外显和外化，也要重视学校文化的内化。所谓"化"即意义的"贯通"——学校之物、文本、符号各自想要传达的文化精神、意义与学校师生个人对学校文化的理解、感受是否一致或贯通；被融合的学校办学传统、内在需求与时代精神是否得到合理地衔接，并体现在了学校文化中；学校办学理念、教育哲学、校风、

---

① 项红专：《七个向度：学校文化建设的品质提升》，《教育科学研究》2017年第7期。

校训等传达的精神是否贯通，能否在学校环境布置、师生技能展示环节彰显出来，这便说明了学校文化中"化"的程度的高低，也表明了学校文化建设效度的高低。

可以说，学校文化建设效度最终需要通过学校成员个人的感受，以及其素养和行为的表现、变化来衡量。就这一点而言，学校成员反映（反应）如何，便是学校文化建设需重点考虑的方面。遗憾的是，在学校文化建设中，这一环节往往最容易被学校所忽略。一些学校尽管十分重视制度文化建设，然其多倾向于制度文本的建设，以期通过制度性的标准和规范强化学校成员对于本校办学理念的认识，但却忽视了学校文化以"文"化人的感化环节；不少学校倾力于通过资料、图像、环境布置、技能展示等彰显学校文化特色，但却较少关心通过这一系列的文化展示，学生和老师到底发生了什么变化、学校的风气和氛围有什么改善。有的学校别出心裁地设定出一些量化标准考量学校师生对于学校文化的掌握情况，但却忽视了学校成员群体性的发展状态、需求如何，他们对于学校校风、校训以及学校环境想要传达的精神是否理解和接受。毫不奇怪，在一些学校，对于本校文化，虽然学校管理人员很清楚，然而普通教师和学生却并不清楚。对于本校办学理念、校风、校训，很多学生、教师也仅局限在了"知"的层面。由于较少关注（或者至少没有足够重视）学校文化的"化人"效果，那些被精心挖掘、包装、设计、宣扬的所谓学校文化便暴露出了表达无力的问题——学校文化力的缺失。

第 五 章

普通高中特色办学的方向与契机

从理想意义上看,普通高中特色发展更加关注学生的个性化需求。因此,2010年以后,特色发展不仅在国家政策层面成为普通高中学校办学的基本方向,更是因为与最新的高考改革和新课程改革要求拥有更为一致的方向,而成为普通高中学校较为理想的发展方向。然而,从整个基础教育学校的办学现状看,较之高中阶段的学校办学,特色发展反倒在更低的学段开展得如火如荼。受升学压力的影响,目前很多普通高中学校在特色发展方面还存在动力不足、方向不明的问题。进而在某种意义上可以说,当前普通高中阶段的特色发展总体上仍处于探索与倡导阶段。在此形势下,要使更多的普通高中学校不再将"特色"挖掘与探索简单作为一种额外附加的东西施加在现有的办学思路上,而将"特色"作为学校的办学底色,作为学校用以成就学生素养的一种途径,那些已经选择特色办学之路但特色发展动力尚显不足、特色发展方向尚不明的学校,在面对各种主流性的外在挑战时——比如:人们对于高质量教育的定位、新高考改革、新课程改革等——尤其需要以一种更加理性的态度,对"特色"办学的意义和方向进行重新的调整与定位,以此在提升办学质量、促进学生发展上取得实质性的成效。这样,才有望让特色发展富有意义而不至于成为一种外在的负担,或是一种转瞬即逝的时髦品,进而吸引更多的学校加入特色发展的行列中,共同助力高中学校的多样化发展。

第一节 优质教育需求与学校特色发展

20世纪70年代以来,为了适应教育改革和培养新型人才的需要,一些发达国家展开了促进教育特色化和多样化的教育改革。其中，备受瞩目的当数英国的"灯塔学校"（Beacon Schools）、"城市技术学校"（City Technology School），美国的"磁石学校"（Magnet School）、"蓝带学校"（Blue Ribbon School）等项目。这些项目的开展包含了两个意向：一是肯定一部分学校的办学绩效，让学校收到见贤思齐之效；二是提升学校教育质量，帮助所有学生达到高标准的承诺。因此，其根本上还在于提升教育质量。[1]

教育质量是学校的生命源泉，没有一定的质量作保障，学校便失去其存在的意义，面临生存危机、社会质疑。因此，在任何时期，学校、社会均会不自觉地将"教育质量"作为最重要的追求。只是，因为受能力、条件或观念所限，实践中人们对"教育质量"的诠释会表现得五花八门，甚至到了匪夷所思的境地。比如以考试成绩和升学率为核心（甚至唯一评判标准）的"教育质量"观虽然在较长的一段时间内被批判了许久，但却作为一种无形的诱惑，至今仍牵制着教育受众的心理。原因在于，量化了的成绩和升学率比起其他不够客观、不够直观的考核，最能便利、公平，也最能够从直观意义上对各类学校进行考核，帮助受众尽快做出判断与选择。正是如此，每个关心教育质量的人虽然表面上对学校片面追求成绩、追求升学率是痛心疾首、不予肯定的，但一旦其自身作为学校教育的利益相关者置身其中时（比如作为孩子的家长、学校领导和教师），便会因成绩或相关比较性数据的影遁而陷于慌乱、不安甚至茫然之状中。毕竟，目前所谓"教育质量"中可以取代学习、考试成绩以及升学率等可以量化的评判要素尚显模糊、不定。不仅如此，学习成绩、升学率在教育评价界长期占据的主导位置，已然作为一种根深蒂固的东西霸占着受众的心理与习惯。这意味着，它们的退出亦需要渐进的、长期的过程，并且也有赖于全社会在观念上的共同提升、行动上的共同努力……这是一个"未来构想"，但并不意味着不能实现。为了靠近这一目标，也为了更好地定位当下被推崇着的学校特色发展，我们仍免不了需要从一般意义上思考，所谓的"教育质量"究竟如何定位。

---

[1] 高宝立、刘洁：《中美高中特色办学研讨会综述》，《教育研究》2009年第5期。

一　高质量教育的定位

对于"高质量教育",一般存在不同层面、不同维度的定位。从全球教育发展的共同定位看,教育质量较多指向了教育需求的满足,即让更多的人公平享受优质教育。因此,各国对于教育质量的定位便趋向于强调"公平"、"全纳"及个性化需求的满足。2015年,联合国发展峰会通过的具有划时代意义的《2030年可持续发展议程》即提出了"确保包容、公平的优质教育,促进全民享有终身学习机会"这一教育目标。[①] 同年11月,联合国教科文组织在《2030年可持续发展议程》基础上通过的《教育2030行动框架》又提出,教育系统必须回应迅速变化的外部环境,如变革的劳动力市场、技术的更新换代[②]。其对全球教育未来的勾勒则是:以人类个性的全面发展,促进相互理解、宽容、友谊与和平为目标。普及全纳、公平的优质教育和学习,不让一个人掉队。从这一维度看,所谓教育质量包含了两个要点:一是对未来社会的适应,二是对受众个性化教育需求的满足。其中,既有对优质教育"普遍性覆盖的期待,也有对受众教育需求的关怀,同时还包含了对可适应未来社会发展需要的教育的基本定位。这一定意义上彰显了教育多元、开放的思想。

从国家战略层面看,越来越多的国家趋向于将高质量教育定位在了教育的现代化上。而所谓教育现代化某种意义上可理解为,一种在教育理念、教育装备、教育方式、方法上与世界、国家、社会现代化发展程度有着较高匹配度的一种先进的发展样态,以及一种对未来社会诸种发展可能含有更多包容度、开放度的教育。1983年,邓小平同志为景山学校的题词——"教育要面向现代化,面向世界,面向未来"[③],在《中共中央关于教育体制改革的决定》中即被作为我国教育工作的指导思想。其表明,我国教育事业的发展和教育体制改革既要把握世界教育发展趋势,也需及

[①]　杜占元:《发展教育信息化　推动教育现代化2030》,《中国教育报》2017年3月25日, http://www.moe.gov.cn/jyb_xwfb/moe_176/201703/t20170327_300988.html,2017年3月27日。

[②]　彭正梅等:《为了人的更高发展:国际社会谋划2030年教育研究》,华东师范大学出版社2019年版,第2页。

[③]　刘亦凡、苏令:《"三个面向"指引教育发展方向》,2018年12月17日,http://www.jyb.cn/rmtzgjyb/201812/t20181217_123512.html,最后浏览日期:2021年10月3日。

时预测和研究未来社会的发展。如今，国家对于高质量教育的定位仍然体现了这种对世界、未来发展的包容、开放思想。2018年，习近平总书记在全国教育大会上便明确提出，我们要"以更高远的历史站位、更宽广的国际视野、更深邃的战略眼光，对加快推进教育现代化、建设教育强国作出总体部署和战略设计"[①]。

　　考虑到教育的发展最终指向人才质量的提升。因此，教育的现代化定位也会对个体的发展规格作出相应的规定。进一步说，教育的现代化根本上是服务于人的现代化需求的。在这一语境下，人的现代化与国家现代化、社会长远需求之间往往需要体现出一种彼此平衡、相互通达的关系。正是如此，2002年，俄罗斯联邦教育与科技部确定的近十年内实施的战略性措施不仅指向了"教育现代化"，也强调，教育现代化的基本任务之一是在维持教育的基础性和符合个人、社会和国家当前与长远需求的基础上保障教育的现代化质量。2017年，习近平总书记在十九大报告中首次提出了我国社会主要矛盾的转型问题，即："我国社会主要矛盾已经转化为人民日益增长的美好生活需要和不平衡不充分的发展之间的矛盾"。从教育发展的角度看，这个时期我国教育的基本矛盾亦体现为，人民日益增长的对于好教育的需要和教育供给不平衡、不充分发展之间的矛盾。因此，如何应对并缓解这一新的矛盾便是新时期教育基本追求所在，也是我们追求教育质量提升的意义所在。正是如此，对民众心中"好教育"的求索，以及"好教育"的实现，便是定位高质量教育的关键。

　　从一般意义上看，所谓"教育受众"主要存在三种类型：第一种教育受众指的是教育的直接获得者——学生，另外两种教育受众指的是教育的间接受益者，包括因教育直接获得者的发展而受益的学生家长，以及因教育直接获得者可带来的社会发展效益而受益的社会人或组织、机构。单是从这些不同类型教育受众及其背后多样化的观念、认识和需求的存在看，对"好教育"的定位便必然存在多种类型的衡量标准。甚至随着社会的发展，人们对于"好教育"的追求也会变得无止境、无上限。这意味着，对高质量教育的定位永远无法通过统一的、标准化的指标来衡

[①] 《习近平在全国教育大会上强调　坚持中国特色社会主义教育发展道路　培养德智体美劳全面发展的社会主义建设者和接班人》，《人民教育》2018年第18期。

量——毕竟教育质量好不好，根本上需要通过受众的"满意度"和随时变化着的教育需求来衡量。

正是如此，对一所学校办学质量高低的评判或预期便需转化思路，即：通过一种更加包容、灵活的指标、机制来判断，一所学校其办学方式是否能够为不同的个体提供适合于他个人资质、需求，以使个体具备适应当下乃至未来之生存所需要的素养与能力。为了达到这一点，学校教育便需要随时分析时势、分析学生，需要在放眼世界、放眼未来的基础上随时调整教育举措，将个体需求、资质与时代、未来的发展趋向进行合理乃至更加超前的匹配。进而将学校自身置于不断探索、自我更新的境遇中。

从学校教育层面看，高质量的教育更多地被定位于受教育者普遍具备的较高的素养水平。其中有几个关键词：普遍、具备、高素养水平。所谓"普遍"意味着学校高质量教育的受益人拥有绝对占比，而非少数；所谓"具备"意味着这些素养能被个体用于解决、应对现实问题，是可通过行动彰显的、看得见的品格与能力；所谓"较高素养水平"超越于那些仅限于满足个体基本生存需要的基础性的素养，它应该是个体主动适应未来社会、能够较好地生存于社会、为当前乃至未来社会发展所需的基本的、高层次的素养。这些素养在目前众多的教育中尚显缺位，因而它们的培养也容易彰显学校质的发展水平。欧盟曾提出，本地区公民在数字化素养、跨学科素养和信息通信技术方面，在以往的教育中缺位较多。因此，要适应未来知识化、全球化和飞速发展的社会前景，教育质量的提升便应该体现为，公民此类的素养水平得到全面的提升。[①]

不管从哪个层面定位教育质量，所谓高质量教育最终均需要落到学校办学层面来进行判断。而从学校办学层面看，目前对教育质量的评判还较多反映在两个方面：一是其办学水平的高低。可反映为学校教育制度、教学计划、教学内容、教学方法、教学组织形式和教学过程等诸多可见要素的合理性、先进性，以及教师队伍的整体素养；二是其教育效果的优劣。主要反映为在校学生的整体基础（包括学习力、发展力）、毕业生综合素养及其社会赞誉度、认可度等要素。随着学生发展核心素养的提出，学生

---

① 周平艳、魏锐等：《提出 21 世纪核心素养的驱动力研究》，《华东师范大学学报》（教育科学版）2016 年第 3 期。

创造力、思维能力、交往与协作能力等高阶素养的具备情况也成为衡量学校教育效果的重要维度，而这些素养根本上便体现为个体在综合、协作性的活动中，综合理解、迁移、运用知识的能力。

综合以上理解，从更深远的意义看，对高质量教育的评判或定位将体现在以下变化中：

一是逐渐指向人本身，关注个体发展、变化背后的诸种复杂的支撑性要素，以此彰显学校教育的内涵。时代在不断发展，社会对于个体发展的高期待也会更加凸显人之情感能力、能动性、创造性等难以被人工智能、技术所取代的方面。随之人们对教育质量的定位也会更加体现"综合性"和"发展性"，对高质量教育的评判自然也会更多地指向人的综合性、延伸性的发展，而非可以被学校短期获得、或是可以通过历史积累就能轻而易举获取的诸种要素上。正是如此，越来越多的学校正趋向于通过跟踪本校毕业生的去向及其发展状况，来间接证明、判断本校教育质量，调整学校特色办学举措。而很多针对学校的评估指标也包含了此项内容。"内涵"具有丰富性和个性色彩，它也是一所学校积淀的办学底蕴和办学能量，是最能凸显学校特色、帮助学校灵活定位、持久发展的生命线。因此，要追求高质量办学，学校便需将大部分的精力用于强化自身办学内涵上。就此看来，对学校教育质量的评判会更加体现为一种针对学生进行的发展着的、追踪式的"瞻前顾后"。换言之，对学校教育质量的判断将超越"在校生"发展水平这一限度，转而延伸为关注一个在校生的曾经与未来。学校潜在的学生群体通过选择特定生源、依靠生源的特别性被动延续学校升学率、保障学校教育质量或彰显学校特色的做法，如果不能在较长一段时间内保障学生的可持续发展，那么其显然无法适应这样的趋势。

二是回避"标准化"考量，避免统一的标尺限定学校发展，转而关注学校的自我研究力和探索力。人的发展某种意义上不可预见，也不可以预设，而每个人的特质及其发展亦具有差异性。这均为教育增添了很多的不确定性的特点。正是这种不确定性，驱使学校教育要重视并彰显它的研究性——包括必要的人学研究、对每一个孩子的潜心关注、切实理解，以及它施展个性化教育的能力——针对每一届、不同孩子调整教育举措且量身订制教育方案的能力。正是在此处，特色办学尤其变得必要与可能。正如有学者所说，"普通高中除了继续预科升学职能外，更需要发挥促进

'学生个性形成、自主发展'的基本育人价值,同时,还需要发挥提升未来社会公民的文化知识素养与职业素养的普及职能。对于后者而言,则需要超越办学体制与办学模式多样化的讨论,而应重新构建一个多样、开放、可选择的普通高中教育体系"。[1]

当然,从高质量教育的定位看,一所学校要在此方面彰显质的发展水平,不仅要在办学理念和办学思路上有质的转变,更是需要付出精准化的努力,使诸方面的探索富有本土性、适合于学生。比如,针对教育质量评判的第一个变化,学校要从根本上将教育的目标指向"人"、致力于促进"人"的发展,便需超越口号式的宣讲,在具体的目标设计上让学生成为教育、学习的行为主体,让学情成为目标设计的出发点,让学生展示出的具体能力成为目标达成的评判标准。这些目标的精准设计,有学者认为,应该包括:"有"知识、"展"能力、"化"品格。也就是须有学生展示和发展的具体能力,尽可能引导学生内化相关的品格。[2] 换句话,以学生为中心的教育,应该凸显学生的行为过程以及在此过程中显现的能力。不仅如此,针对不同的学习主题,我们的学校教育也要进行系统性的探索:学生为什么学习该主题、具体学习哪些知识、学习它们可形成什么能力、从中可内化什么品格,以此精准设计教学。

二 "好教育"的普遍需求期,学校特色发展应侧重什么?

人人都有接受好教育的期待,因此,在任何时期,优质教育都无一例外地成为教育受众的普遍性需求。只是,因不同发展时期社会对教育、公民个体素养、能力的期待值存在差异,由此产生的不同程度的教育驱动力,便也影响了受众对于其自身享受高质量教育的期待值。尤其是在高质量教育供给有限、获得有难度的情况下,所谓优质教育某种意义上便不会被民众认为是一种迫切需要获得的需求,而成为某种可望不可及、可有亦可无的东西。然而,这样的情况随着当前社会的发展、各方面人才竞争的加剧而发生了大的逆转。越来越多的人意识到了接受高层次、高质量教育

---

[1] 刘世清等:《从重点/示范到多样化:普通高中发展的价值转型与政策选择》,《华东师范大学学报》(教育科学版) 2013 年第 1 期。

[2] 蒋永贵:《指向核心素养的学习目标研制》,《课程·教材·教法》2017 年第 9 期。

的急迫性。没有好的教育经历，个体的发展甚至生存便会受到极大的限制……正是如此，在当前，优质教育真正意义上成为受众的普遍性需求，也较普遍地成为高中学校教育的追求。对于普通高中学校，随着未来高中教育性质和功能的变化，这种期待甚至会变得越发强烈。对此，回到当下，从"普通高中特色发展"这一点看，以下两点便需得到学校的重视。它们也预示了普通高中进行特色发展的意义与方向。

第一，面对更多层次、更为多元的教育需求，学校何以具备足够的包容力与教育力？

从发达国家和国内部分省市、地区的经验看，随着高中教育的高度普及化，以及社会更高人才标准的出现，兼顾基础性与个性化将成为普通高中最基本的教育要求。这抛给学校两个疑问：在有限的教育教学空间内，面对由生源多变带来的不可精准预测的、多样的教育需求，当前的学校是否已具备了足够的应变力？是否能以足够的包容力为各类学生的生存和发展提供适合的教育？不可否认，在优质教育的普遍需求之下，一旦外在资源配置实现基本均衡，学校自我内涵的发掘，多元、灵活、个性化的教育教学能力建设便成为学校教育、管理、师资队伍建设等的基本条件。倘若不主动寻求改变、不进行个性化的教育探索，那么不论是习惯于教好学生的好学校，还是习惯于教弱势学生的普通校，都会面临"薄弱点放大"的问题。

迈克尔·富兰曾在《变革的力量——透视教育改革》中指出，"有成效的教育变革的核心并不是实施最新政策的能力，而是在教育发展过程中发生预期的或非预期的千变万化中能生存下去的能力"。[①] 就此看来，始终保持变革的动力，及时且较准确地预知潜在的挑战，并提前寻找想法、提升能力，才有望使学校具备足够的教育力。而从部分高中学校的探索实践看来，特色化发展确能强化学校"以生为本""以校为本"的意识，促使学校着力挖掘自身优势、特色，利用资源、地理、文化等的特别之处拓展教育空间，进而大大提升学校的教育力和可持续发展力。只是，如何在多样的变革诉求之下持续性地寻得特色化发展的动力与资源，避免使学校

---

① ［加］迈克尔·富兰：《变革的力量——透视教育改革》，中央教育科学研究所、加拿大多伦多国际学院译，教育科学出版社 2004 年版，第 11 页。

特色流于形式或变得千篇一律,却仍是多数学校需重视的问题。

第二,特色化发展过程中,学校何以在成为"好学校"的同时成就高质量的教育?

"好学校"往往成为优质教育的代名词,进而也成为当下不少高中学校追求特色化发展的核心动力。然而,究竟什么样的学校就是人们心目中的好学校?被称为"好学校"的学校是否真的在提供或者有能力提供高质量的教育?对于这些问题,不少学校尚不能用行动给出肯定的答案。可以说,教育效益的滞后性与学校改革效益的短期化诉求之间的矛盾,正导致不少"好学校"或追求"好学校"的学校缺乏足够的耐力去为"高质量的教育"作出该有的努力。毕竟,人们对学校好坏的判断依据还在于排名、升学率等可以通过考试竞争获得的一系列数据中。至于学校所教是否适合学生,多数时候并不能成为教育成效主要的判断标准。这一方面导致学校对自身特色的定位和筛选、对学生个性化发展的认识,较多集中于一些有助于提升成绩的要素中,比如学科专长、科学素养等。另一方面,学校发展方式、发展视角、特色呈现容易变得千篇一律。

试析优质学校所具备的特质,不难得出:在特色化发展过程中,学校要真正成为"好学校",就必须将焦点转向教育质量的提升,即:致力于教与学的改革,形成适合于学生的教育。再在此目标之下进行内生式的探索实践,即:直面问题,使外部变化适应学校内部发展的需要;运用外部标准对自身目标进行分类,整合并形成自己的奋斗目标;不断地选择和整合创新过程。[①] 这对学校保持自身发展独特性与生命力来说尤为关键。

可以说,对一所学校而言,高质量教育和特色发展本然上均应指向学生个性化教育需求的满足、指向学生的个性化发展。当二者同时指向这一点时,发展特色与追求高质量教育便成为相互成就、相辅相成的过程。也只有这样,学校特色发展才不至于流于形式、变得千篇一律,而学校对于高质量教育的追求也不至于落于俗套。事实上,也正是认识到了这一点,欧美国家较早进行了高中阶段教育多样、特色化的探索实践。在特色学校

---

① [英] David Hopkins:《让每一所学校成为杰出的学校——实现系统领导的潜力》,鲍道宏译,华东师范大学出版社 2010 年版,第 14 页。

的建设方面，他们较常见的做法是，在课程设置上强调可选性和差异性，在学制、学分互认、学习实践经历认可等方面突出弹性制度设计……①这样的探索虽在我国一些教育发达地区亦有所体现，但不同的是，欧美国家的特色、多样化是建立在综合高中、普通高中、特色高中并立、多样化发展的格局之下的，因而他们在应对学生个性化需求方面，拥有了更多自由发挥的空间。

在我国，综合高中目前几乎没有发展空间，普通高中的发展势头也以绝对的优势压倒了职业高中，进而民众言及的高中阶段教育几乎集中在了"普通高中"学校教育上。自然地，高中多样、特色发展的重担便也顺势由普通高中学校来承担。在此形势下，国内高中的特色发展思路便难以与欧美国家在办学思路上取得一致。然而这并不意味着，能够满足学生多样化教育需求的、多样、特色化的教育在我国高中阶段教育中不能实现。而是意味着，我们需要在特色发展理念的指引下，转变思路，通过制度、管理上的创新弥补办学体制相对单一带来的障碍。在此方面，上海市便作了较有效的探索。他们在鼓励支持一部分拔尖的普通高中继续延续自己的办学思路外，特别是针对那些有潜力成为优质高中、有特色办学资质、有魄力围绕某个点开展特色建设的学校，通过管理、制度上的创新与引领，推动这些学校进行特色建设与发展。比如，在区域内，政府和教育行政部门会通过加强学校特色布局，引导学校差异培育特色，以此避免千校一面、特色资源重复开放的问题出现；为了促进特色资源共享，避免学生发展需求的单一、片面化，区域还借助管理机制的创新加强校与校之间的协同与联系，通过建立区域内学生跨校选修和学分认定制度，使每一所学校都能成为学生选课的下一站，使学生在一定区域内，获得自主选择的机会。这便把单一的特色汇聚成了整体特色，通过供给制度的创新满足了学生在一所学校内无法满足的需求。

第二节　核心素养培育与学校特色发展

20世纪中后期，为了进一步增强本国竞争实力、提升人才培养质量，

---

① 张力：《推动普通高中多样化发展的政策要点》，《人民教育》2011年第1期。

世界各主要发达国家和经合组织、欧盟、联合国教科文组织等国际组织纷纷开展核心素养的相关研究,从"素养"层面描绘国民教育及人才培养的目标,并进一步将研究成熟的核心素养模型融入课程体系之中,实现了从传统的重学科知识体系完备性、重知识结构轻能力培养的教育模式,向提升学生能力水平、促进其全面发展的新模式的转变[①]——从"知识本位"时代走向"核心素养"时代——俨然成了全球性的教育趋势。不仅如此,究竟如何将核心素养从一套理论框架或者育人目标体系,落实、推行到具体的教育和社会活动中,进而真正实现其育人功能与价值,这成为教育领域面临的重大问题。

一 "核心素养"的兴起

核心素养是人们为了更好地应对21世纪信息技术与知识经济的快速发展需要而建构出来的能力与素养体系。对核心素养的研究肇始于世界经济与合作发展组织（OECD）于1997年启动的"国际学生评定计划"（Programme for International Student Assessment,PISA,简称"匹萨"计划）。该计划指出,学生在完成基础教育后应该获得成功参与社会所需的核心知识与能力。为了客观评定各成员国学生的知识与能力水平并为之提供适切的评价框架,OECD进一步启动了"素养的鉴定与遴选"项目（Definition and Selection of Competencies: Theoretical and Conceptual Foundations,DeSeCo）,该报告于2005年公布在了其官方网站上[②]。

2006年,参照OECD研制的核心素养框架,欧盟在教育与培训领域推出了引领终身学习的核心素养框架,提出了"八项核心素养"指标。2007年,美国"21世纪技能合作组织"（简称P21）也发布了引领21世纪技能融入中小学教育的"21世纪学习框架",指出,在核心知识学习的背景下,学生必须学习在当今世界获得成功必备的一些技能,如批判性思维、问题解决能力、交流与合作能力[③]。此外,其他一些发达国家（地

[①] 辛涛:《学生发展核心素养研究应注意几个问题》,《华东师范大学学报》（教育科学版）2016年第1期。
[②] 师曼等:《21世纪核心素养的框架及要素研究》,《华东师范大学学报》（教育科学版）2016年第3期。
[③] 车丽娜、徐继存:《核心素养之于教学的价值反思》,《全球教育展望》2017年第10期。

区),如加拿大、澳大利亚、新西兰、新加坡、日本等,以及中国台湾地区也纷纷开展了基于培养核心素养的学校教育研究与实践,并建构了基于培养学生核心素养的课程体系和课程标准。比如联合国教科文组织(UNESCO)提出了"21世纪社会公民必备的基本素质"——终身学习的"五大支柱";法国根据"八项核心素养"确立了本国的教育共同基础——"七项核心素养"[1]。

由于国际组织制定框架的初衷和服务对象各有不同,经济体的社会经济发展阶段与文化特征也有差异,以上所提的核心素养框架在具体目标的阐述上也略有不同。有的框架旨在帮助公民实现成功生活并发展健全社会,如OECD(2005年);有的以培养学习能力为目标,指向终身学习,如欧盟(2006年)、联合国教科文组织(LMTF,2013)与中国台湾(台湾"教育部",2004年)等;有的以培养创造力和创业精神为导向,关注21世纪职场需要,如美国P21(U.S. Department of Labor,1991年)、APEC(APEC,2008年)与加拿大(C21 Canada,2012年)等;有的凸显核心价值观,培养有责任感的合格公民,如新加坡(Singapore Ministry of Education,1998年)、中国香港(香港课程发展议会,1996年)、中国大陆(中华人民共和国教育部,2001年;2014年)与韩国等;还有的重视公民日常生活和文化休闲质量,如俄罗斯(Ministry of Education and Science of the Russian Federation,2002年)等[2]。

学生核心素养的发展与培养不仅成为国际社会的共识和21世纪学校教育的基本任务与发展趋势,也对世界基础教育课程与教学实践产生了重大影响,甚至也对我国正在进行的课程改革提出了最本质的要求和长远的指引[3]。2013年,我国启动了"基础教育和高等教育阶段学生核心素养总体框架研究"项目。受教育部委托,北京师范大学林崇德教授领衔组织研究团队,联合山东师范大学、辽宁师范大学、华南师范大学、河南师范

---

[1] 何玉海:《培养学生核心素养需要修正"三维课程目标"》,《湖南师范大学教育科学学报》2016年第5期。

[2] 师曼等:《21世纪核心素养的框架及要素研究》,《华东师范大学学报》(教育科学版)2016年第3期。

[3] 石鸥、张文:《学生核心素养培养呼唤基于核心素养的教科书》,《课程·教材·教法》2016年第9期。

大学等多所高校近百位专家,对中国学生发展核心素养展开专项研究[1]。

2014年,教育部颁布《关于全面深化课程改革落实立德树人根本任务的意见》,首次以官方文件的形式提出要"研究制订学生发展核心素养体系",要求通过研制学生发展核心素养体系来调整和修正课程方案和课程标准,改善与优化中小学相关学科教材,并提炼出基于不同学科的核心素养。这一文件不仅将核心素养置于深化课程改革、落实立德树人目标的基础地位,也揭开了深化基础教育课程改革的序幕,标志着我国课程改革开始进入"核心素养"时代[2]。是年,教育部正式启动普通高中课程标准的修订工作,旨在贯彻落实立德树人根本任务,通过研制我国核心素养体系,将基于核心素养的学业质量标准融入课程标准,引导和促进学习方式和育人模式的根本转型,从而实质性推动和深化我国基础教育课程改革。

2016年9月,中国学生发展核心素养研究成果发布。其以培养"全面发展的人"为核心,将核心素养分为文化基础、自主发展、社会参与三个方面,综合表现为人文底蕴、科学精神、学会学习、健康生活、责任担当、实践创新等六大素养,并具体细化为国家认同等18个基本要点。这成为进一步深化基础教育改革、推进课程建设与教学改革的切入点[3]。

二 核心素养强化期,学校特色发展向何方?

从概念的内涵上看,"核心素养"如今已被国内学校所熟知。不仅如此,全面性的素养培育也已成为学校教育无法回避的问题。只是,自国家正式提出"发展学生核心素养"起,直到现在,很多学校在培养学生素养方面还没有形成确切的、完整的认识。"知行分离"的习惯更是造成这样一种现象:一些学校虽然观念上知道哪些素养对学生重要,然而实践中却局限于少部分素养的养成,或者仅限于素养的表层化培育。这不仅制约了学校特色内涵的提炼以及特色建设路径的选择,也影响了学校自身及受众对于学校特色成效的判断。有些学校自认为已经在特色化办学过程中提

---

[1] 师曼等:《21世纪核心素养的框架及要素研究》,《华东师范大学学报》(教育科学版) 2016年第3期。

[2] 徐洁:《迈向"核心素养":新中国成立70年基础教育课程改革的逻辑旨归》,《教育科学研究》2020年第1期。

[3] 车丽娜、徐继存:《核心素养之于教学的价值反思》,《全球教育展望》2017年第10期。

高了学生某些方面的素养，然而这些所谓的已经形成的素养并没有在学生实际的学习、行为中展现出来，成为学生个人能力结构中的有机组成。

当"核心素养"已经成为学校发展不可回避的主题时，那些有意通过"专长""专能"彰显特色的学校便不得不需要思考以下问题。

（一）共性诉求与学校特色如何相互嵌入？

作为学生品格、能力应具备的基本方面，所谓"核心素养"其培育既有底线性的要求，也应有个性化、特色化的目标追求。后者通常应该因学校自身的办学理念、可利用的资源、条件，以及本校学生兴趣、专长和发展需求等的差别而体现出一定的差异。正是如此，在特色化建设过程中，学校一方面需结合"素养"构成、学生特征、学校现有条件，针对性地设计课程内容和教育目标，改进教学、管理，在不断地探索、反思、修正中动态生成特色；另一方面，需结合本校特色，处理好"能"与"专"的关系。为那些在某些方面拥有专长、发展意愿的学生创造机会和条件，保证学生基本素养良好的同时还拥有亮点或特长。在学生基本素养、个人亮点与学校特色之间建立有机的联结，这样学校也实现了对学生核心素养的校本化（特色化）诠释。

（二）如何做好承继与创新？

避开"模棱两可"的思路，各阶段教育重新被要求在相应的阶段针对性地完成对学生核心素养的培育。在这一背景下，高中学校进行特色化发展便面临"承继"与"创新"如何协调的问题。比如学校如何鉴于学生上一阶段的教育，做好发展过渡，在课程设置、教学组织、师资配备等方面既契合学生发展需要，又能彰显本校特色；又比如学校如何在坚持原有特色的基础上，从核心素养的内涵中挖掘灵感，将核心素养培育与学校特色结合起来，既保证学校特色发展的可持续性，亦能拓展发展思路，实现教育创新。

自 2014 年教育部正式发文、组织国内专家力量研究、制定学生发展核心素养，以及自此以后国内研究领域掀起研究核心素养、学科核心素养的热潮后，学校特色发展也曾陷入摇摆、迷惑之境中。以上这两个方面便是学校在进行特色探索过程中遭遇的困惑、闪现而过的思考。今日，再看这些问题，我们会发现，如何面对核心素养的挑战以及如何抓住"核心素养热"这一趋向，调整学校特色办学方向，似乎正随着"核心素养"

的降温，而不再显得那么棘手了。正是如此，今日学校再谈核心素养，似乎又回到了先前的冷静或自我满足之状态中。而来自外界的"新"挑战，比如新高考改革、新的评价方式的改革、新课程改革等则成为学校新的关注点和焦虑点。

且不说每一项改革的发生前后及其与同时代其他领域（或方面）的改革彼此间存在联系，它们的出现若联系起来看，其实也反映出一个时代在教育观念、办学理念上的根本转变。这种转变将变得不可逆转。因此，也就意味着，学校必须抓住每项改革其内在的核心精神，分析其由来、提出的意义、内在旨向，以及时调整学校的办学思路与办学方向。从这一意义上看，专注于某个时期某项政策具体的改革要求与举措，反倒容易将学校带入混乱之境。"核心素养"的提出及其在一段时间内激起的盲目的跟从热潮便值得深思。

过去的几年间，一些学校曾因为在发展中找不到抓手，而转为蹭"核心素养"的热度，将学校实践生拉硬拽往某一类核心素养的培育上靠，暗示自身未曾落后于时代潮流；还有一些学校则是因为过于放大了核心素养诸要素在培育路径上的难度及涉及面，而陷入焦虑和不安中。两种现象均指向了一个问题：那就是学校正陷入一个被具体事务缠绕的境遇中，而难以以更冷静、理性的态度跳出具体条框，思考核心素养带给教育的根本挑战和变化：核心素养在国内特定的时间提出，又在短短几年之内由"白热化"转向"幕后"，隐隐约约指引、调控着学校的办学实践，使学校在"育人"这一点的驻足上更加变得"欲罢不能"——即使学校对这样的变化仍然不自知。然而，一旦跳出具体条框，再来看"核心素养"及其前后出现的教育政策导向，便会发现，核心素养的提出背后其实有着更长远的意味。其根本上就是要教育真正转向关注"人"本身。由于人的发展具有差异性、多样性，因此直面人本身的教育也会变得尤为复杂，它需要学校付出比以往任何时候都要多的研究、反思与探索力，将研究学生放在第一位。因此，面对"核心素养热"，学校在办学思路上需要思考的，不应仅限于某一类素养的培育，而应该形成这样一种关切，即：从每一个学生发展的角度看，学校教育能带给他们什么，使学生将学到的东西转化到行动、运用到实践中。

综合来看，"核心素养"的提出具有认识论的价值和意义，它反映了教学观念的变革,为课程改革指明了方向。如果说"核心素养"的提出是对我国改革开放以来基础教育改革成果和经验的继承和发展。那么与前两个阶段的基础教育课程改革——包括以培养学生的基础知识和基本技能为目标("双基")的课程改革阶段;以培养学生的情感、态度、价值观("三维目标")为目标的课程改革阶段——相比,核心素养的提出根本上动摇了学科知识的核心地位,它不仅强化了对于学生发展诉求的关注,更是使过去教学赖以运转的学科教材变为了促进学生全面发展的载体或者素材的组成部分之一。这种变化,如有研究指出的,它使课程标准的形态从教学大纲(双基)、内容标准(三维目标)走向了成就标准(核心素养),即以学生应该达到的素养(成就)作为课程标准的纲领[①]。

反观核心素养的提出背景即可发现,教育部在2013年前后开始筹划通过政策推动核心素养的研究与实践转化并非心血来潮,而是源自21世纪以来发达国家已然开始的对于学生核心素养培育的关切。这种世界范围内的普遍关切使核心素养的培育成为全球教育发展不可阻挡的趋势。之所以如此,一个原因在于,核心素养培育尤其是某些核心素养培育在教育中的长期缺位,使其变得尤为迫切;另外一个原因则是全球发展使某些素养变得尤为重要,进而对核心素养的关切更多地需要通过教育实践的转变来给予足够有力的回应。从这一意义上说,即便如今的教育研究已对核心素养的基本理论问题进行了很深的挖掘,然而这也仅仅表明我们在认识层面的进步。实践中究竟如何培育、发展学生的核心素养?学生核心素养究竟如何落地?依然会在很长的时间内牵制学校办学实践,成为实践需要攻破的难题。进而值得学校在特色发展过程中为此作长期、深入的探索与努力。这些努力,根本上指向学校育人方式的转变,具体层面则需要有日常教学实践的支持、教育评价方式的转变等。从这一意义上说,核心素养蕴含了学习方式和教学模式的变革。因此,在发展学生核心素养的大背景之下进行学校特色探索,便无法绕开课程、教学、评价等多个核心层面,与之密切关联的教学主体的思维转型、单元设计、学科活动设计等新的实践领域的开拓,也会给学校特色发展带来更多的空间与契机。

[①] 余文森:《从三维目标走向核心素养》,《华东师范大学学报》(教育科学版)2016年第1期。

第三节　新高考改革与学校特色发展

随着高考制度的变化，高中学校总会不同程度地面临"求生存与求发展、教育改革与保持传统、促进学校共性发展与个性差异发展的巨大矛盾"。[①] 这种矛盾在"新高考"改革之际更为突出。2014年，国务院"新高考"方案的出台赋予了学生前所未有的选择权。较之以往，它更强调个性化的学习和教育，并要求学校围绕学生个体的发展需要、潜能、发展程度规划教育、构思教育系统，使学生在不同程度上的学习有更多的范围选择和不同的时间选择，进而以此"给每一位孩子营造一个可以发展到自己极致的机会"[②]。这似乎与学校特色发展的意旨不谋而合。

一　"新高考"改革引发的普通高中课程之转向

2004年以来，为了迎合当时的"新课改"要求，同时彰显学校办学特色，不少学校便以校本课程的增加、扩充为突破点来进行课程体系建设。然而，由于缺乏课程间的系统整合以及完整、理性的校本课程建设思路，这些散落化的课程不仅难以帮助学生形成完整的认知结构、提升学生的综合素养，反而沦为学生被动获取学分的工具。多样的课程设置似乎没有给学校带来预期的惊喜，反而某种程度上成了学生甚至学校不堪承受的负担。

随着这些问题的出现，一些学校开始重新思考学校课程的整体建设。专注内容衔接的课程整合也被赋予了新的使命：以课程整合促进学校课程的一体化建设。这意味着，学校不再局限于对课程的小修小补（比如对内容进行小范围的加工和调整），而是要进行整体的结构性调整了。从目前多数高中学校的课程设置情况看，通过对国家必修课程、校本选修课程、大学先修课程等多元课程的整合，按照不同层次（比如基础层次、拓展层次、研究创新层次）构建学校课程体系，创建体现学校特色的课

[①] 裴娣娜：《领导力与学校课程建设的变革性实践》，《教育科学研究》2017年第3期。
[②] ［英］David Hopkins：《让每一所学校成为杰出的学校——实现系统领导的潜力》，鲍道宏译，华东师范大学出版社2010年版，第55页。

程模块和课程群已较普遍地成为学校课程体系建设的基本途径。

"新高考"方案出台后,各地高中学校面临着在全校范围内、全部学科中逐步推进"走班教学"的挑战。这样一来,学校不仅要进行顶层的、更为专业的、贴切于本校实际办学经验和办学传统的课程设计,还需根据本校学情、着眼于学生的长远发展,为学生量身定制个性化的课程。目前,学校已形成了以下两方面的做法。

一是学校在学科方向分类与水平分层(通常按学生发展水平分三个层次)的基础上,进行参照考试科目的分类分层。[①] 具体包括:依据对学生人文、社会、科学、艺体等基本素养发展的要求以及高中课程标准,将必修课程和选修课程整合后,设立几大门类课程领域及各领域所涉及的主要课程;按学生学习水平进行分层,然后面向全体学生、部分学生、个别学生分别开设基础类课程、拓展类课程、研究类课程和兴趣特长类课程。或者结合学生生涯规划,实行专业分类与水平分层,如理工方向、社会方向、人文方向、艺术方向。同时,在每个单类学科中分层设置课程群。

二是学校提供课程菜单,为学生量身定制个性化的课程表。学校将所有课程的主题、难度、课程大纲、开课时段、时间长度、开课空间、人数上下限、开课教师等先展示出来,由学生确定要修习的内容和时间段。随后,在成长顾问、辅导员和家长的指导下,学生根据自己的学科状况、升学意愿等进行自主选课。在此基础上,学校课程管理中心根据学生选课情况,综合考虑时间安排、科目分布和教室配置等。上海育才中学将相对长跨度的课程分割为若干个小巧的课程模块,并对教材进行适当的重组,从学习内容的难度和学习时间的跨度这两个方面设计各学科、各层次、各类别的课程模块。学生可以根据自己的基础、水平和发展志趣进行选学。

考虑到课程开设空间有限,在上海及浙江的一些学校,除了有特殊要求的课程,对于一般课程,并不事先限定教学班数量与班级人数,而是根据学生选课情况来确定教学班的设置。倘若学校因师资水平和办学条件无法开设一些课程时,有些学校便采取诸如借助一些教学资源和学习平台(大学先修课、网络公开课等)或是以网络为媒介建立课程资源共享机制

[①] 裴娣娜:《新高考制度下深化普通高中课程改革的几个问题》,《中小学管理》2015年第6期。

的方式，为学生提供自主选择、自我发展的平台。比如上海部分学校基于网络课程开展（课内的、课外的）网上走班，其组织形式各有不同。课内网上走班以类似实体走班的形式为主，即：学生网络选课选班，教师组织学生在实体教室里同步自选自学网络课程。课外网上走班则是学生在不同的时间地点同步或异步自选自学相同或不同的网络课程。北京市则致力于以校内外资源联动的形式扩展课程资源，通过建设校内外人文与科学实践基地，分层分类创建不同功能的发展性实验室与社会教育场馆、实践基地、活动基地建立资源联盟等，实现社会资源课程化和课程资源的信息化。

二 "新高考"改革引发的普通高中教学之转向

20 世纪 90 年代，国内部分高中学校，比如江苏南京师范大学附属中学、深圳市高级中学等，便开始了必修课分层次教学的探索和实验，并形成了比较成熟的分层走班教学模式。21 世纪初，山东省潍坊市也开展了学科分层走班教学的改革实验。实验校从潍坊十中开始，逐步发展到十几所初中学校。2008 年以后，更多的高中学校（尤以北京、上海、浙江等地部分学校最为典型）进行了选课走班实验。然而，由于政策力度和资源条件的地域化差异，"选课走班"在不同地区、不同学校出现了较大差异。比如，一些学校的"选课走班"仅被诠释为，把选课相同的学生相对集中到固定的班级中、把同一年级的学生分为几种不同的班（如竞赛班、实验班、普通班等）来开展教学；还有一些学校则在某些学科实行分层走班，其他多数学科在固定班级内教学。单从组织形式上看，这两种情况虽然体现了走班教学的一部分特征，然而由于分班依据主要在于学生的考试成绩，也没有充分顾及学生的特质和个性化的发展诉求，因而并不契合走班教学的意旨。

从部分有影响力的教学实践看，有助于学生个性化发展的选课走班在于"分类分层"。这具体包含两个方面：一是学校根据学生的发展愿望、学科特长和兴趣等为学生分类别（比如数理、科技、人文等）、分层次设计可供他们学习的课程内容，然后学生根据自己的需要在这些课程中进行选择；二是学校根据学生的选择、兴趣愿望以及对学生学习能力等的分析判断分层、分类建立教学班，学生则以流动的形式进入适合自身发展层次的班级进行学习。不同层次的教学班教学内容和程度要求不同，作业和考试的难度也不同。

"新高考"方案出台后,浙江、上海、北京等地即开始了这方面的探索实践,并形成了以下几种推进思路。

第一,面向全体,在各学科内进行任务分层。

一方面开展针对全体学生的基础内容教学,另一方面根据学生的掌握程度对拓展类的教学内容进行分层,开展走班教学,同时辅之个性化的辅导。在这方面,北京市十一学校(北京十一校)和上海风华中学已形成了各具特色的模式。北京十一校的特色是取消行政班,将传统的班级教室变成主题教室(比如生物教室、语文教室和化学教室),每个教室有固定的教师,学生则按个人兴趣、学习能力分层选课走班。在某个学科的教学中,学校会根据课程难度要求的不同将科目分为几个层次,分别由几位不同的教师在各自的学科教室中进行授课。上海风华中学"辅导性走班教学"的特点是先以行政班为单位进行基础课程内容的教学,在这之外,以分层、分班形式开展个性化辅导教学。比如语文、数学、英语等基础类课程,每周的课时会被分为两个部分,一部分课时用于进行基础内容教学,并在行政班完成;另一部分课时则实行分层走班教学,以个别辅导、课后练习等针对性更强的个性化辅导为主。

第二,试点先行,以"点"带"面"。

为了积累经验、少走弯路,在推行选课走班初期,一些学校选择部分年级或者部分班级,在部分学科中先进行走班试点,然后逐步拓展至其他年级、学科中。以上海市北中学为例。上海市北中学的总体思路是,基于创新素养培育实验班分层走班教学的经验,将创新素养培育实验班扩大到4个班级,在科学课(物理、化学)、数学和英语课程中实行分层走班教学,然后逐步推广至全年级、全学科。还有一些学校则主要在选修课程或兴趣类课程中进行选课走班试验,必修课程按照行政班"齐步走"的方式进行。试验获得成效且经由多方论证后,学校便在必修课乃至基础课程中进行分层、分类走班实验。这不仅避免了"选课走班"在高中校内"水土不服"、难以嵌入的问题,也容易赢得学生、家长的支持和认可。

第三,以"学程"为节点,进行"分段式"的选课走班。

为了更好地回应"新高考"、让每个学生接受适合的教育,一些学校开始尝试以"学程"为节点的选课走班。以上海市育才中学为例。上海育才中学将每个学期分为三个学程，高一、高二两年间被分为12个学程。第一、二个学程中，学生会学习固定的课程。从第三个学程起，学生开始第一次自主选择课程。育才中学将跨度相对较长的课程分割为若干个小巧的课程模块，并对教材进行重组，从学习内容的难度和学习时间的跨度这两个方面设计各学科、各层次、各类别的课程模块。学生可以根据自己的基础、水平和发展志趣进行选学。学校为每一位学生提供私人订制的课程表。

考虑到学生时间、精力有限，自身兴趣也各不相同，上海育才中学将物理、化学、生物、政治、历史、地理这6门学科分成了A、B两类。其中，A类为合格考水平，旨在夯实基础；B类为等级考水平，旨在发展志趣。学生必须在学完全部的A类课程后才能进行B类课程的学习。

第四，教学班与行政班并存，"分层、分类、分项"的选课走班相结合。

对学校而言，要在"选课走班"上推陈出新甚至超越已然存在的走班模式，会受多种条件的制约。正是如此，一些有强烈改革意愿的学校便结合"选课走班"的大致思路，重点从"细处"着手，在实施程序上探索亮点和特色。以杭州师范大学附属中学为例：

> 杭州师范大学附属中学的总体思路是，在教学班和行政班并存的基础上，依据科目性质分步实施"分层、分类、分项"的选课走班教学。具体做法如下：
> (1) 必修科目（语文、数学、英语）：分层选课走班
> 学生根据个人学业水平、学习能力、学习状态等选择适合其自身的教学班进行学习，并根据自身的学习变化情况适时提出调整申请。学校从分班、分层、课表安排、教师配置、调节层级等环节进行精细化的操作。
> (2) 选修科目：分类选课走班
> 首先，学校依次对选考科目的课程、学生、教学进行分类。具体做法包括：第一，将"七选三"课程分为A、B两类课程。其中，A类课程遵循浙江省各学科指导意见的基本要求，B类课程遵循学科教

学指导意见的发展要求；第二，按照学生意愿进行 A、B 分类，不同学生采用由学生网络选择的方式进行编班；第三，对教学进行分类。备课组在集体备课的基础上，根据 A、B 两类课程各自的特点和需求，统筹安排分类作业和试卷的编写。A 类作业重在基础知识的掌握，B 层作业兼顾基础和能力。学科单元测试和学校重大考试都采用分类试卷进行考核。在完成诸如家长、学生问卷点钞、问卷数据统计分析等的基础上，结合家长、成长导师的指导，学生对选考科目作出选择。

（3）体艺学科：分项选课走班

学校在体艺课程中下设多个子课程，学生根据自己的兴趣爱好选择体艺课程中的子课程进行修习。

三　新高考改革背景下，学校特色发展思路作何转变？

以上内容表明，"新高考"改革将个性化教育和个性化学习的诉求重新摆在了学校面前。从理想意义上看，这与学校特色发展的本然追求不谋而合。然而在实践中，学校已然开始的特色探索却不尽然，"为了特色而特色"成为很多学校进行特色建设的目标所在，而学生的个性化需求与发展反倒因为这样的"特色化"被遮蔽了。"新高考"改革带给学校特色发展的挑战就在于，这种"为了特色而特色"的学校发展思路，比如开辟繁杂但不够系统且不一定会使学生有所受益的特色课程、活动课程，那种单纯追求"人无我有""人有我专"的、以竞争和比较显特色的发展径路，必须转向"为了个体而特色"的思路中。

两种思路的区别在于，前者可以在不考虑学生个人发展成效以及学校系统性变革的情况下，通过凸显某一方面或少数某几个方面的比较性优势，比如课程设置、资源配备、特长生培养等，便可被视为特色化发展。后者则要求，学校特色化发展必须具有针对性、整体性和系统性。即使是基于某一项目的特色建设，也必须在其他要素（比如教学、管理、制度）中得到体现。即：在特色化建设过程中，个性化的学习、有效的课堂教学实践（包括教师教学策略、课程内容组织、学习行为管理、学习评价）、支持高水平教育的组织条件（包括全体教师的发展、数据的定期使用、学生在学习中的探究、反思和浸润式学习）、学校自评能力提升、学校内部协作与对外协作等，都要建立互惠关系，进而最终服务于学生个体的发展，给予学生特需的支持。

第四节 个性化的学、教与普通高中学校特色发展

以上所述国内高中教育的三大发展背景：高质量教育普遍需求、学生发展核心素养、"新高考"改革，其实根本上共同指向了一个维度：个性化的学与教。

2019年6月，国务院办公厅印发《关于新时代推进普通高中育人方式改革的指导意见》。其中明确，到2022年，适应学生全面而有个性发展的教育教学改革深入推进……普通高中多样化有特色发展的格局基本形成。这一方面意味着，特色化发展应该作为普通高中学校未来发展的战略方向，而学校也应该以一种更具战略性的眼光、高度和境界[1]思考并发展普通高中学校特色；另一方面，普通高中学校要继续探索"学为中心"的教学改革，构建富有学校内涵的、包容个性的特色教育体系，以此使学校特色服务于课堂教学、服务于学生的个性化发展，"在差异化课程体系、个性化学教体系和基于学生自主发展的新型教育管理体系等方面，努力寻找育人方式的立足点和创新点"[2]。

尽管普通高中特色发展的初衷本是以服务学生个性化发展为目的的，然而在实践中很多学校对特色化的追求却背离了这一目的。诸多的特色建设除了装点学校的门面、让学校看起来更漂亮、显得更有"个性"外，与学生个性化发展并没有太多的关联。就此看来，个性化学教体系的建设背后，除了会受来自学校外部的压力与需求的驱动外，人们对受高质量教育的期待、全球性的对于学生发展核心素养的迫切要求、国家政策层面对于多样化办学、新高考改革、新课程改革的强化等，也会受到学校自身办学内涵的牵制，比如学校有助于支撑个性化学教体系建设的办学要素的具

---

[1] 邬志辉：《学校特色化发展的重新认识》，《教育科学研究》2011年第3期。
[2] 任学宝、王小平：《普通高中育人方式转变的立足点和创新点》，《人民教育》2018年第10期。

备情况、学校与之相应的教育教学观念的具备、教育者核心素养的具备情况；等等。正是如此，只有从学校"内涵"发展这一角度定位，在让学校看到个性化教育的迫切性或者魅力时，个性化的学教体系建设才可能作为一种背景或驱动力，倒逼普通高中学校在特色发展上作出改变。

自古以来，人们心目中的好教育都与"个性化"教学难脱联系。比如我们一直提倡着的"因材施教"，便是主张教育、教学要从学生的实际情况或个别差异出发，有的放矢地进行有差别的教学。这个典故便最早出自大教育家孔子与学生的一段对话：有一次，孔子讲完课，回到自己的书房，学生公西华给他端上一杯水。这时，子路匆匆走进来，大声向老师讨教："先生，如果我听到一种正确的主张，可以立刻去做么"？孔子看了子路一眼，慢条斯理地说："总要问一下父亲和兄长吧，怎么能听到就去做呢？"子路刚出去，另一个学生冉有悄悄走到孔子面前，恭敬地问："先生，我要是听到正确的主张应该立刻去做么"？孔子马上回答："对，应该立刻实行。"冉有走后，公西华奇怪地问："先生，一样的问题你的回答怎么相反呢？"孔子笑了笑说："冉有性格谦逊，办事犹豫不决，所以我鼓励他临事果断。但子路逞强好胜，办事不周全，所以我就劝他遇事多听取别人意见，三思而行。"[①]

然而，在当前的教育实践中，尤其是高中阶段教育中，谈及学生的个性化发展却仍然容易招致很多的非议。最典型的言论便是认为，高中阶段教育尚属基础教育，应该专注于学生基础素养的提升，促进学生的全面发展。对个性化教育、教学的提倡反倒容易造成学生的片面发展，不利于夯实学生的发展基础。这种对于高中阶段开展个性化教育的批驳某种意义上看不无道理。因为实践中，恰恰便是有那么一些学校，为了赚足人的眼球、提升学校升学率，打着个性化教育的招牌对学生进行少部分领域的教育与引导，使学生走向了片面发展。还有的学校则过早对学生进行了分流或分类教育，按照高等学校分科教育的思路开展办学，进而背离了高中阶段教育的"基础性"特点，也背离了学校需求特色的意义本身。这均应是学校特色办学应该避免的。

所谓"个性化的学教体系"，顾名思义，即：学校围绕教与学构建起

[①] 张如珍：《"因材施教"的历史演进及其现代化》，《教育研究》1997年第9期。

来的课程体系及组织、管理、制度等体系应基于学生的差异，围绕学生各自的发展情况进行差异化安排，以此满足学生个性化的发展需求。在高中阶段，提倡"个性化的学教体系"应该立足基础教育的办学立场（即专注于全面培养学生的基础素养），但同时也要关注学生特长、兴趣的激发，为学生提供适合的教育。其根本上要求，教育、教学的出发点要立足学生"素养"本身，从"教"走向"学"，把传统的教学目标转化为师生共同的学习目标，即：转化为"学生明白的道理、方便理解的方式、可操作可评估的标准，进而成为得到学生自我确认、有意愿去挑战的目标"[1]。这一转变也要求教师要致力于给学生提供资源线索，帮助学生合理划定修习范围，为不同学习方式、节奏和进度的学生搭建不同的攀登阶梯。[2]

可以说，个性化的学教体系不仅会驱使教师与学生一道成为共同的学习者，也会驱使学校创设研究、探索的氛围与机制，以更加开放、包容的观念接纳、理解、促进每个学生的潜在差异。回到当下，从个性化学教体系建设看学校特色发展的方向，其尤其意味着需要着重两个方面：一是继续探索、深化"学为中心"的教学改革；二是对国家课程进行契合学校自身特点、可同时结合学校自身资源的校本化处理，立足差异化课程体系建设，为有着各种可能性的孩子最大限度提供不一样的课程体验。

综上所述，只有特色发展在提升学校办学质量上有明显效力时，特色才可能作为一种办学底色，成为学校的选择。若是从"育人"这一根本性的起点看，或者换句话，从"教育是使人成为一个真正的人"这一根本目标看，所谓"特色发展"也不宜被视为普通高中学校发展、提升的目标，而只能作为一种底色，一种策略或驱动，促使学校去为个性化教育教学作一点适合自己的改变。

---

[1] 李希贵：《新时代普通高中发展的若干思考》，《人民教育》2018 年第 10 期。
[2] 李希贵：《新时代普通高中发展的若干思考》，《人民教育》2018 年第 10 期。

第六章

区域层面的特色探索

按照前文所述，2000年以后，随着多样化人才培养诉求的增强，特色化发展已经成为基础教育学校重要的发展趋势。2010年，《国家中长期教育改革和发展规划纲要（2010—2020年)》明确指出，今后普通高中要以内涵建设为重点，切实推进普通高中教育多样化和学校的特色化发展。自此，普通高中特色化发展也成为重要的政策议题。不仅如此，北京、上海、天津等地更是在国家层面的切实推动下，开始了普通高中特色化发展试验。如今，先行在普通高中阶段开展特色探索的一部分地区已经完成了特色学校的创建工作，并积累了丰富的经验，更多的地区亦加入了普通高中学校特色建设与发展的行列之中。在此意义上说，当前的特色发展已非仅是学校自身的选择问题，而是随着国家、地方政策的有力推动和引导，演化成为校与校之间发展实力、特色资源（自身家底）的重新翻盘与较量，甚至也成为区域提升其整体办学实力的关键环节。可以说，伴随普通高中特色发展趋势的日益凸显，一所学校的特色建设已不再是其自身的事情，而是区域层面教育"网状"布局下的独特一环。学校比以往任何时候都更加需要借助区域的引导与支持力量，实现其自身的发展。甚至可以说，如今的学校已越发难以离开区域生态而存活，而学校的发展也与区域发展成为相辅相成的过程。

第一节 区域推进普通高中特色发展的基本路径

在当前，内涵发展已不再是一所学校自身的事情，而是越来越需要得到区域性整体改革氛围的烘托。脱离区域的整体生态，学校变革或发展极易失去依托和方向，进而难以持久、深入地开展。毕竟，不论一所学校处在什么类型的学区，如今它都有需要成为具有高度合作性的学校，如果得不到区域的支持，这所学校便很难维持这种合作性。[1] 正是如此，对普通高中特色发展经验的梳理便离不开区域性的探索或机制建设这一环节。

一 "分层"式推进

从国内典型的区域探索看，普通高中特色发展的"分层"推进主要体现为"普遍性"与"分层"两个特点。即：面向区域内所有（或大部分）普通高中学校，按时间段、分批次、分级进行特色创建。这一过程中，较多的普通高中学校均会有特色创建的经历与体验，他们能不能被认定为"有特色"取决于其准备的程度与持续时间的长短。鉴于目前特色发展在高中阶段尚面临经验相对不足、动力不足、方向不明的问题，几乎所有的省市或区县都自然地会考虑特色学校的分层建设。以此先培育一部分样板校或典型校，供其他学校参照。只是，他们在具体实施路径上会存在一些差异。

天津市推进普通高中特色发展的经验是"自主申报＋分批次创建＋'等次'性命名"。即选取50所有意愿进行普通高中特色建设的学校，分三批开展特色项目创建。申报特色项目的学校覆盖了市内各区，被最先或重点培育的学校未必在办学水平上最优。依据相应的评估指标，参加特色项目建设的学校会被划分为两个等级：特色鲜明和特色形成。为进一步促进普通高中学校高品质发展，2021年天津市正式启动了"品牌高中"建设项目，并向在整体办学和课程基地建设方面有显著特色和优异成绩的学校倾斜。这某种意义上可视为普通高中多样、特色发展的延伸性探索。

天津市普通高中学校特色建设项目的分批次推进，虽一定意义上体现"分层性"，但此类"分层"并非依照传统认定的学校办学能力和水平进行，而主要是根据学校发展意愿和准备情况综合考量。在天津模式中，首批申报特色项目建设的学校中不免存在一种情况，即部分学校虽被区

---

[1] ［加］Michael Fullan：《教育变革的新意义》，武云斐译，华东师范大学出版社2010年版，第159页。

（县）看好但特色发展意愿并不强烈，他们属于被动驱使下进行的特色申报与创建；还有一种情况，有的学校特色发展意愿强烈，但起点较低，他们属于积极配合之下进行的特色申报与创建。实践证明，学校特色发展水平的高低，某种意义上并不绝对取决于学校原有的发展水平，比如办学条件和升学率，而是更大意义上取决于学校的积极性、探索力。后一种学校在一定程度上证明了这一点。

浙江省推进普通高中特色发展的经验是"分批＋分级"：分五批创建、评估99所一级普通高中特色示范学校。对特色示范学校的评估分"一级"和"二级"两个级别，其中"一级"为最高级别。为改变普通高中长期形成的"千校一面"状况，持续推动普通高中多样化和特色化发展，目前，浙江省正开展普通高中学校分类办学改革探索。提出到2035年，形成区域内普通高中学校布局相对合理、各具特色，有效满足学生多样化学习需求的办学局面，并向前期评选出的"一级普通高中特色示范学校"倾斜。

上海市推进普通高中特色发展的经验是先面向一部分普通高中开展特色学校创建。从办学水平（或是升学率）上看，这些学校在上海市并非"最优"，而是相对为中等或中等偏上的学校。因此，上海市在推进特色普通高中建设项目中的"分层"，主要体现为开始前的"分层性"＋进行中的"阶梯型"。项目开展或结束的全程中通过设置阶段式门槛而体现"入门"的阶梯性，为学校搭建发展台阶。其有两种做法：（1）直接面向学校，对特色普通高中发展做三段式划分——"特色项目阶段""学校特色阶段""特色学校阶段"。每个"段位"设置相应的标准，学校根据"标准"对号入段。基于这三个阶段，上海市通过学校自主规划、项目滚动指导、建设目标引领的方式，引导学校判断自己的发展阶段，明确发展路径和发展重点，一步步、阶梯式推进本校的项目建设；（2）学校所属区县先建立自己的特色普通高中学校队伍，形成市、区两级特色普通高中项目学校梯队。市级层面通过两轮评审，确立一定数量的项目学校，并通过实践指导、展示推动和评估命名等程序引领学校不断提升特色水平；各区则根据本区实际情况形成区级特色普通高中项目学校若干所，并通过适时扩容市级项目学校引领区级项目学校的发展。

总体上，国内普通高中学校特色建设的"分层"性主要体现在项目筛选阶段和评估验收阶段。以"分层"的方式推进普通高中特色发展，根本上志在推动区域学校多样化发展，因而会尽可能面向所有的普通高中校，以使学校形成自己的特色。由于校与校办学水平不同，其特色创建的起点、动力和空间也有较大差异，因此，在最终命名的学校中，也会存在水平上的差异。具体差异如何，往往又与各个地区的特色评估门槛有关系。这便在一定意义上导致区域与区域之间在特色办学水平上难以通过统一的标准来衡量。因而在一定意义上，特色办学亦难以与教育质量相挂钩。

另外，所有参与特色建设的普通高中，不管原来的办学水平如何，均按照同样的标准进行评估。这样，便可能出现一种情况：原是办学优质的学校可能因为不符合某些特色指标，而难以进入特色办学"优秀"行列，而原本属于薄弱校的学校可能在特色评估中进入"优秀"行列。从这一意义上看，以"分层"的方式推进普通高中特色建设，反而容易将学校带入一种相对更为公平的、良性的发展境遇。

二 "分类"式推进

普通高中特色发展的根本目标是实现学校的"多样化"发展。所谓"多样化"可理解为学校办学"特长"的多样化。其中有两个关键词："特"和"长"。"特"指的是与众不同，"长"则可理解为擅长、熟练、优异等。这两个方面，"特"的达成相对而言要容易一些，因为它某种意义上可通过人的感官来判断，可以是"看"得见的"特"，也可以是"感觉"到的"特"，还可以是"听说"的"特"。同时，也可以通过一定的"包装"来体现，就如一个人着有一件炫目或格外漂亮、有个性的外衣一般。然而，这个"特"是否深入、是否"特"得有意义，还需要看它"长"得如何，即在办学成果上是否有所体现，或者进一步说，是否在培养学生某一类素养上有特别的做法和贡献。

"特"和"长"属于学校特色发展的两种层面。但在具体实践中，二者究竟孰先，却需依具体情况而定。在有些地方，被选拔出来开展特色建设的学校通常需要兼具一定的"特"和"长"，以表明该校特色发展的潜力；而在有些地方，被推选出来开展特色建设的学校却只要看其发展意愿，因为在他们看来，任何一所学校都有可能是独特的；还有的地方，则是以学校局部的"长"为前提，通过特色创建实现局部"长"的整体辐射，打造"整体"特色……

从地方推进普通高中特色发展的思路看，"多样化办学"是相对于学校特色建设而言更上位的目标，并且是普通高中教育和中等职业教育共同追求的目标。因此，倘若跳出普通高中的圈子，从整个高中阶段教育看高中学校的多样化发展，那么，这种多样化其实更为强调"类型"的多元化——比如普通高中、中等职业学校和综合高中共存且比例相当，以此让学生在高中阶段的教育中获得更加多元、更加适合自己的教育，而非仅是面对学术型教育这一种出路。

目前国内的普通高中教育基本上还未真正给综合性普通高中留出必要的空间，而职业教育对多数人而言亦没有足够的吸引力，故高中阶段教育整体上处于"失衡"状态。即多数人还是会在不经意间将高中阶段教育局限于普通高中教育。这样一来，高中阶段教育的多样化推进在国内便显得艰难一些，或是会体现出相对于国外而言与众不同的一面。这种与众不同即是，我们需要在多数人推崇的偏重学术型的普通高中学校中推进学校的多样化发展。只是，这种多样化在发展的过程中，尤其是面对高考升学压力，以及面对它无法摆脱的"基础教育"这一性质时，便随时可能变味，使"多样化"成为外表的装点，而难以像一些国家那样，进行彻彻底底的、多类型的学校发展。

各地普通高中多类型特色发展主要体现在特色建设过程中，其并不根本改变普通高中"基础性"这一特征，进而不同于职业教育的"分类"。不仅如此，通过哪一维度确定学校特色类型，也成为各地凸显其推动普通高中多样化发展的特色所在。在天津，参与普通高中学校特色建设项目的学校总体可从育人方式、素养培育、学科教育和学校文化的整体渗透四个方面进行区分。从学校重点打造的特色看，这几种类型虽侧重点不同，但却有交叉地带或共同的地方。比如：学校都被要求进行全方位的特色渗透，但在"渗透"程度上会有所差异。如果学校特色类型是主打某个理念、文化的全方位渗透，那么在评估阶段，相应的考核在此方面要求便会更高，学校在此方面所作的努力也相对突出一些；再比如，同是在"生态"教育方面凸显特色点，但如果一所学校是想在"育人方式"的角度探索生态教育，那么该校的侧重点、采取的举措、开发的路径便更加突出生态教育的方法及其成效,而另外一所学校是想在办学理念上探索"生态教育",那么该校特色建设的重点应该是更加突出学校文化建设及其在各要素中的渗透。

从这一意义上说,学校办学特色是否独特、区域学校特色的整体推进是否体现"多样化",不能仅从学校特色项目的名称上看,而更应该体现为特色办学举措与方式的特色化,甚至需要深厚的学校文化作支撑。

表6-1　　　　　　天津市普通高中学校特色建设的主要类型

特色类型		学校
育人方式类	普职融合	天津市复兴中学:创建"普职结合"育人模式
		天津市军粮城中学:普通高中渗透职业教育
	民族融合	天津市民族中学:民族和谐教育
	开放教育	天津外国语大学附属外国语学校:开放式教育
		天津经济技术开发区第一中学:多元开放教育
	劳技教育	天津市河东区天铁第二中学:全面发展,工程见长
		天津市第十四中学:全面发展,科技见长
		北京师范大学天津附属中学:技术立身,艺术修心
	潜能教育	天津市第七中学:发展潜能教育
		天津市静海区第一中学:潜质教育
	主体性教育	南开大学附属中学:公能引领,主动发展
		天津市第九十五中学:主体教育,持续发展
		天津市第二中学:自主发展教育
		天津市滨海新区塘沽第一中学:自主教育
		天津市滨海新区大港第一中学:自我发展教育
		天津市第五中学:自主发展,艺体见长
	美育	天津市瑞景中学:以美育人
		天津市梅江中学:"尚美"教育
		天津师范大学南开附属中学:以美育人,和谐发展
		天津市西青区杨柳青第四中学:以美育人

续表

特色类型		学校
育人方式类		天津市第五十七中学：融情教育
		天津市滨海新区大港第三中学：激励互动教育
		天津市第二十中学："语商"教育
		天津市蓟州区杨家楼中学："双成"教育
		天津市新华中学：养正育才，发展优长
		天津市武清区杨村第一中学：幸福发展，快乐成长
		天津市第四十五中学：幸福教育
		天津市崇化中学：全面发展，人文见长
		天津市宝坻区第一中学：发展性教育
		天津市滨海新区塘沽紫云中学：和谐教育，共生发展
		天津市第五十五中学：生态型教育
		天津市宁河区芦台第一中学：人格教育
		天津中学：综合实践活动课程常态化
学校文化渗透类		天津市咸水沽第一中学：文化润泽，敦品励学
		天津市双港中学：书香校园
		天津市第四十七中学：卓雅教育
		天津市耀华中学："以学养志，以文化人"构建卓越学校
		天津市海河中学：人文海河，生命情怀
学科类		天津市第一中学：理科创新型人才培养
		天津中学：综合实践活动课程常态化
		天津市实验中学：科技创新型人才培养
		天津市南开中学：拔尖创新型人才培养
核心素养类	创新素养教育	天津市第一〇二中学：创新人格教育
	"三自"教育	天津市滨海新区大港油田实验中学："三自"教育
	求真教育	天津市南仓中学：求真教育
	责任教育	天津市宝坻区第四中学：勇于担当，践责发展
	自强教育	天津市汇文中学：自强教育
	生态文明教育	天津市宁河区潘庄中学：生态文明教育
		天津市滨海新区汉沽第一中学：生态教育
		天津市杨柳青第一中学：绿色生命教育

总之，从学校层面看，普通高中特色发展的"多类型"主要体现为办学方式、举措的多样化；从区域层面看，普通高中特色发展的"多类型"则是区域行政推动下的错位、差异式发展。这往往与区域自身的特色布局紧密关联。比如，有的区域主进行"专业力量引领"的发展思路，进而该地区的学校较多会与专业力量（包括高校、社会机构）组成共建关系。所依赖的专业力量为哪种类型，决定了学校特色类型的选择以及特色办学的路径。上海市一些学校在区政府的引导下与高校达成了特色共建意向，因此便出现了依托政法大学的政法特色、依托金融类高校的金融教育特色等。再比如，有的区域主进行地方特色资源的发掘与运用思路，进而该地区的学校尤其会凸显学校文化特色。天津市海河中学依托其独特的地理位置，便将特色定位在了与海河相关的主题，即"人文海河，生命情怀"。还有的区域主要从学校自身的平台、资源（比如生源）出发进行特色挖掘，进而便出现了如天津市南开中学依托优质生源进行的"拔尖创新型人才培养"的特色建设，天津市民族中学依托少数民族学生集聚这一特点开展的"民族融合教育"特色建设，天津市经济开发区第一中学依托其所在区域建设"开放"理念以及居住人员多元化这一特征，进行的"多元开放教育"特色建设……

第二节 区域推进普通高中学校多样、特色发展的思路与经验

当前，各地普通高中学校特色发展更多体现为一种基于网络的个性化发展。在此形势下，任何一所学校其进行特色建设与发展都需要借助区域的引导和支持来进行，以此维持与其他学校、部门的合作性，成为具有高度合作性的学校。如果一所学校得不到区域的支持，那么这所学校就很难维持这种合作性。同样，如果区域并不致力于学校合作能力的建构，那么学校之间以及学校与其他外部力量的合作就会因为缺少区域的支持而被削弱。正是如此，区域层面的思路与经验便更多体现为从"面"和"网"的角度来促进"点"的建设与发展。

从区域力量的发挥方式看，以下所谓区域推进普通高中学校多样、特色发展的思路与经验，几乎涵盖了区域推动学校特色建设的关键性环节，

但却不是一个完美的流程设计。而是更多体现了一个区域在某一个环节的发力方式、发力大小所具备的特色或亮点。不仅如此，因各个区域定位、举措、观念的差异，某一思路下的探索甚至在具体实施过程中会与别的思路有所兼容。

一　顶层设计——精细管理

不论对区域还是学校而言，特色项目的有效推进均有赖于科学、合理的顶层设计，以此从全局的角度，对项目各方面、各层次、各要素统筹规划，以集中有效资源更高效地实现目标。实践中，各地在推进普通高中特色发展方面均有相应的顶层设计，但从推进方式或实施效果看，所谓的顶层设计是否足够严密，是否有引领实践并转化为实践的可能，却是其科学、合理性的体现。这在不同的地域、主体那里均会体现出程度或水平上的差异。有些地方，其宣称的各种各样的顶层设计，可能因为仅仅关注于流程制定、文件的起草颁发而疏于全方位的统筹、规划，疏于过程管理和监督，也没有针对可能出现的问题准备应对方案。这种情况下，所谓的顶层设计便容易降格为无关紧要或是难以发挥牵引力的计划。在此过程中，地方所表现出的行为或关注，似乎更集中在某一个可快速获得、较易考量的结果上，比如多少学校能达到预先设定的标准。对于学校如何达成目标、地方如何帮助学校达成目标等却鲜少关注，或者关注不够。然而，较之其他的领域，教育却恰恰是那个效果显现相对较慢、问题情境相对更为复杂的领域。这决定与之相关的顶层设计，难以在一开始就能围绕着某一个预先设想的、无误的、美好的愿景，以确定的路线不偏不倚地推进。而是需经历各种"迂回"，需要在过程中通过缜密的思索、研究，对实施方案或项目的推进予以不断的修正和完善，甚至也需要针对不同的情况"量身打造"相应的管理、评估与指导。从这一意义上说，学校特色定位、特色建设、特色推进路径等的"适切性"有赖于个性化的"外援"支持。而所谓外援的个性化根本上又依赖于相关行政部门精细化的统筹与管理。正是如此，此处所述区域顶层设计经验便是要展现某一个区域如何冲破这些实践惯习，在看似与其他地区较一致的探索路径之下，通过问题的精细检索、过程中的精细管理，于"细微之处"显特色。上海市普通高中的推进思路便是一个比较好的例子。

上海市特色普通高中项目的推进，与其他一些省市一样，总体上经历了"特色项目—学校特色—特色学校"三个阶段。从生源看，尽管这些学校算不上上海市最优质的普通高中，但一旦进入特色发展的链条中，这些学校的办学思路、培养目标、育人成果较之以往，却极易彰显它的亮点，发生质的突破。这虽与学校自身的努力不无关联，但较大意义上也归功于他们的"幕后团队"——地方政府的实质性支持以及专业研究力量的精细投入。这种"精细化"体现在以下几个方面。

（一）专业指导力量精细化

被寄予厚望的项目组、专家指导团队具有较强的稳定性，其不仅责任明确，且能够全程参与、跟踪、指导、见证一所学校的发展过程。

（二）顶层设计建立在深入的研究基础上

在制定《推进特色普通高中建设实施方案（试行）》前期，上海市即调动了专业力量，对本市普通高中作了大范围的摸底调研。围绕国家和上海市普通高中多样化特色发展的要求，也根据面上情况，项目组重点聚焦特色建设的载体（课程）和运行机制，以此为形成普通高中多样特色发展方案提供素材，并服务于相应政策的制定。之所以如此定位，源自他们调研中的发现：

> 通过调查，项目组提取了与后期特色建设紧密相关的现象或问题（以此作为方案设计的偏重点），发现以下几种情况：本市普通高中特色主要分布在艺术、体育和科技工程领域，但这样的分布与各校在课程建设方面的布局却不完全匹配；区实验性示范性高中进入特色培育的高峰；学校都非常重视以课程为载体培育学校特色，大多数学校采取必修和选修相结合的方式开设特色课程……[1]

受此启发，上海市特色普通高中项目的推进尤其突出课程建设。并根据实践中学校课程建设已然存在的思路，将本市普通高中学校特色推进分为多条径路供学校选择。这样，学校便容易以更加积极、主动的心态加入项目建设中，并促使学校在最短时间内适应相应的变革或发展诉求。此

---

[1] 徐士强：《项目引领：特色普通高中建设的上海行动》，《上海教育》2017年第15期。

外，受前期调研的启发，项目组在与项目学校共建特色过程中，也坚持了以学校为主的协商和对话机制。这便也强化了各种举措的本土性，使上海市诸多看似与其他省市相类似的改革举措体现了与众不同的一面。

（三）有明确的建设路径与要求，以及相应的平台支持

上海市为推进特色普通高中建设，分别于2014年和2016年颁布《上海市推进特色普通高中建设实施方案（试行）》、出台《上海市推进特色普通高中建设三年行动计划》。《实施方案》提到，"以深化课程教学改革为主要抓手，着力构建富有特色的学校课程体系以及相应的运行和管理机制，促进学生全面而有个性地发展，推动普通高中学校错位发展、特色发展和可持续发展"；并提出"项目孵化、滚动推进；分类指导、分阶提升"的策略和"学校自主规划、区县推荐支持、项目滚动指导、探索分阶管理"建设机制。

精细管理的本质就在于对战略、目标的分解、细化和落实。其中的关键点即是结合现状找准关键问题、薄弱环节，分阶段推进。每个阶段自成一个完整的体系，且联结着下一个阶段。在完成阶段性任务的过程中也伴随对该阶段设计体系的修正或完善。这便使相应的实践、管理实现了规范性与创新性的结合。上海市特色项目的推进也较好地突出了这一点。他们在遴选机制、评价机制、提升机制、经验推广机制、平台建设（引导与支持）等方面，都较好地渗透了"精细化管理"的思想。

> 在项目推进过程中，政府在所辖区域内较好地发挥了统筹规划和通盘协调的职能。为了最大可能地激发学校参与特色建设的热情，保证特色创建质量，当地政府在区域内做了以下工作：（1）帮助学校建立发展协作体，并详细规定协作内容，确保协作持久、深入地开展；（2）为促使学校积极开展协作，高质量开展特色建设，市级和区级层面均设有完备的保障制度，以为学校或协作单位提供所需的财政和其他教育资源支持条件，消除相关主体者的顾虑；（3）为保证多数学生能参加不同学校的特色教育活动或选修不同学校的特色课程等，确保特色资源在区域内得到最大限度的共享，区域建有专门的协调机制与制度引导。

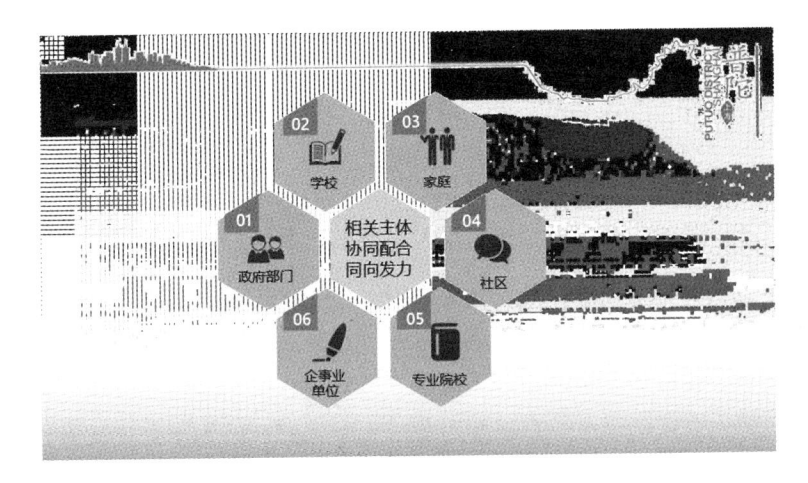

图 6-1 上海市普陀区的协同保障机制

资料来源：2019 年长三角普通高中特色发展论坛。

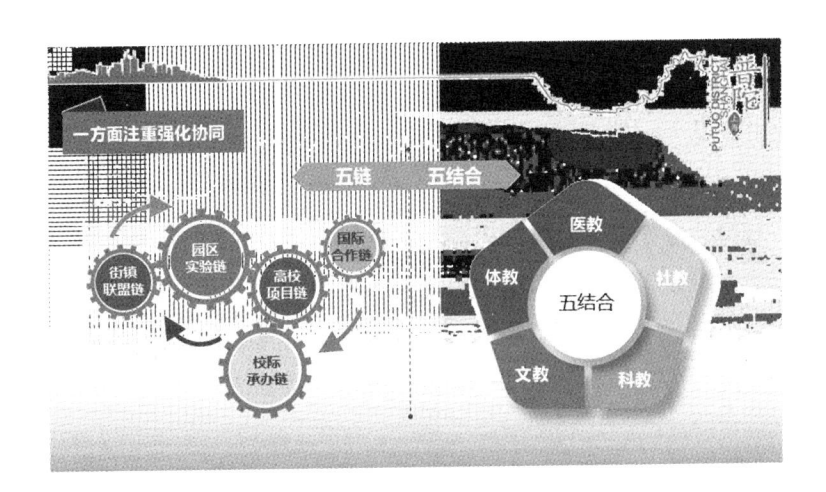

图 6-2 上海市普陀区的协同保障机制

资料来源：2019 年长三角普通高中特色发展论坛。

为发挥评价的应有功能并将其用于指导实践，上海市将评价细化为互为补充的四个层面。

第一，在特色高中评估时注重数据信息的采集和分析，以客观事实数据支撑评估结果；对参评学校的教师、学生和家长进行全样本问卷调查，获取学校各方面即特色的知晓度、认同度和满意度等数据；学校近三年学生学业水平考试合格率（原始）数据；专家评估和学校自评数据；学校有关学生发展长期跟踪与反馈的数据；学校负面清单参考数据（包括诚信、挤占音体美课时、停课开展月考、有偿补课、违规招生、重大责任事故、违法犯罪案件等）。

第二，强调学校教育结果与教育目标的一致性，关注学校特色发展的各项教育活动达到预期目标的程度。所呈现的目标体系是否适合本校学生的实际特点和发展需求，且是否能够实现，这些不仅是评估本身特别强调的地方，也被要求以相应的证据作支撑。

第三，不仅注重对教育目标本身价值与合理性的判断，也注重各校特色课程目标及课程实施方案与时俱进的修订与完善。

第四，在评估指标设计、评估工具研制、项目校展示与初评等环节，注重评估者与被评学校以及利益相关者交互作用、共同建构、不断形成统一观点。①

二 制度创新——试点先行

多数时候，制度的优越性和有效性不仅决定区域学校整体特色发展水平，也影响学校特色建设的方向。因此，区域在指导学校进行特色建设的过程中，便需根据实际需要制定与特色建设相适应的制度体系。但是形成与特色建设相适应的制度安排和政策，必然会与先前的制度体系和观念发生冲突。正是如此，对现有制度体系进行调整、更新和完善也成为必不可缺的环节。为了使现有制度尽可能地保持"最优"或接近最优，最大限度地发挥相应制度的指导和督促"效力"，地方政府一方面需以持续性的发展序列对上一级的制度或现有制度体系进行调整、补充或完善，在动态调整中确保制度最优；另一方面需要有计划地安排好先行试点工作，以便总结经验，探寻和推广更符合实际的建设路线。这一过程中有三个关键性的操作点，即出台特色发展推进计划，细化特色发展目标；强化特色发展指导；设计可资参照的特色推进路径，研究适合本地的推进模式。②

---

① 郭朝红：《评估是如何促进学校发展的——上海市特色普通高中评估分析》，《上海教育科研》2019年第9期。

② 杨润勇：《推动普通高中特色发展的制度保障体系研究》，《教育研究》2016年第11期。

2010年颁布的《国家中长期教育改革和发展规划纲要（2010—2020年）》中提出"推动普通高中多样化发展""鼓励普通高中办出特色"后，各地便结合这一政策陆续出台了普通高中特色发展实施方案。这些方案的设计与落实各有特色。在天津市，为推动普通高中多样、特色发展，2011年即组织专家分别编制了《特色高中建设实施方案》和《特色高中项目建设评估指标体系及实施细则》，通过评估验收的学校被命名为"特色高中"。上海市也有相应的制度创新，但通过评估验收的学校被命名为"特色普通高中"，江苏省和浙江省则分别是"高品质示范高中"和"普通高中特色示范学校"……当然，各地推进普通高中建设的特色和亮点并非仅局限于对通过评估的学校的命名，而是在评估程序等方面也存在较大的差异，这些差异在具体的制度文件中均有所体现。在统一的国家政策文件的指引下，地方根据自身情况量身制定、实施相应的制度便可谓实现了属于区域自身的制度创新。

有些地方进行的以特色高中建设为旗号的专门改革虽看似起步较晚，但他们早在《国家中长期教育改革和发展规划纲要（2010—2020年）》颁布之前，就已开始了相关的探索，而后期推进的特色高中建设也建立在这样的探索之上。比如，江苏省在开展"高品质示范高中"这一项目之前，已经开展过"星级"学校的建设与评估，且其特色高中的评选与建设亦建立在这一项目的基础之上。其对特色高中学校的定位要高于天津市、上海市等一些地方。天津市围绕《纲要》实现的创新则与江苏省的探索存在明显差异，其先分三轮推进特色高中项目建设，然后又通过新一轮的"品牌高中建设项目""学科特色课程建设项目"，将普通高中多样、特色发展推向了更加精致、标准更高的水平上。上海市则在一开始就重点围绕"课程建设"打造特色普通高中，每所学校在课程的开设与实施的特色和亮点在相应的评估中占有较大的权重。

从实践看来，普通高中多样、特色发展并不存在固定的径路，其根本上还是有赖于地方、区域、学校的自主探索、主动创造。浅表化地移植国家政策对本地实践不仅没有太多的参照意义，反而会增加学校诸多不必要的猜测，认为这样的制度所规定下的实践没有太多探索的必要，进而它们在行动中便可能成为学校自然忽略的部分。从这一意义上看，要引导学校对某一制度规定予以大的实践投入，地方层面精细化的制度创新与实施也是一个好的信号。而普通高中多样、特色发展作为高中学校不可阻挡的发展趋势，也必然要求地方、区域围绕学校特色发展进行制度上的精雕细琢，让学校特色发展不致流于形式。

三 立体协同——培育特色办学联合体

特色学校的创建有着较广的涉及面，其办学主体除学校以外还包括政府、家庭、社区、工商界及其他社会机构。这些相关人员、机构是否以主体者的身份加入、参与到学校特色建设中，决定了"协作性"在学校特色办学中的可施展程度，也表明学校合作能力的高低。甚至一定意义上会决定学校特色建设的发展空间。可以说，那些能够将一所学校的成功效应引向整个区域并带来区域整体办学之成功的因素，往往需要显现出"联合"的特性。否则，学校进行的特色创建只能成为小范围的小打小闹。为了促成学校内与外的联合性，一所学校的特色创建与发展便将需要"自上而下"和"自下而上"这两种力量以一种动态的方式相结合，以达到"具有渗透性的连通性"[①]。这便可谓一种"立体协同"。

过去，各地的政策措施追求的是权威的指向和相应的服从，相关责任体之间缺乏相互性的对话机制。地方政策的制定和执行更多时候会体现为，为上一级部门政策的落实确定一些方法（甚至只需遵照执行），以此影响下一级的部门。对学校而言，其更多时候只是一种单向的适应，缺少足够的可自由发挥的空间。这种被动的适应模式往往难以保障高质量的执行。立体式的协同则较好地弥补了这一问题。相对以往，其更为重视"上"与"下"之间对话机制的确立。在这样的机制中，上一级部门会注重根据下一级部门的表现来调整其期望，以确保积极的结果的发生，下一级部门也有比较畅通的渠道表达和反映自身的需求，进而拥有更多的自主规划、发展的空间。这种对话机制的确立，根本上便是将政策的制定者和执行者以及学校教育的利益相关者们，以同是主体者的身份"绑"在了一起，为着共同的目标或价值观而付出各自的努力。上海市、浙江省等地在推进学校特色发展方面便尤为注重区域政府牵引、支持下的协同机制。

---

① ［加］Michael Fullan：《教育变革的新意义》，武云斐译，华东师范大学出版社 2010 年版，第 201 页。

为深入、持久地推进学校特色发展，区域政府会出台专门的制度、拨付专项经费用于支持高中学校与高校等专业性的机构建立稳定的合作关系。为激发双方合作的积极性，政府也会辅以相应的文件确立相关主体的绩效责任，减少合作顾虑、确保合作持久、深入地开展。

在浙江省，几乎每一所高中学校都有长期合作的高校，不同学校因为各自的需求结成了合作伙伴，并进行全方位的互通有无。一旦一方的发展需求得不到满足，合作协议即可终止，学校则可以继续寻找新的合作伙伴。这种相对灵活的合作机制，一定意义上维持了学校开展对外协作的热情，也使"协作"成为学校的一种办学习惯。

上海市也尤为注重培育特色办学联合体。在教育行政部门的主导下，上海市注重整合高校、科研院所、青少年活动中心社会中介资源，通过项目合作、购买服务等多种途径创建公共资源平台，来扩大学校特色办学的资源空间。学校则被引导着积极建立发现和利用校外资源的机制，围绕特色课程实施需求广泛挖掘和利用校外资源。这样，特色学校之间、特色学校与非特色学校之间便建立起了交流分享和辐射关系，形成了特色办学联合体。[1]

在同伴学校之间，为避免办学趋同、促进良性竞争，上海市也会组织同类特色沙龙。具有同类或相近特色的学校被引导着自行组织、开展沙龙活动，自主推选龙头学校。在沙龙活动中，学校就各自的特色定位与发展、实践中的问题等进行充分交流和研讨。这不仅为学校未来精准的个性化发展提供了丰富的信息资源，而且在一定意义上超越了特色学校竞争的功利性目的。[2]

"上"与"下"之间对话机制的确立，除了包括以上所涉的、地方政府需要专门针对这样的对话建立相应的机制和制度外，还需要一定的中介机构或者第三方机构，通过充分的调查、分析，研究制度贯彻、落实的方向、实施状况等，以此既协助上一级部门做好制度的调整或完善，也能更直接地将下一级的教育需求和问题反映到制度建设中，继而在更大程度上实现了"上"与"下"之间的贯通。

---

[1] 徐士强：《普通高中特色、多样、优质发展问析》，《教育理论与实践》2012 年第 7 期。
[2] 徐士强：《普通高中特色、多样、优质发展问析》，《教育理论与实践》2012 年第 7 期。

四 错位发展——特色布局与多样化发展

特色学校的创建意义，根本上是为了满足学生的个性化发展需求。然而，所谓个性化的发展需求却在另外一种意义上预示着，需求的多变性与不确定性。同一个学段，不同出生年段、不同家庭背景乃至不同的受教育背景等，均会为学校教育教学增加诸多不确定因素，进而需要学校建立一定的机动空间用以适应新的学生群体的新教育需求。即使这样，学校亦难以通过一己之力，通过特色办学对学生的多样化发展需求予以足够的回应——即便其始终都将特色办学作为发展与努力的方向。正是如此，区域的网络化支持便显得尤为重要。

通过区域的"穿针引线"，校与校之间互通有无，既避免了某些资源的重复配给，也强化了一所学校的特色布局。毕竟，校与校之间互补与互通的实现，前提必须是每一所合作校都有自身的亮点和特色，其有着其他学校不具备的资源和能力，进而，一旦其他学校的学生在本学校难以获得所需的教育资源，通过区域协调，该学生便可能在别的学校享受到所需的教育。这便最大限度地避免了学生因为所在学校资源受限而带来的发展受限问题，甚至也一定意义上避免了择校背后的弊端。可以说，区域层面的特色布局不仅更有助于学生多样化教育需求的满足，也有助于学校之间的良性竞争，避免资源重复配给，缓解资源建设的结构性不平衡问题。

在一个区域内，通过相应管理机制的创新，引导学校合理定位特色、差异培育特色，便是区域构建多样化特色发展格局的重要环节。

在上海市，相应管理机制的建设体现为，区域内学生跨校选修和学分认定制度的建立。在这一制度体系下，每一所学校都有机会成为学生选课的下一站，学生在区域内也拥有了自主选择的机会。如此一来，一所学校的单一特色便容易汇聚成整体特色，通过区域供给制度的创新，满足了学生在一所学校内无法满足的需求。[①] 上海市普陀区每周安排半天，让辖区内三所省级示范高中面向全区高中学生开放课堂，供学生自主选修。这种做法可以把单一的特色汇聚成整体特色，

---

① 高宝立、刘洁：《中美高中特色办学研讨会综述》，《教育研究》2009年第5期。

并通过供给制度的创新，尽可能地满足学生在一所学校内无法满足的需求。

天津市在区域学校特色的布局与辐射上亦别具一格。以南开区为例：爱国教育家严修、张伯苓在天津创办的系列南开学校，曾将"以德育为万事之本""允公允能，日新月异"的思想贯彻到了系列南开学校中。自此，天津市但凡与张伯苓先生创建的南开系列学校有关联的学校都尤为强调"公能教育"，将"允公、允能"作为学校办学的核心思想。不仅如此，在南开中学、南开大学接受过系统教育的周恩来总理，其青年时期的学习、成长事迹亦被作为宝贵的历史、学习资源在南开系列学校得到传承与宣扬。天津南开中学更是通过"周恩来班"的创建，开展一体式班级管理、优秀学生培养、优秀班集体创建，构建了"三全"育人的实践典型。而南开中学亦将自己的探索分享给了合作学校，并构建了博物馆式校园，面向社会和其他学校，共享学习资源。此外，南开中学打造的"以周恩来为人生楷模"的特色教育主线，也被天津市南开区进一步提升、打造为区域的德育品牌。整个南开区的学生均在以周恩来为人生楷模的教育中，受到公能教育的"渲染"。

为避免办学趋同现象，各地在特色高中建设相关项目实施过程中，也尤其突出对学校的分类指导。比如一部分高中聚焦拔尖创新人才培养，一部分高中聚焦创新素养培育的实践和研究，一部分高中则加强特色办学，通过高中的差异定位和分类指导，实现优质、多样的整体布局。以此在区域内形成不同的点，再将这些点串联起来形成多样化的局面。[1]

当前，各地已形成了以下各具特点、类型多样的特色普通高中。他们总体上可划入以下几种类型中：（1）优势教育资源利用型。比如着眼于利用外部自然或社会资源条件的红色传统教育特色学校、海洋特色学校、绿色生态特色学校、军事特色学校等；着眼于利用内部设施条件、学生及教师特长的民族和谐教育、多元开放教育、普职融通教育等；（2）学生特长发展型，如劳技教育特色学校、科技创新特色学校、音乐特色学校、美术特色学校、体育特色学校等；（3）独特教育、教学或管理模式型，

---

[1] 徐士强：《普通高中特色、多样、优质发展问析》，《教育理论与实践》2012年第7期。

如主体性教育、"三自"教育、融情教育、责任教育等；(4) 独特校风传承与创建型，如公能教育、卓雅教育等。学校特色呈现的类型虽有较多的共性成分，但在操作层面却富有特色和亮点。这进而契合了学校多样化发展的诉求。

五　办学效能评估——能力建设

任何形式的项目其开展效能如何，都需要借助一定的评估来判断。因此，特色高中评估便成为各地普通高中特色建设项目的"标配"。然而，如果地方政府仅仅集中在对绩效的期望及要求上，向学校施加巨大压力却很少给予他们帮助，便可能消解学校所作出的努力。正是如此，即便是以绩效、责任为考核重心的项目评估，亦需要突出"能力建设"，通过评估指导或指引学校在高度互动的环境下开展工作。毕竟特色建设对很多区域和学校来说，还属于探索中的实践项目，没有足够成功的经验可供借鉴。正是如此，围绕特色高中建设进行的评估，除了注重结果的目标达成程度以外，也应该突出外围的指导与协助功能，帮助学校在摸索中前行。

为了凸显评估的指导价值，上海市构建了多轮回评估模式，用于指导实践。其具体体现为四种评估的结合：一是进行客观事实性数据、信息的采集和分析。对参评学校的教师、学生和家长进行全样本问卷调查，获取学校各方面即特色的知晓度、认同度和满意度等数据；学校近三年学生学业水平考试合格率（原始）数据；专家评估和学校自评数据；学校有关学生发展长期跟踪与反馈的数据；学校负面清单参考数据（包括诚信、挤占音体美课时、停课开展月考、有偿补课、违规招生、重大责任事故、违法犯罪案件等）；二是关注学校教育结果与学校教育目标的一致性程度，特别是关于学校特色发展的各项教育活动达到预期目标的程度。对于与特色相呼应的学生成长目标体系，也被要求需有证据表明，其适合本校学生的实际特点和发展需求，并能够实现；三是对教育目标本身的价值与合理性进行判断。在特色高中建设过程中，各校特色课程目标及课程实施方案需经过与时俱进的修订与完善；四是在评估指标设计、评估工具研制、项目校展示与初评等环节，注重评估者与被评学校以及利益相关者交互作用、共同建构、不断形成统一观点。

强制性的绩效问责系统往往会忽略或低估能力建构[①]。然而，对地方或高一级的行政部门而言，如果没有对所辖区域或部门之能力建构的足够重视，那么其所有的尝试都可能失败。换句话说，在学校和学区没有内在绩效责任的情况下，外在的绩效责任就不可能成功。这种所谓内在的绩效责任即是学校或学区在知识、技能、资源等方面具备的、可助力学校日常改革、实践的实际能力。这种以激发相关主体内在绩效责任而进行的能力建构行动，涉及校长的发展，学校和学区层面的教学、标准、评价、持续的反馈和数据的使用，以及学校间和学校内的相互合作的能力建构。

实践中，特色项目推进良好且对学校颇具影响力的区域，往往会进行以下实践：比如给校长提供各种与学校有关的具体表现数据，与校长讨论这些数据，提出使用期望。并通过双方认可的程序，对学校如何运用这些表现数据以及因此取得的成功进行监测；引导校长参与对具体主题的探讨，帮助校长找出自己的强项和弱项。必要时给校长提供建议和支持。全程中，这样的互动更多是合作性的探索，而非预先设定的规划，这进而强化了学校乃至校长的主体性和积极性。学校和校长也因此更容易收到被尊重、被重视的信号。不仅如此，由互动产生的合作性成果也更容易被学校校长和教职工用以制定改进计划。

为激发学校或学区的内在绩效责任，厦门市思明区便聚焦区域学校特色建设整体能力的提升这一层面。其以整体提升区域学校特色创建的设计力、全面提升校长特色创建工作的领导力、联动提升教师特色创建工作的执行力为出发点，构建了三个不同的创建工作共同体，有效推进了区域内学校的特色创建工作。[②]

第三节 "不一样"的学校特色何以成就？

随着特色办学在国家政策层面的强化，区域、学校越发重视特色学校

[①] ［加］Michael Fullan：《教育变革的新意义》，武云斐译，华东师范大学出版社 2010 年版，第 186 页。
[②] 郑志生：《区域性推进学校特色创建的实践探索》，《中国教育学刊》2011 年第 11 期。

的建设及其引领作用的发挥。为了提高办学质量和社会影响力,学校会投入更多的精力进行特色建设。然而随着特色建设的推进,起初一些限于通过理念、符号、物质建设来彰显学校特色的尝试已无法满足人们对于学校特色发展的期待,甚至也无法助力学校教育质量的提升。彰显"不一样"且"有意义"的学校特色、避免办学趋同,成为每一所寻求特色发展的学校无法回避的问题。然而,究竟怎么做才能彰显学校特色建设的意义,让原本普通的学校不普通呢?

一 学校特色"特"在哪里?——得自实践的观察与反思

如前文所述,21世纪以来,个性化学习与学生多样化的发展需求越发成为各国教育改革与发展中的重要话题。与之相伴,"教育的选择性""办学特色""适合的教育"成为教育理论、制度、政策中的高频词。《国家中长期教育改革和发展规划纲要(2010—2020年)》中明确指出,今后普通高中要以内涵建设为重点,切实推进普通高中教育多样化和学校的特色化发展。不仅如此,2011年以后,北京、上海、天津等地更是在国家层面的切实推动下,开始了普通高中特色化发展试验。2011—2014年,天津50所普通高中先后成为特色项目建设学校。

尽管如此,因学校特色发展意愿的差异,或是学校对于特色建设目标、意义存在的认知偏差,不论在建的抑或已经建设完成的特色高中,均或多或少地存在学校特色不够"特"的问题。学校特色能否"贯通""持续",仍是普通高中学校在较长一段时间内需着力回应的问题。

杜威在《学校与社会·明日之学校》中指出,"教育的目的在文化的陶冶,在人格的发展",他希望"看到学校所施加于它的成员的影响将更为生动,更为持久,含有更多的文化意义"[1]。而著名教育家梅贻琦也曾提到,学校文化"犹水也,师生犹鱼也,其行动犹游泳也,大鱼前导,小鱼尾随,是从游也,从游既久,其濡染观摩之效,自不求而至,不为而成"。[2] 这提醒我们,学校特色的根本在于文化特色。或者说,真正的学

---

[1] [美]约翰·杜威:《学校与社会·明日之学校》,赵祥麟等译,人民教育出版社2005年版,第37页。

[2] 刘述礼、黄延复:《梅贻琦教育论著选》,人民教育出版社1993年版,第102页。

校特色是文化性和整体性的。只有具备了一定的文化特征，所谓"特色"才可能上升为学校精神和价值观，才能够融会贯通并弥散于学校各方面的工作。

由于所谓"学校文化"是一种可以见诸学校制度、规范、准则、校园环境、校风、校训以及学校全体人员行为方式的、能够将学校师生凝聚在一起的一种共同的信仰、信念和价值追求。因此，理想情况下，每所学校其独特的形成历史、人员构成、所处的环境或境遇及其对待教育的方式和态度等，决定学校文化及其建构路径也会是个性化的。进而，重视学校文化建设、能够将学校文化发挥到极致的学校，也容易成为富有特色的学校。同理，致力于通过特色建设获得发展的学校，也应将学校文化建设置于最核心的位置，以其独特的文化彰显学校特色、发挥极具特色的教育影响力。事实是否如此呢？

2015—2017年，天津市36所普通高中按预期完成了特色项目建设，并接受了专项性的特色高中评估（笔者亦以评估人员兼研究者的双重身份参与了此次评估），学校文化建设便是此处评估的重要内容。过程中，为了更深入、客观地了解学校特色建设情况，我们听取了校长等人的特色项目建设总结报告，并通过考察学校校园环境建设，观看学校大课间活动、社团活动，听常态课和特色课，查阅学校在特色项目建设期间积累的所有相关材料（包括阶段性总结报告，以及能够佐证学校为推动特色建设在教师专业发展、课程、教学、管理、校本教研等方面所作的努力等材料），抽取40名学生和20名教师填写问卷，又从中抽取20名学生和10名教师进行访谈，以及与校方领导人员进行座谈等，对学校特色建设情况作了系统而全面的了解。在学校文化建设方面，借助此项评估，我们不仅尽最大可能地了解了学校在校园文化建设方面的思路与实践，也尽可能多地获得了来自校方、教师、学生等相关人员关于学校特色、理念、文化的认知，并通过专门的访谈和非正式交流，以及观察师生仪表、言行等捕捉了学校师生对本校特色、文化的态度、支持情况及其在个人发展方面的受益情况（比如学生兴趣取向、毕业去向），进而对这些学校整体的文化建设效果有了一定的判断。

"特色"的彰显离不开比较，对学校特色之"特"的判断同样需要借助比较来进行，而同类学校（比如特色项目相似的学校）之间的对比往往更容易帮助我们发掘典型经验或发现某些共在的问题。为此，笔者从已接受评估的 36 所学校中选取 3 所在特色发展水平上有所差异的美育特色高中①进行研究。主要就 3 所学校对本校特色、办学理念、"一训三风"、办学精神、育人目标等的定位，他们围绕"特色"在学校文化建设方面所作的尝试，以及学校成员对于本校文化的认知、接纳情况进行分析、比较。意在明晰：学校文化与学校特色如何"互融"；学校文化内涵如何理解、如何深化；学校文化的"意义"在学校特色建设过程中如何体现。

二　学校文化何以成就不一样的学校特色？——三所美育特色高中学校文化建设比较

学校特色有无"文化性"一般有两个衡量点：一是学校文化成为学校特色形成、发展的根本价值观所在；二是学校特色作为一种文化力量影响了师生日常的、基本的行为。就此来看，学校特色发展便离不开三个层面的文化建设：一是学校理念文化的确立；二是学校文化的"外化"；三是学校文化的"运作"。这三个层面的文化建设在三所学校中情况如何呢？结果如下。

（一）学校理念文化的建设

所谓理念文化，是学校自产生以来逐渐积淀而成的、被学校全体师生共享的价值观念和精神追求。它一般贯穿于学校办学思想、战略定位、发展愿景、校风、教风、学风、校训等之中，因而不仅是学校全体成员核心价值观的体现，也是学校文化的核心或主线。如此，我们暂且可将学校办学思想、战略定位、发展愿景、校风、教风、学风、校训等视为学校理念文化的载体。

1. 总体情况

从学校特色项目建设申报书和总结报告看，三所学校在特色建设之初已经对本校特色内涵、办学理念、"一训三风"、办学精神、办学思路、育人目标等有所定位。但是随着学校特色建设的推进，三所学校的办学理念、"一训三风"、育人目标、办学精神等均没有被进一步修改或完善。

---

① 暂且将它们分别命名为 E 校、F 校和 G 校。其中，E 校已被评为特色鲜明学校，F 校和 G 校则是特色形成学校。其中，F 校的特色程度略高于 G 校。

为澄明本校特色内涵，三所学校均倾向于从梳理本校、本地文化、传统开始，并结合当前政策文件中的相关话语、古今中外名家的观点、时下较流行的理念中的话语来支撑这一定位。

学校特色建设项目申报书和各个时期的总结报告显示，对于学校特色内涵和文化内涵，学校普遍将它们视为"概念"界定或理念性的诠释。由于在项目申请之初，这样的界定已基本得到了较完满的呈现，因而在随后几年的特色建设中，学校对于自身特色内涵、文化内涵的诠释基本没有发生变化。这说明：第一，三所学校比较重视理念文化的确立，也将理念文化视为了学校特色的重要体现，因而在确定本校特色来源、依据的时候学校会首先呈现这方面的内容。第二，办学理念、"一训三风"等在三所学校中被作为属于学校核心精神的、确定的、不必变更的文化元素，因而也被视为学校特色建设的前提和依据。这样，随着特色建设的推进，三所学校便较少回过头来反观这些文化载体自身内容、表述方式，以及它们背后理念、精神的恰切度及其与学校特色的融合情况。如此，学校自认为的理念文化的建设在学校申报特色之初就已"完成"，而没有贯穿于学校特色发展全程中。第三，对于学校理念文化或者学校核心价值观，三所学校均缺乏明确的定位。比如学校"一训三风"、办学理念在内容上没有明显的交叉关系或包容关系（比如"三风"内容一致），难以让人捕捉存在于它们彼此之间的精神主线。不仅如此，在学校潜意识中，学校核心价值观、文化内涵的"变"与"不变"通常在于文字、内容的变化，而非上升到价值合理性的层面对本校文化内涵、特色内涵进行深层解读。比如为了解决或回应学校新时期出现的问题、困惑，学校应该在校风、校训或是育人目标上作出怎样的调整？

从学校理念文化载体与学校特色的融合情况看，三所学校办学精神、办学目标、办学途径、育人目标的定位与学校特色有着较明显的融合迹象。较显著的体现是，学校有意识地将"美"的字眼或精神融合到了这些载体对应的内容中。但在校训、校风、学风、教风内容的确立和解读上，三所学校均未能将其与学校特色相结合。这存在两种可能：一是三所学校各自的文化没有真正成为其特色形成、发展的根本价值观所在。二是在特色建设过程中，办学理念、"一训三风"与学校特色成了"两张皮"。因为要给予"特色"特别的关注，学校在确定育人目标、办学思路的过程中，甚至不自觉地从办学特色的内涵中衍生出了新的价值观。即使如此，这一价值观也没有与学校先在的办学理念、办学精神相融合。

2. 个别差异

从项目名称看，三所学校特色均与"美"有关。但对于"美"，三所学校却有相对不同的认识。比如，F校虽明确将"美"解释为一种情感体验，但从其关于学校特色内涵的解释看，该校实际指称的"美"却是"美术"。这样一来，学校想要达成的教育愿景其实是：以美术为突破口，实现以美养德、以美促智、以美健体。E校和G校虽然均将"美"解释为美好，但从他们对特色内涵的解释以及对办学目标、育人目标的定位看，E校对"美"的界定更明确，即借助艺术之美的渲染，使学校师生形成好的修养、德性。而这样的界定，基本贯穿于学校育人目标、办学目标、办学思路、德育、管理、制度中，并引领了学校办学实践。相比之下，G校对于"美"的界定较为离散。其切入点虽亦为艺术之美，但由于在育人目标、办学目标的表述上存在泛而不够聚焦的问题，因而难以让人捕捉其特色理念的核心精神究竟是什么。这一定意义上影响了"理念"对于学校办学实践的引领。从学校整个特色建设看，G校对本校特色之"特"的渲染，较大比重地集中在文字方面的堆积上，并用了最多的篇幅、加入了最多时下流行的政策话语，比如核心价值观中的"爱国、敬业、诚信、友善"，以及学生核心素养中的部分内容。然而，由于缺乏对这些话语精髓的深度理解和加工，其反而冲淡了学校核心精神，并某种程度上显示了学校文化自信的缺乏。正是如此，对于学校办学理念、"一训三风"的理解，G校师生普遍比较模糊，这较大意义上影响了G校特色建设效果。

(二) 学校文化的"外化"

所谓"外化"即学校借助一些媒介或实物（比如建筑、实物陈设、条幅、文本等）将学校核心价值观或主流的理念、文化表现出来、加以宣扬。理想意义而言，这一层面的文化建设应该置于学校理念文化确立之后，以求在有限的空间内将这种主流精神最大限度地表现出来，起到"耳濡目染"之效。倘若没有形成主流的、核心的价值文化，又或者学校倡导的精神、文化过于分散、不够集中，那么，对于在学校文化的"外化"层面应该强化什么、凸显什么，学校可能会出现目标模糊、选择随意或跟风的问题。在此背景下，那些所谓的文化实体建设即使很丰富甚至达到了美轮美奂的效果，然而，因为缺乏明确的意义导向，它们对学校成员而言也只能是没有灵魂的修饰。在这一层面的文化建设中，三所学校情况如何呢？

1. 总体情况

从三所学校的总结报告看来，不管学校有无真正形成核心的价值观或文化精神，然而在学校自己的认识中，其已经确立了自己的理念文化，并且后面系列校园环境建设，比如校园空间布局、教学楼和办公楼每一楼层用于对文化进行渲染的陈设、布置、班级宣言、校徽、班徽设计等，均建立在了这些理念文化形成的基础上。只是，较之学校理念文化的建设，三所学校在校园环境建设上均投入了相对更多的精力。建立功能大楼、功能教室，美化校园、美化楼道，并用学生的艺术作品装点校园、教室、楼道，成为三所学校共同的取向。

从学校对校园环境的讲解看，三所学校在此方面均有相应的建设思路作前导。比如，E校特别强调校园各物质实体的文化渲染功能，力求"学校的一砖一石、一草一木、一花一景都发挥教育功能"（学校原话），能够激活学生的审美能力，帮助学生确立正确的道德观、价值观。因此其校园环境建设便更注重学生自己的设计与体验以及学生主动创造力的发挥，使学生在动手、创作、自我才能的表现中展现自己的人生观、价值观。正是如此，该校楼层布置、主题墙设计等极具个性特征。

2. 个别差异

学校理念文化建设到何种程度，是否形成了核心的价值指引，这直接影响了学校环境建设的思路与取向，甚至也影响了校园诸多文化实体"意义导向"作用的发挥。正是如此，在走访、参观三所学校的过程中，容易发现，这些学校校园布置、楼层环境的装饰、布置、实物陈设等在"言说"能力上存在较大差异。E校在不用解说自身文化的情况下，参观者便容易捕捉其教育精神和办学思路，因为学生用自己富有创造力、个性化的作品——这些作品通常是故事性、连环式的呈现——表达了自己的价值观，这些创作成果往往是学校师生共同完成，进而学校有足够的机会将学校文化精神融入此过程中。不仅如此，学校在帮助学生把握学校主流文化精神的同时，还能提供机会让学生对这些精神形成自己相对独特的理解，并展示出来。F校和G校虽在校园布置、楼层文化设计方面下了一定的功夫，然而，倘若没有听校方领导的详细讲解，参观者几乎难以捕捉、领会到这些实体想要传达的文化、精神和意义。对这些学校师生的问卷、访谈显示，多数学生对于学校已然在楼层展示出的箴言、校训、校风等不够关注，因而也无法具体说出这其中的内容及想要表达的精神，即使部分师生准确说出了这些内容，然在理解上却千篇一律且较为浅表。由于建设思路不够明确或是学校对于"美"的育人功能定位的单一化、简单化，F校和G校在校园环境建设方面，虽然表面看来各有不同，然而实质意义上却是相同的。这不仅限制了学校特色之"特"的彰显，也难以使学校特色作为一种文化影响师生的言行。原因在于，这样的文化呈现更多时候是通过宣传、灌输完成的，而忽视了师生自己的体验和创造。

（三）学校文化的"运作"

学校文化建设效度最终需通过学校成员的言行、仪表、道德品质、思维方式等来体现。正是如此，以"文"化人成为学校文化建设的最终指向。所谓学校文化的"运作"即主要围绕"化人"进行，其不仅意味着学校要借助一定的制度、管理、课程、活动，将文化教育巧妙地融入其中，也意味着学校要关注文化建设本身的效度（即对学校师生发挥预期的影响力），进而需在制度和文化建设实践中留出专门的空间用于对学校文化建设效度进行评价、评估，而由此发现的问题也应被作为学校文化提升的重要依据。就此看来，这一层面的学校文化建设已不能限于"就文化言文化"了，而是涉及学校全方位的特色建设，目的在于彰显并发挥学校文化的价值引领作用。

1. 总体情况

为了使学校师生能够在言行、仪表、道德品质等方面彰显学校文化精神，三所学校在课程、制度、德育、校园活动等方面均作了相关的努力。主要体现在以下三个方面。

一是重视对学校教师和学生文化素养的培训与教育，并会定期开展专门针对学校文化进行的培训与教育活动，以此促进学校成员（教师和学生）文化心理结构的形成。比如：E校会通过网站开展"感动校园、感动你我"楷模宣讲活动，将每年的3月、9月定为行为规范养成教育月，使学生具备一定的修养和德性；G校则确立了月教育实践主题，在相应的主题月中通过国旗下讲话、主题班会、团日活动、板报宣传等教育活动。

二是关注课程、制度的文化融入。会有意识地对学校文化活动进行课程化设计，彰显活动的课程要素，使学生对学校文化形成更完整、深刻的体验。比如：E校的学生社团特别强调要在教师指导下实现自主、有序且有价值导向的学生自我管理。在教师指导下，学生通过设计社团章程、宣言和主题教育语等，灵活而有创意地确立了契合于学校文化精神的社团文化。学校还通过制定《师德规范20条》《教职工形象和办公室要求20条》《教师"忌事忌语应事应语"20条》等，把"严谨、善教、爱生、垂范"的文化理念融入其中，引导教师当好学生健康成长的指引者和导航人。

三是通过一定的评价强化学生某些方面的素养。其中，F校和G校较相似。他们均确立了"最美教育"和"最美学生"评价制度，目的在于为全体师生树立身边榜样；均形成了专门的艺术素养达标评价机制；均以学生自主管理为形式，通过对学生卫生、仪表、纪律、课间活动等情况的量化考核，培养学生某些方面的素养。尽管这些被强化的素养与校方宣扬的学风、校训不太一致，然而在强化学生修为方面，这些制度的确发挥了一定的作用。这些制度在E校也有相应的体现。不同在于，E校在制度名称、实施途径上注入了更多个性化的诠释。比如，他们将该方面的评价命名为"尚美"评价体系，并设计出了极具个性的评价手册，如《尚美艺术通行证》《尚美成长记录册》等，以求促进师生素养的提升。这些被强化的素养较好地回应了学校的办学目标。

2. 个别差异

课程、制度、德育、活动等方面的特色建设是特色高中评估的重要内容，进而会成为所有学校特色建设必然涉足的领域。就此看来，单是就学校有无专门针对本校特色建立的课程、制度、德育、活动、评价等，并不能说明学校文化建设在其"运作"层面付出了努力。毕竟，学校可以在无意识、跟风或是别种目的之下进行这些相关的尝试。倘若学校相关建设的动机不在文化建设本身，那么其必定在阐释诸方面建设的思路、目标之时体现出与学校总体办学目标、特色内涵、校训等不相一致的情况，甚至也会显示，学校这诸多的尝试其实只是学校的例行工作，而非进行特色建设有意为之的结果。正是如此，尽管在学校文化建设的"运作"层面，三所学校均付出了努力，并且也体现了某些共性的特征。然而，从他们各自制度、活动、课程的建设思路以及师生仪表、言行看，这诸多的努力在各学校中，真正与学校文化精神相契合的部分却是存在较大差异的。也正是这些差异，显现了学校特色建设的程度和效果。

通过访谈、问卷以及校园观察发现，E 校的师生在仪表、言行方面极具学校个性特色，并的确给人以"尚美"之感。在查看该校制度、教学现场、管理、课程等的过程中，我们能够感受到，该校特别重视美与"德"的关联关系，其将"尚礼""修身"作为校训中的核心字眼，将"使学生成为一个有教养的、拥有高雅精神气质的人"明确为学校核心价值观，将"办'尚美'特色之学，造德才兼备之师，育全面发展之才"确立为学校办学目标等均体现了这一主线。由于目标明确、思路清晰、理解独特，学校各制度的确立、校本课程建设、课堂教学文化无不体现了"美"与"德"的结合。比如，学校独创的《尚美艺术通行证》《尚美成长记录册》《师德规范 20 条》《教职工形象和办公室要求 20 条》《教师"忌事忌语 应事应语"20 条》等制度，不仅巧妙地细化了对学校师生的评价指标，而且在文本设计、制度实施方面也富有艺术性和人文关怀。学校能让本无特长的学生在朗诵、发言、话剧表演上形成专业性的能力素养；能让那些对乐器操作陌生甚至从未接触过乐谱的学生学会识简谱，可以弹奏几首名曲；能使每个学生掌握不少于两个乐器，在校内外的日常生活中彬彬有礼，文明开朗并乐于帮助他人等，均表明了学校文化建设的良好效果。相比之下，F 校和 G 校在这方面略显薄弱。由于学校独创性、针对性的制度设计较缺乏，加之学校文化精神在课程中的渗透较弱，两所学校制度方面的文化特色总体体现不够，而其课程的设置与实施总体上也局限在了对学生艺术专长、审美能力的培养上。正是如此，两所学校对于学校文化的渲染，多数时候集中在了宣讲、言说以及对各文化内容的静态呈现上，学校师生对于本校"一训三风"的接纳仅仅局限在认知、背诵层面，而其仪表、言行的呈现也与学校"美"的特色存在较弱的关联。

三 总结与反思

E、F、G 三所学校虽然同在一个地域并且也选择了较相似的特色项目，然而对于"美"作何定位、"美"的理念如何融入学校全方位的建设中、学校如何通过"美"的项目建设彰显本校之"特",三所学校显现了相对不同的思路。不仅如此,三所学校对办学精神、思路、途径、校风、校训等的表述也存在差异。就此看来,形成学校之"特"是三所学校共有的追求。

尽管如此,对于特色之"特",三所学校多数情况下将其诠释为了校与校之间形式上的"不同",而他们的办学理念、办学实践以及他们各自对这些理念、实践的解释的确体现了这样的不同。然而仔细推敲却容易发现,这样的不同却不足以说明学校特色就是特别的、个性化的。比如:一,从三所学校校训、校风、教风、学风的表述内容看,他们彼此之间虽有不同,然总体看来却存在趋同问题。比如,F校和G校的"校风"同有"和谐""创新";"严谨"同时出现在了E校的"教风"、"学风"和G校的"校风"中;"务实"则成为三所学校"一训三风"共有的用词。由于"校训"是一所学校根本的、独具个性的文化精神所在,而"三风"又是在此文化精神指导下较具体且较有针对性的呈现,因而在"校训"存在较大差异的情况下,不同学校其"三风"理应有所差异。然而三所学校在"三风"上体现出的趋同现象显然违背了这一点。二,在楼层文化的建设思路上,F校和G校有着较一致的取向。不仅如此,G校实际的校园环境建设,不仅没有较好地体现出学校的美育特色,反而与诸多非"美育"特色的高中呈现了较一致的取向。

就此看来,单是通过文字层面的诠释以及校园环境、建筑等的表象来彰显学校的特色、差异未必行得通。而真正能够体现学校特色之"特"的东西还在于学校文化。这种文化,如有些学者所言,未必就是学校所倡导的学校精神、学校价值观,而是集中体现于学校师生在日常生活中所遵循的做事方式和行为准则。[①] 然这却是F校、G校较之E校所存在的薄弱点。

---

① 杨全印、李敏:《论学校文化建设理念的转变》,《教育发展研究》2012年第18期。

下 编

特色发展向何处?

第七章

特色办学的未来指向

　　各地针对普通高中阶段教育的多样化发展进行的特色建设已然经历了十多年。从这一角度看,"特色办学"对普通高中学校而言已算不上新鲜的实践领域了。但随着更多改革任务的出现,比如随后进行的"新高考"改革、新课程改革,以及随着通过不同领域、从不同角度制定的更多细化了的政策诉求的出现,普通高中学校似乎又进入了无止境的变革挑战中,各种诉求"应接不暇",导致学校越发忙乱……其间,特色办学对于学校而言似乎也逐渐成为无关紧要或是不太热门的变革领域。然而,事实是否真如此呢?前面几章内容从政策、理论、实践多个视角切入,既从应然层面分析了普通高中特色发展的特质与方向,也从现实层面反观了普通高中特色发展面临的问题与困境,同时也结合新的改革诉求展望了当下普通高中学校特色发展的契机与方向……如此之多的分析,根本上表达了一个立场:特色办学是一所学校改革与发展无法绕开的方向。甚至可以说,一所真正意义上的"好学校"其办学底色中是有"特色"存在的。对"特色"的追求,根本上得自学校主动创新的动力、对内外发展需求、发展资源的积极关注。它是一种办学习惯,体现的是学校主动变革、主动发展的良好意愿,进而,任何与学校办学要素或发展相关的改革诉求与特色办学之间是兼容而非互斥的。倘若说,未来的学校在特色发展方面会发生变化,那么这种变化不在于特色办学是否变得不再重要,而更可能存在于人们对特色办学的看法,以及特色办学实施方式、办学主体的变化等方面。在我们已然看到或实践着的领域中,哪些需持久地保持,哪些需进一步提升,这是我们在"未来"视角下要继续探索的问题。

第一节 从变迁中的教育方针看特色办学的政策遵循

在任何时期,国家教育政策都深深影响着一所学校的发展。特色办学亦不例外。尽管其某种意义上以追求生本、校本、个性化发展等为名,但却非建立在"唯我"的立场之上,而更多时候需要保持对于外在变革诉求、内在发展需求的开放式接纳与包容。因此,对于政策的发展变化,学校理应保持必要的敏感性。正是如此,提到学校的未来发展,首先依然需要站在历史的角度看其"不变"的是什么,以及我们如何通过提升学校对时代、未来的适应性更好地回应或诠释这种潜在的不变性。考虑到教育方针是党和国家就教育为谁培养人、怎样培养人、培养什么人所作的纲领性的政策表述,是同期各类教育政策的基本遵循。因此,要厘清一个时代下学校特色发展的底线与方向,便需探究各个时期教育方针其"变"与"不变"背后反映出的深层内涵究竟是什么。

一 20世纪20年代至80年代中期的教育方针

从内容的确立这一角度看,这断时间的教育方针经历了曲折的探索过程,这甚至跨越了四个重要的发展时期——建党初期、中华人民共和国成立初期、社会主义建设时期、改革开放初期。这些时期,教育方针总体呈现出了探索性、不确定性的特点:首先,这些时期曾出现过多个近乎被视为国家教育指导思想但在命名上又不太统一的所谓"方针"。不论从制定者还是从内容本身看,这些"方针"还未展现足够的规范性,有较明显的口号化倾向;其次,在这些时期,教育方针出现过多种表述,经历过多次更迭或大的调整,教育方针的内容表述并不固定;再次,在这些时期,关于教育方针之内容正误、存废的质疑和争论尤为激烈,各界对同期教育方针的科学性、合理性持有不同的看法,教育方针高度依赖国家领导人的教育思想,其权威性较大程度上得自国家领导人的威望。

(一)建党初期的教育方针

建党前后,中国共产党开始有目的、有组织地通过学校、教育开展革命活动,培养组织基础。1927—1937年间,中央苏区即主张以马克思共产主义教育作为苏维埃文化教育的基本方针。1934年,毛泽东在第二次全国苏维埃代表大会报告中提出,苏维埃文化教育的总方针"在于以共产主义的精神来教育广大的劳苦民众,在于使文化教育为革命战争与阶级斗争服务,在于使教育与劳动联系起来,在于使广大中国民众都成为享受文化幸福的人"①,这成为苏区教育方针较完整、较权威的表述。由于当时的中国共产党还处于思想与组织建设的探索期,该方针对各苏区还不具有普遍的指导意义②。抗日战争时期,中国共产党领导的各抗日民主根据地则执行了中共中央制定的一系列教育方针政策,其中即提到,实行教育和生活劳动相结合的方针③。1940年,毛泽东在《新民主主义论》中提出,新民主主义文化教育方针即民族的科学的大众的文化,就是人民大众反帝反封建的文化④。作为中国式的马克思主义教育思想,这成为20世纪40年代乃至50年代初期中国共产党领导教育事业的指导思想。⑤

(二)新中国成立初期的教育方针

表7-1　　　　　　　　新中国成立初期的教育方针

时间	出处	有关教育方针的表述
1949年9月	《中国人民政治协商会议共同纲领》(简称《共同纲领》)	"中华人民共和国的文化教育为新民主主义的,即民族的、科学的、大众的文化教育。人民政府的文化教育工作,应以提高人民文化水平,培养国家建设人才,肃清封建的、买办的、法西斯主义的思想,发展为人民服务的思想为主要任务""中华人民共和国的教育方法为理论与实际一致"

---

① 孙培青:《中国教育史》,华东师范大学出版社2000年版,第478页。
② 杨旭、李剑萍:《新民主主义教育方针的思想和实践来源——纪念〈新民主主义论〉发表70周年》,《河北师范大学学报》(教育科学版)2009年第11期。
③ 孙培青:《中国教育史》,华东师范大学出版社2000年版,第479页。
④ 孙培青:《中国教育史》,华东师范大学出版社2000年版,第483页。
⑤ 杨旭、李剑萍:《新民主主义教育方针的思想和实践来源——纪念〈新民主主义论〉发表70周年》,《河北师范大学学报》(教育科学版)2009年第11期。

续表

时间	出处	有关教育方针的表述
1949年12月	第一次全国教育工作会议	新中国教育"主要任务是提高人民文化水平,培养国家建设人才,方法是理论与实际一致,目的是为人民服务""教育必须为国家建设服务,学校必须向工农开门""为人民服务,首先为工农服务,为当前的革命斗争与建设服务"
1951年3月	第一次全国中等教育会议	"使青年一代在智育、德育、体育、美育各方面获得全面发展,成为新民主主义社会自觉的、积极的成员"

表7-1中,《共同纲领》制定于中华人民共和国成立前夕,关于教育方针的表述出现在其中的《第五章文化教育政策》部分①。作为中华人民共和国重要的建国纲领,《共同纲领》在中华人民共和国成立初期一直起着临时宪法的作用,它规定了新中国将要实行的各项政策的基本原则,其中许多原则在制定1954年宪法时都得到了确认和进一步的发展②。因此,表7-1所示内容被视为新中国成立以来重要的教育方针之一。

中华人民共和国成立后,为了落实《共同纲领》,尽快建立新的教育体制,教育部于1949年12月在北京召开第一次全国教育工作会议,中心议题是确定新中国教育工作总方针。这次会议重申了《共同纲领》制定的文教政策,并对"为人民服务"作了进一步的阐释。考虑到我国是以工农联盟为基础的人民民主专政的国家,这次会议将教育"为人民服务"的方针进一步确定为"为工农服务,为当前的革命斗争与建设服务"③。当时的教育部长马叙伦在开幕词中指出,教育应该以工农为主体,大量地培养工农出身的新型知识分子,作为国家建设的坚强骨干④。

---

① 毛礼锐、沈灌群:《中国教育通史》第6卷,山东教育出版社1989年版,第7—8页。
② 蔡彬:《新中国这样走来——〈中国人民政治协商会议共同纲领(草案)〉》,2019年11月14日,http://guoqing.china.com.cn/2019-11/14/content_75424249.htm,最后浏览日期:2021年10月3日。
③ 翟博:《新中国教育方针的形成与演变》,《中国教育报》2009年9月22日第1版。
④ 李曜明:《第一次全国教育工作会议明确新中国教育总方针》,《中国教育报》1999年9月8日第2版。

1951年教育部召开的第一次全国中等教育会议中心议题虽是确定中等教育的方针任务，但其关于普通中学教育宗旨和目标的表述却有了新突破。会议提出，要使青年一代在德育、智育、体育、美育等方面获得全面发展，成为新民主主义社会自觉的积极的成员。[①] 此后，我国教育方针相关表述中便也延续了"全面发展"的思想。故该方针在我国教育方针的发展史上有着标志性的意义。

（三）社会主义建设时期的教育方针

1953年，我国进入了社会主义改造时期，教育的工作中心也随之转移到了为社会主义工业化和三大改造服务的轨道上。在此形势下，教育方针的提法也发生了变化。1954年1月全国中学教育会议提出："当前中学教育的任务，是以国家总路线的精神教育学生，把他们培养成积极参加社会主义建设和保卫祖国的全面发展的新人。"[②] 同年5月，政务院公布《关于改进和发展中学教育的指示》又提出："中学教育的目的，是以社会主义思想教育学生，培养他们成为社会主义社会全面发展的成员"。"中学必须贯彻全面发展的教育。"[③] 这些提法不仅反映了教育服务社会主义事业的方向，也突出了全面发展的社会主义因素及其目标要求。

表7-2　　　　　　　　　　社会主义建设时期的教育方针

时间	出处	有关教育方针的表述
1957年	最高国务会议第11次（扩大）会议（毛泽东讲话）	"使受教育者在德育、智育、体育几方面都得到发展，成为有社会主义觉悟的有文化的劳动者……社会主义制度的建立给我们开辟了一条到达理想境界的道路，而理想境界的实现还要靠我们的辛勤劳动"

---

① 《教育50年大事记（1949年至1959年）》，中国教育和科研计算机网，2005年12月27日，https：//www.edu.cn/edu/jiao_yu_zi_xun/fa_zhan_shi/da_shi_ji/200603/t20060323_156305.shtml，最后浏览日期：2021年10月3日。

② 屈哨兵：《加强党对教育事业的全面领导——学习习近平总书记在全国教育大会上的重要讲话精神》，2018年10月10日，https：//www.sohu.com/a/258716054_667940，最后浏览日期：2021年10月2日。

③ 周恩来：《中央人民政府政务院关于改进和发展中学教育的指示》，《人民教育》1954年第1期。

续表

时间	出处	有关教育方针的表述
1958年	《关于教育工作的指示》	"教育为无产阶级的政治服务，是教育与生产劳动结合""共产主义社会的全面发展的新人，就是既有政治觉悟又有文化的、既能从事脑力劳动又能从事体力劳动的人"
1961—1963年	《教育部直属高等学校暂行工作条例（草案）》《全日制中学暂行工作条例（草案）》《全日制小学暂行工作条例（草案）》	"教育为无产阶级的政治服务，教育与生产劳动相结合，培养为社会主义建设所需要的各种专门人才""教育为无产阶级的政治服务，教育与生产劳动相结合""使受教育者在德育、智育、体育几方面都得到发展，成为有社会主义觉悟的有文化的劳动者"

1956年，我国在完成社会主义改造后，正式进入社会主义时期。围绕"为建设一个伟大的社会主义国家而奋斗"这一目标，毛泽东提出要加快社会主义文化的建设，并指出，社会主义文化应当"为人民服务、为社会主义事业服务"和"为人民服务、为社会主义国家服务"①。这也为社会主义教育指明了方向。

1957年，毛泽东同志在最高国务会议第11次（扩大）会议上正式使用了"教育方针"这个概念。针对当时有关"全面发展教育"的讨论，毛泽东提出，我国的教育方针应是"使受教育者在德育、智育、体育几方面都得到发展"②。这一表述有两个明显的变化：一是去掉了"美育"，将"德育"置于人才培养规格的首位，突出了德育的重要性；二是将全面发展聚焦于德、智、体三个方面。

1958年，中共中央、国务院发布的《关于教育工作的指示》针对当时教育脱离生产劳动、脱离实际，在一定程度上忽视政治、忽视党的领导的问题，使用"党的教育工作方针"这一表述对当时的教育作了明确定位。并指出，培养有社会主义觉悟的有文化的劳动者，正确地解释了

---

① 刘金田：《毛泽东与新中国》，湖南人民出版社2020年版，第339页。
② 孙喜亭：《新教育方针的确立步履维艰——由"教育为无产阶级政治服务"向"教育为社会主义现代化建设服务"转变的曲折过程》，《高等教育研究》2000年第1期。

"全面发展"的含义。① 这样一种定位虽回应了当时我国政治、经济的发展形势,但却也淡化了教育、文化、人才发展的内在规律。

60年代直至"文革"期间的教育方针总体结合、延续了1957年和1958年教育方针的基本内容,在表述上也相对更概括。然而其间的"左"倾错误却对当时的教育造成了负面影响。教育方针合法、合规律的双重缺失,更是使当时的教育难以沿着科学、确定的轨道行进。

(四)改革开放初期的教育方针

1978年,中共十一届三中全会在重新确立马克思主义思想路线、政治路线和组织路线的同时,开始全面、认真地纠正"文革"中及以前的"左"倾错误。之后便出现了关于教育方针正确性、科学性的讨论热潮,讨论主要集中在"教育为无产阶级政治服务"② 上。此后的教育方针也发生了变化。

表7-3　　　　　　　　改革开放初期的教育方针

时间	出处	关于教育方针的表述
1981年	《中共中央关于建国以来党的若干历史问题的决议》	"坚持德、智、体全面发展,又红又专,知识分子与工人农民相结合,脑力劳动与体力劳动相结合"
1982年	《中华人民共和国宪法》	"国家培养青年、少年、儿童在品德、智力、体质等方面全面发展"
1985年	《中共中央关于教育体制改革的决定》	"教育必须为社会主义建设服务,社会主义建设必须依靠教育""在教育体制改革中,必须尊重教育工作的规律和特点"
1986年	《中华人民共和国义务教育法》	"必须贯彻国家的教育方针,努力提高教育质量,使儿童、少年在品德、智力、体质等方面全面发展,为提高全民族的素质、培养有理想、有道德、有文化、有纪律的社会主义人才奠定基础"

---

① 《中共中央　国务院关于教育工作的指示》,《北京师范大学学报》(办学经验总结专号)1958年第S1期。

② 孙喜亭:《新教育方针的确立步履维艰——由"教育为无产阶级政治服务"向"教育为社会主义现代化建设服务"转变的曲折过程》,《高等教育研究》2000年第1期。

1978年，邓小平在全国教育工作大会上指出，"学校是为社会主义建设培养人才的地方"，培养人才的质量标准"应该使受教育者在德育、智育、体育几方面都得到发展，成为有社会主义觉悟的有文化的劳动者"①。并强调，"为了培养社会主义建设需要的合格的人才，我们必须认真研究在新的条件下，如何更好地贯彻教育与生产劳动相结合的方针"②。1980年，邓小平在中共中央工作会议上又提出，"要制定一系列的法律、法令和条例，使民主制度化、法律化。社会主义民主和社会主义法制是不可分的"③。这些思想对新时期教育的改革和发展起了重要的指导作用。而1983年邓小平提出的教育"要面向现代化，面向世界，面向未来"，要培养"四有"新人，更是成为新时期我国教育改革和发展的战略指导思想，进而具有了教育方针的性质。

1984年，为进一步征询对即将出台的《中共中央关于教育体制改革的决定》的意见，教育部在南京召开"新时期教育方针表述研讨会"。会议指出，1958年"两个必须"的教育方针在《决定》中不宜再提。④ 在此影响下，20世纪80—90年代的教育方针有了以下发展。

一是停止了"以阶级斗争为纲"的口号，将教育的根本方向确定为"为社会主义建设服务"；二是试图丰富"教育与生产劳动相结合"的含义，将其扩展为"知识分子与工人农民相结合""脑力劳动与体力劳动相结合"；三是教育方针开始尝试入法，具有了更高的权威性。

1982年《中华人民共和国宪法》中虽无教育方针的正式条文，但从其在公民的基本权利和义务中列入"国家培养青年、少年、儿童在品德、智力、体质等方面全面发展"⑤这一点看，全面发展的含义又正式回归"德、智、体"全面发展的轨道上，并被作为教育方针的基本内容长期确立下来。1986年，根据《中共中央关于教育体制改革的决定》，《中华人民共和国义务教育法》得以起草制定。这是20世纪80年代以来我国在教

---

① 《邓小平文选》第2卷，人民出版社1983年版，第103页。
② 《邓小平文选》第2卷，人民出版社1983年版，第107页。
③ 《邓小平文选》第2卷，人民出版社1983年版，第359页。
④ 丁东澜：《"变"与"不变"：探析党的教育方针的发展逻辑》，《杭州师范大学学报》（社会科学版）2011年第4期。
⑤ 陈桂生：《略论中国的"教育方针现象"》，《上海高教研究》1989年第2期。

育领域起草的第二部法律。与现行教育方针相对照，其中关于教育方针的表述虽不够精确，但却较大意义上彰显了教育方针的权威性，也意味着我国教育方针的发展进入了合法时期。

从教育内在的发展规律看，这个时期的教育方针由于总体上更为强调教育的政治、经济功能，更看重教育的工具价值，还未全然体现教育的主体性，所以还不能被认为具备了教育方针本该有的合规律性。换句话，在这一时期，教育方针之合法与合规律尚未达成统一。不仅如此，在教育方针的内容中，"立国"与"立人"、"为社会"与"为人民"之间的关系也不够平衡。可以说，20世纪90年代以前的教育方针不论在内容确立还是具体表述上还存在较大的完善空间。

二 20世纪90年代的教育方针

20世纪90年代，我国面临全面推进经济体制改革，努力实现第二步战略目标和迎接21世纪挑战的历史性任务，社会主义现代化建设进入新的时期。与之同时，教育方针的表述也进入了相对稳定的阶段。这一时期，无论是学术界的探讨还是体现国家意志的表述，都力求教育方针表述的规范性、严肃性和科学性。如表7-4所示，较之上一发展阶段，90年代以后的教育方针已趋于成熟。这主要体现在以下三个方面。

一是教育方针的内容表述基本定格。自此以后，我国教育方针一以贯之地包含了三块内容：（1）说明教育与社会主义现代化建设的辩证关系（教育的方向、任务）；（2）说明各级各类教育遵循的指导原则（教育的基本途径）；（3）说明各级各类学校的培养目标（教育目的）。

二是同一时期各教育方针的文字差异明显淡化，后来的教育方针即便有所变化，也基本体现为对某些文字表述的局部调整。

三是教育方针通过立法程序和形式载入了我国教育工作的根本大法——《中华人民共和国教育法》，进而实现了两个"上升"，即上升为国家的教育方针和全体人民共同的教育意志。这便确保了我国教育方针的权威性、稳定性和延续性。自此以后，我国开始以教育法规作为办教育、评学校、培养人才、服务社会的根本依据，逐渐走向了遵循教育自身规律、坚持依法治教的道路。①

表7-4 "规范阶段"的教育方针

时间	出处	教育方针的表述
1990年	《中共中央关于制定国民经济和社会发展十年规划和"八五"计划的建议》	"教育必须为社会主义现代化服务，必须同生产劳动相结合，培养德、智、体全面发展的建设者和接班人"
1993年	《中国教育改革和发展纲要》	"教育必须为社会主义现代化建设服务，必须同生产劳动相结合，培养德、智、体全面发展的建设者和接班人"
1995年	《中华人民共和国教育法》	"教育必须为社会主义现代化建设服务，必须与生产劳动相结合，培养德、智、体等方面全面发展的社会主义事业的建设者和接班人"

将表7-3与表7-4进行综合比较，可以发现，90年代以后的教育方针有以下明显的变化：首先，教育方针在文字表述上更加凝练，也更为一致；其次，对教育发展方向的定位更加明确。90年代以后的教育方针不仅以"必须"二字强化了教育在社会主义现代化建设上的服务取向，更是将人才培养规格确定为"社会主义事业的建设者和接班人"，将个人的发展与国家、社会发展作了更深层次的统合，进一步彰显了"为人"与"为社会"的统一。

将1990、1993、1995年教育方针的内容作比较，亦可发现以下变化。(1) 1993年《中国教育改革和发展纲要》在"教育必须为社会主义现代化服务"的方向性表述中增加了"建设"字样，将"社会主义现代化"与"社会主义现代化建设"相区别。这便更加精准地表明，我国社会目前的发展水平与"社会主义现代化"尚有差距，因此教育发展需确立一个基本立场，即不仅要有实现社会主义现代化的理想定位，也要立足并服

---

① 杨天平：《中国教育方针发展研究》，博士学位论文，武汉大学，2011年，第22页。

务于当前社会发展需要。这便对教育的发展方向有了更加清晰、明确的指引。(2) 1995 年版的《教育法》在"建设者和接班人"的目标表述中增加了"社会主义事业的"字样，这进一步明确了"建设者和接班人"的社会属性。(3) 1995 年版的《教育法》将"德、智、体全面发展"改为"德、智、体等方面全面发展"，一定意义上扩展了人才素养的发展空间。

总体看来，此时的教育方针仍有三个问题未明确——至少这些问题在人们的意识、观念中是模糊的，包括：教育方针何以凸显教育的本质和规律，实现"合法"与"合规律"的统一？何以平衡"为人"与"为社会"两种取向，实现"立国"与"立人"的统一？何以给个体的素养结构以更完善、更合理的定位，使其既契合于个体自身的发展需要，也契合于时代、社会的发展需要？可以说，在教育方针的内容基本定格后，教育方针便不免需开启新的发展模式，进一步关注受众对于教育方针内容的理解与接纳。这是内涵发展期教育方针的强化点。

三 21 世纪前 20 年的教育方针

21 世纪初，我国社会呈现了新的转型样态，这主要表现为增强自主创新能力以建设创新型国家的经济转型、坚持以人为本的价值趋向转型、确立法治与德治相结合的治理结构转型、构建和谐社会的社会发展目标转型。与之相应，我国教育方针也有了以下三个突破性的调整。

一是在"根本任务"中增加了"为人民服务"字样，并将其与"为社会主义现代化建设服务"并列，在强调教育社会功能的同时，也突出了教育以人为本的宗旨。

二是在"基本原则"中增加了"社会实践"字样，并将"生产劳动"和"社会实践"并列，突破了教育方针在"教育与生产劳动相结合"上的僵固思维。

三是在"人才培养目标"中增加了"美"和"劳"的要求，个体全面发展的素养结构更为完整。这些变化体现了国家政策对教育规律的科学把握，也为教育思想与实践提供了更多可延展、可创造的空间。

表7-5　　　　　　　　　内涵发展阶段的教育方针

时间	出处	关于教育方针的表述
1999年	第三次全国教育工作会议	"坚持教育为社会主义现代化建设服务、为人民服务，坚持教育与社会实践相结合，以提高国民素质为根本宗旨，以培养学生的创新精神和实践能力为重点，努力造就有理想、有道德、有文化、有纪律的，德育、智育、体育、美育等全面发展的社会主义事业建设者和接班人"
2001年	《关于基础教育改革与发展的决定》	"坚持教育必须为社会主义现代化建设服务，为人民服务，必须与生产劳动和社会实践相结合，培养德智体美等全面发展的社会主义事业建设者和接班人"
2002年	党的十六大报告	"坚持教育为社会主义现代化建设服务，为人民服务，与生产劳动和社会实践相结合，培养德智体美全面发展的社会主义建设者和接班人"
2007年	党的十七大报告	"坚持育人为本、德育为先，实施素质教育，提高教育现代化水平，培养德智体美全面发展的社会主义建设者和接班人，办好人民满意的教育"
2010年	《国家中长期教育改革和发展纲要（2010—2020年)》	"坚持教育为社会主义现代化建设服务，为人民服务，与生产劳动和社会实践相结合，培养德智体美全面发展的社会主义建设者和接班人"
2015年	《中华人民共和国教育法》	"教育必须为社会主义现代化建设服务、为人民服务，必须与生产劳动和社会实践相结合，培养德、智、体、美等方面全面发展的社会主义建设者和接班人"

1999年，江泽民在第三次全国教育工作会议上所提教育方针有三个明显的转变：(1) 首次将"为人民服务"与"为社会主义现代化建设服务"并列，"为人"与"为社会"的关系得到进一步的平衡；(2) 首次将"社会实践"纳入"教育与生产劳动相结合"的表述中，既拓展了教育的施展途径，也预示了教育新的发展方向。(3) 继1951年的教育方针提出"使青年一代在智育、德育、体育、美育各方面获得全面发展"后，时隔近50年，再次突出了"美育"，提出"德、智、体、美等全面发展"的人才培养目标。受此影响，2001年《关于基础教育改革与发展的决定》

首次将"为人民服务"、"和社会实践相结合",以及"培养德智体美等全面发展"的指导方针在国家正式文件中确立下来。这一方面表明,育人为本、服务人民的理念开始成为新时期国家的教育追求;另一方面,政策与实践正试图超越教育单纯的社会适应功能,追求社会适应与个体发展的统一。

2002年,江泽民在十六大报告中所述教育方针与现行教育方针近乎一致。它是21世纪以来关于教育方针最概括、最全面的表述。此后国家公布的教育法律法规文件既强调要贯彻它,又以它为核心作进一步阐发。而胡锦涛在十七大报告中提出的"坚持育人为本、德育为先"[①] 这一方针,也为后来"立德树人"这一教育根本任务的确立作了铺垫,成为理解、贯彻新时期教育方针的重要线索或重要依据。

2010年以后,我国开始通过《教育法》正式确立教育方针,并于2015年通过《教育法》规范了教育方针的表述。此后,我国教育方针便进入了另外一种意义的"内涵"发展期,而它对"为谁培养人""怎样培养人""培养什么人"三个根本问题的定位亦有了新的含义。

党的十八大以来,习近平总书记就教育改革发展提出了一系列新理念、新思想和新观点。在2018年的全国教育大会上,习近平总书记站在党和国家事业发展全局的高度,对加快推进教育现代化、建设教育强国、办好人民满意的教育作了全面部署。不仅提出了教育改革中的"九个坚持"——其中第二个"坚持"便是"把立德树人作为根本任务"[②],还将"培养什么人"的问题阐释为两个方面,即:(1)培养拥护党和社会主义制度的人。强调中国教育的培养目标是培养社会主义建设者和接班人,培养拥护中国共产党领导和我国社会主义制度的人,培养立志为中国特色社会主义奋斗终身的有用人才;(2)构建德智体美劳全面培养的教育体系。[③] 将"劳"作为全面发展的重要内容,与德智体美并列。这进而明确了新时代教育的首要问题和教育工作的根本任务。

---

① 翟博:《新中国教育方针的形成与演变》,《中国教育报》2009年9月22日第4版。
② 《习近平总书记教育重要论述讲义》编写组:《习近平总书记教育重要论述讲义》,高等教育出版社2020年版,第45页。
③ 教育部课题组:《深入学习习近平关于教育的重要论述》,人民出版社2019年版,第72页。

2019年，习近平总书记在学校思想政治理论课教师座谈会上又提出，"加快推进教育现代化、建设教育强国、办好人民满意的教育，说到底就是要培养担当民族复兴大任的时代新人，培养德智体美劳全面发展的社会主义建设者和接班人"[①]。至此，我国教育方针、政策在"培养什么人"的问题上实现了更深刻的定位。

四 历年教育方针的共通性及其意蕴

通过以上梳理可看出，不同阶段教育方针（指导思想）虽在侧重点和表述方式上存在差异，但却有着一定的共通性。这主要有以下两种体现。

首先，教育方针的核心内容具有连续性。建党以来，贯穿我国教育方针之始终的核心内容有三项——教育为社会服务、教育与生产劳动相结合、培养全面发展的人，间断性出现的内容是"为人民服务"。它们在不同时期的呈现情况如下：

与"教育为社会服务"相关的内容："为革命战争与阶级斗争服务"（1934年），"为无产阶级的政治服务"（1958年、1961年）、"为社会主义建设服务"（1985年）、"为社会主义现代化服务"（1990年）、"为社会主义现代化建设服务"（1993年至今）。

与"教育与生产劳动相结合"相关的内容："使教育与劳动联系起来"（1934年）、"理论与实际一致"（1949年）、"教育与生产劳动相结合"（1958年、1961年、1990年、1995年）、"知识分子与工人农民相结合，脑力劳动与体力劳动相结合"（1981年6月）、"脑力劳动与体力劳动相结合，知识分子与工人农民相结合"（1981年11月）、"教育与社会实践相结合"（1999年）、"教育与生产劳动和社会实践相结合"（2001年至今）。

与"培养全面发展的人"相关的内容："使广大中国民众都成为享受文化幸福的人"（1934年）、"培养国家建设人才"（1949年）、"使受教育者在德育、智育、体育几方面都得到发展，成为有社会主义觉悟的有文化的劳动者"（1957年）、"既有政治觉悟又有文化的、既能从事脑力劳

---

① 习近平：《思政课是落实立德树人根本任务的关键课程》，《求是》2020年第17期。

动又能从事体力劳动的人"（1958年）、"为社会主义建设所需要的各种专门人才"（1961年）、"德、智、体全面发展，又红又专"（1981年6月）、"在德育、智育、体育几方面都得到发展，成为有社会主义觉悟的有文化的劳动者和又红又专的建设人才"（1981年11月）、"培养德、智、体全面发展的建设者和接班人"（1990年、1993年）、"培养德、智、体等方面全面发展的社会主义事业的建设者和接班人"（1995年）、造就"德育、智育、体育、美育等全面发展的社会主义事业建设者和接班人"（1999年）、"培养德智体美等全面发展的社会主义事业建设者和接班人"（2001年）、"培养德智体美全面发展的社会主义建设者和接班人"（2002年、2010年、2015年）、"培养德智体美劳全面发展的社会主义建设者和接班人"（2019年）。

与"为人民服务"相近的表述："以发展为人民服务的思想为主要任务"（1949年9月）、"为人民服务，首先为工农服务，为当前的革命斗争与建设服务"（1949年12月）、坚持教育"为人民服务"（1999年、2001年、2002年、2010年、2015年、2019年）、"坚持育人为本、德育为先"、"办好人民满意的教育"（2007年）。

其次，历年的教育方针（或相关的指导思想）坚持了一以贯之的理念：一方面，始终把坚持正确的政治方向放在重要位置，突出"为社会主义"字样，强调教育与社会紧密联系、教育需服务于党和国家的中心任务；另一方面，始终强调教育的社会功能，以"育人"为中介，追求"立人"与"立国"的统一。这在不同时期的相关文件或政治领袖的思想、话语那里有着相应的阐释，具体如下。

(一) 把坚持正确的政治方向放在首位

中华人民共和国成立后，在较长的一段时间里，我国各领域不仅需致力于解决突出的社会矛盾，随时应对错综复杂的国际形势，还要结合我国国情探索、积累社会主义特有的发展经验，避免方向偏失。与之相应，教育的指导方针中便先后出现了"为当前的革命斗争服务"、"有社会主义觉悟"、"为无产阶级的政治服务"、"有政治觉悟"、"教育为社会主义政治服务"、"又红又专"、"有社会主义觉悟"以及如今的"为中国共产党治国理政服务"、"为巩固和发展中国特色社会主义制度服务"等字样。这些字样不仅被置于"必须""坚持"的语境中，也被置于教育的根本任务和根本方向这一重要位置，进而不断强化了教育中的"社会主义"元素。

1957年，毛泽东在"关于正确处理人民内部矛盾的问题"的讲话中提到，"没有正确的政治观点，就等于没有灵魂"[①]。1978年，邓小平在全国教育工作会议上提出，"毫无疑问，学校应该永远把坚定正确的政治方向放在第一位"，并重申了毛泽东的思想，提出培养人才的标准应定位于"有社会主义觉悟的有文化的劳动者"[②]。2018年，习近平总书记在全国教育大会上指出，我们的教育必须把培养社会主义建设者和接班人作为根本任务，培养一代又一代拥护中国共产党领导和我国社会主义制度、立志为中国特色社会主义奋斗终身的有用人才[③]。2019年，习近平总书记又在学校思想政治理论课教师座谈会上强调，"我们的教育是为人民服务、为中国共产党治国理政服务、为巩固和发展中国特色社会主义制度服务、为改革开放和社会主义现代化建设服务的。加快推进教育现代化、建设教育强国、办好人民满意的教育，说到底就是要培养担当民族复兴大任的时代新人……"[④]。

可以说，我国历年教育方针坚持把"为社会主义……"作为教育的基本任务（方向），把人才培养规格先后确定为"有社会主义觉悟的有文化的劳动者和又红又专的建设人才""有社会主义觉悟的有文化的劳动者""有社会主义觉悟的有文化的劳动者和又红又专的建设人才""社会主义事业的建设者和接班人"等，以及始终将"德"置于"全面发展"的首位，便是坚定正确的政治方向的体现。

（二）追求教育外部关系与内部关系的统一

教育作为培养人的活动，有两条基本规律：教育与社会发展关系的规律（教育外部关系规律）和教育与人的发展关系的规律（教育内部关系规律）。[⑤] 在教育方针中，能体现这一点的便是关于教育"为谁培养人"

---

① 杨兆山等：《党的教育方针的时代表征与中国表达——基于对习近平同志教育讲话的解读》，《东北师大学报》（哲学社会科学版）2017年第6期。
② 《邓小平文选》第2卷，人民出版社1994年版，第104页。
③ 《习近平在全国教育大会上强调 坚持中国特色社会主义教育发展道路 培养德智体美劳全面发展的社会主义建设者和接班人》，《人民教育》2018年第18期。
④ 施雨岑等：《努力培养担当民族复兴大任的时代新人——学校思想政治理论课教师座谈会与会代表热议习近平总书记重要讲话》，《少先队研究》2019年第2期。
⑤ 陈厚丰：《为人民服务：党的教育方针的新亮点》，《中国高等教育》2003年第9期。

与"培养什么人"的表述。根据前文梳理,从1949年开始,我国教育方针便在强化教育的社会适应与服务功能,与之同时,也通过在培养目标中突出人的全面发展字样,表明"为社会"与"为人"的统一关系。只是在20世纪,这种关系并未达成平衡。尤其是改革开放以前,教育方针中有关人的发展的表述(比如"为人民服务""全面发展"),要么被进一步限定为"为当前的革命斗争与建设服务",要么则有限定性的前提——比如教育大方向里没有关于"为人"的表述。21世纪以来,随着新教育方针中"为人民服务"等字样的出现,追求教育社会适应功能和个体发展功能的和谐统一才真正得到凸显。

2007年,胡锦涛在党的十七大报告中提出"育人为本、德育为先"的基本原则,首次将"办好人民满意的教育"写入党和国家教育方针,这被认为是对社会主义教育事业"人民性"的明确表达。[①] 2012年,习近平总书记提出,"我们的人民热爱生活,期盼有更好的教育""要坚持从维护最广大人民根本利益的高度,多谋民生之利,多解民生之忧"[②]。2013年十二届全国人大一次会议上,习近平总书记又提到,"要随时随刻倾听人民呼声、回应人民期待,保证人民群众平等参与、平等发展的基本权利……不断实现好、维护好、发展好最广大人民群众的根本利益,使发展成果更多更公平惠及全体人民"[③]。2017年,在党的十九大报告中,习近平总书记又指出,要把"坚持以人民为中心"作为新时代中国特色社会主义思想的重要内涵,把"办好人民满意的教育"作为教育事业发展的方向和目标。[④] 由此看来,"为人民服务"在教育方针中的重现,正试图回应、解决教育在满足人的需要和满足社会需要时出现的不平衡问题。

[①] 石中英:《关于贯彻落实教育方针问题的几点思考》,《中国教育学刊》2017年第10期。
[②] 习近平:《全面贯彻落实党的十八大精神要突出抓好六个方面工作》,《求是》2013年第1期。
[③] 《习近平在十三届全国人大一次会议闭幕会上发表重要讲话 始终要把人民放在心中最高的位置 衡量一切工作得失根本标准:人民拥护不拥护、赞成不赞成、高兴不高兴、答应不答应》,《上海人大月刊》2018年第3期。
[④] 习近平:《决胜全面建成小康社会 夺取新时代中国特色社会主义伟大胜利——在中国共产党第十九次全国代表大会上的报告》,《人民日报》2017年10月28日第1版。

第二节 "贯彻教育方针"的时代内涵与学校办学的教育遵循

党的十八大以来，习近平总书记就教育改革发展提出了一系列新理念、新思想和新观点。其中，最根本的变化即是对"为谁培养人""培养什么人"的总体定位。在 2018 年的全国教育大会上，习近平总书记不仅提出了教育改革中的"九个坚持"，还将"培养什么人"的问题阐释为两个方面：（1）培养拥护党和社会主义制度的人。强调中国教育的培养目标是培养社会主义建设者和接班人，培养拥护中国共产党领导和我国社会主义制度的人，培养立志为中国特色社会主义奋斗终身的有用人才；（2）构建德智体美劳全面培养的教育体系。将"劳"作为全面发展的重要内容，与德智体美并列。[1] 这进而明确了我国新时代教育的首要问题和教育工作的根本任务。结合 2021 年新修订《中华人民共和国教育法》关于教育方针的表述——"教育必须为社会主义现代化建设服务、为人民服务，必须与生产劳动和社会实践相结合，培养德智体美劳全面发展的社会主义建设者和接班人"[2]，我们有必要对教育方针之"为谁培养人"、"怎样培养人"和"培养什么人"的内涵予以新的解读。

一 作为学校教育的根本方向："两个服务"的教育意蕴

教育作为培养人的活动，肩负满足社会发展需求和人的发展需要两项任务。正是如此，教育的发展往往会体现两条基本规律：第一条规律为教育与社会发展的辩证统一；第二条规律为教育内部各个要素的有机统一，以及教育与人的发展之间的辩证统一。教育方针的演进亦体现了这两条规律的统一，并具体体现为对教育根本方向（或基本任务）的规定。可以说，"为社会主义现代化建设服务"与"为人民服务"被并列提出，体现

---

[1] 教育部课题组：《深入学习习近平关于教育的重要论述》，人民出版社 2019 年版，第 73 页。
[2] 《全国人民代表大会常务委员会关于修改〈中华人民共和国教育法〉的决定》，《人民日报》2021 年 4 月 30 日第 4 版。

了"为社会"与"为人"的统一。然而，此处"为人"之"人"却非仅指个体之人，而是群体之人、社会之人。

根据《中华人民共和国宪法》所述，在我国，所谓"人民"包括全体社会主义劳动者、社会主义事业的建设者、拥护社会主义的爱国者、拥护祖国统一和致力于中华民族伟大复兴的爱国者。[①] 就此看来，"方针"所指的人民是一个集合性的概念，它区别于西方国家对于人、公民、个体的界定。"为人民服务"在我国教育方针中的凸显，虽彰显了教育以人为本的转向，但这种以人为本却不完全等同于西方的人本主义，它在关注个体发展需要的同时，也突出了集体性。后者可从以下两个角度来理解。

从教育的外部关系看，"为人民服务"面向社会大众，强调民众权利的共享性和权益的普及性。它意味着，要从人民群众关心的教育问题出发思考教育的发展，致力于办好人民满意的教育。这是我国一直以来强调公平教育、普惠教育的原因所在。在2017年党的十九大报告中，习近平总书记指出，新时代"我国社会主要矛盾已经转化为人民日益增长的美好生活需求和不平衡不充分的发展之间的矛盾"[②]，与之相应，教育的主要矛盾也转变为新时代人民群众的教育需求与教育发展不平衡不充分之间的矛盾。如此，在新的时期，教育"为人民服务"亦迎来新的发展任务，那就是满足人民群众"上好学"的新需求，由数量增长转向质量提高。

从教育的内部关系看，"为人民服务"强调两个方面：一是强调教育的社会化功能，关注教育中人的家国情怀，致力于使受教育者成为合格的劳动者、爱国者、建设者——具备"人民"应有的形象。二是强调"立体"之人，不仅关心受教育者有无丰富的个体生命和全面的个人素养，也关心其有没有作为社会主义社会成员应有的德性、精神风貌、社会素养。

1983年，邓小平在会见印度共产党（马克思主义）中央代表团时提

[①] 《中华人民共和国宪法》，《中华人民共和国全国人民代表大会常务委员会公报》2018年第S1期。

[②] 习近平：《决胜全面建成小康社会 夺取新时代中国特色社会主义伟大胜利——在中国共产党第十九次全国代表大会上的报告》，《人民日报》2017年10月28日第1版。

到,"建设社会主义精神文明,最根本的是要使广大人民有共产主义的理想、有道德、有文化、守纪律。国际主义、爱国主义都属于精神文明的范畴"①。2014年,习近平总书记在中共中央政治局第十三次集体学习时指出,要把深入挖掘和阐发中华优秀传统文化中讲仁爱、重民本、守诚信、崇正义、尚和合、求大同的时代价值,转化为学生价值观教育的丰富营养,让中华优秀传统文化基因一代代传承下去。②是年,他在与北京大学师生座谈会上又指出,"一个民族一个国家,最持久、最深层的力量是全社会共同认可的核心价值观。核心价值观,承载着一个民族、一个国家的精神追求,体现着一个社会判断是非曲直的价值标准"③。就此看来,"为人民服务"一方面是为每个人的发展需求服务;另一方面则是为建设社会主义精神文明服务、为传承中华优秀传统文化基因服务、为培育社会主义核心价值观服务,以此成就适应于我国社会文明的"大写"的人。用有的学者的话说,"为人民服务"是"为人的现代化服务、为人的全面发展服务、为提高中华民族整体素质服务"④。

所谓"社会主义现代化建设"有两个关键词:"社会主义"和"现代化建设"。二者结合于一体表明,我们所追求的现代化建设与西方现代化建设既有共同的地方,也有区别。"为社会主义现代化建设服务"有以下两个层面的含义。

(一) 指向一般的现代化建设

从教育的外部关系看,其主要指向经济、政治、科技、文化的现代化;从教育自身看,其主要指向人的现代化和教育自身的现代化。就此看来,教育服务于现代化建设,根本上有两个切入点:一个是服务于社会生产力的发展,为经济建设提供智力支持,向社会辐射先进的思想、知识、科学技术;另一个是服务于人自身的全面发展,为现代化建设提供人才支

---

① 《邓小平文选》第3卷,人民出版社1993年第1版,第28页。
② 《习近平在中共中央政治局第十三次集体学习时强调 把培育和弘扬社会主义核心价值观作为凝魂聚气强基固本的基础工程》,《党建》2014年第3期。
③ 习近平:《青年要自觉践行社会主义核心价值观——在北京大学师生座谈会上的讲话》,《人民教育》2014年第10期。
④ 杨天平:《我国现行教育方针的历史演进与创新发展——对党的十八大报告中教育"二为"方针的学理解读》,《高校教育管理》2013年第1期。

持,培养可以从事物质文明建设的各级各类人才。这是与西方现代化建设共同的地方。为了做好这项"服务",教育便需实现自身的现代化,具备更高的现代教育治理能力和水平,形成更完善的现代教育体系。

(二) 指向社会主义现代化建设

从教育的外部关系看,其需突出社会主义精神文明,要求现代化建设与社会主义价值导向相统一,面向社会,进行与社会主义价值导向相适应的思想、文化的输出或辐射。从教育自身看,其强调德与能的统一,致力于使受教育者成为德才兼备的社会人才。其中,"能"指的是与现代化建设相适应的素养与能力,"德"指的是社会主义精神文明素养——包括与社会主义、共产主义相适应理想、道德、文化、纪律意识等,以及社会主义核心价值观、中华优良的传统文化基因等。这即上文中"为人民服务"提到的部分含义。对"社会主义现代化建设"的理解必须兼顾这两个层面,凸显"社会主义+现代化+教育+人"的统合。

二 作为学校人才培养的根本目标:"德智体美劳全面发展的社会主义建设者和接班人"的教育意蕴

现行教育方针关于人才培养目标的表述有两个关键点:一是"德、智、体、美、劳全面发展",这是对我国人才素养结构的规定;二是"社会主义建设者和接班人",这是对我国人才基本规格(或质量标准)的规定。其中包含了三个"结合"关系:第一个"结合"指向"德、智、体、美、劳"的统一。这对个体而言,意味着德、智、体、美、劳五种素养兼备;对教育而言,意味着德育、智育、体育、美育、劳育的融合、并举;第二个"结合"指向"建设者和接班人"的统一。它意味着,教育培养的人不仅要有与社会主义现代化相适应的建设能力,掌握现代科学、技术知识,能够迎接世界新技术革命和国际经济竞争的挑战;还要有报国之心,即有一定的社会意识和政治品格,"具有坚定的政治方向和为社会主义事业献身的精神",愿意为社会主义事业服务;第三个"结合"指向"全面发展"和"社会主义的建设者和接班人"的统一。这意味着,社会主义建设者和接班人必须是德、智、体、美、劳全面发展的人。其中,"社会主义建设者和接班人"是重心、是落脚点,"全面发展"则是方向,是对"建设者和接班人"素养的一种方向性的期待。二者相结合也是新时期立德树人的表达。

新时期,党和国家进一步将"立德树人"确立为全面发展教育的主旨,强调用立德树人统率人的全面发展。其中,"立德"的核心主要在于社会主义核心价值观的树立。习近平总书记曾提到,"核心价值观,其实就是一种德,既是个人的德,也是一种大德,就是国家的德、社会的德"。[①] 他在2018年全国教育大会上提出,培养社会主义建设者和接班人关键在于"六个下功夫"。[②] 将这"六个下功夫"的内容与德、智、体、美、劳相对应,体现如下。

"德":坚定理想信念,引导学生树立共产主义远大理想和中国特色社会主义共同理想,增强学生的中国特色社会主义道路自信、理论自信、制度自信、文化自信,立志肩负起民族复兴的时代重任;厚植爱国主义情怀,让爱国主义精神在学生心中扎根,引导学生热爱和拥护中国共产党,立志扎根人民、奉献国家;加强品德修养,引导学生培育和践行社会主义核心价值观,成为有大爱、大德、大情怀的人。

"智":增长知识、见识,丰富学识,心无旁骛求知问学,求真理、悟道理、明事理;培养奋斗精神,引导学生树立高远志向,历练敢于担当、不懈奋斗的精神,具有勇于奋斗的精神状态、乐观向上的人生态度,做到刚健有为、自强不息;增强综合素质,引导学生培养综合能力,培养创新思维。

"体":树立健康第一的教育理念,开齐开足体育课,帮助学生在体育锻炼中享受乐趣、增强体质、健全人格、锤炼意志。

"美":全面加强和改进学校美育,坚持以美育人、以文化人,提高学生审美和人文素养。

"劳":在学生中弘扬劳动精神,教育引导学生崇尚劳动、尊重劳动,懂得劳动最光荣、劳动最崇高、劳动最伟大、劳动最美丽的道理,长大后能够辛勤劳动、诚实劳动、创造性劳动。

---

① 习近平:《青年要自觉践行社会主义核心价值观——在北京大学师生座谈会上的讲话》,《人民教育》2014年第10期。

② 《习近平在全国教育大会上强调 坚持中国特色社会主义教育发展道路 培养德智体美劳全面发展的社会主义建设者和接班人》,《人民教育》2018年第18期。

"古今中外，每个国家都是按照自己的政治要求来培养人的"①。正是如此，在2018年的全国教育大会上，习近平总书记强调，"我们党立志于中华民族千秋伟业，必须培养一代又一代拥护中国共产党领导和我国社会主义制度、立志为中国特色社会主义事业奋斗终身的有用人才"②。因此，新时期的教育要培养德、智、体、美、劳全面发展的社会主义建设者和接班人，就需更加突出三个方面。

（一）重视德育，培养学生的家国情怀

提高学生的社会主义觉悟，"让社会主义核心价值观的种子在心中生根发芽，把国家、人民、民族装在心中，注重养成健康、乐观、向上的品格"③。

（二）转变"劳动"观念，突出劳动育人理念

一方面，消除轻视劳动尤其是轻视体力劳动的观念，把劳动教育纳入教育的全过程中，不仅贯穿家庭、学校、社会各方面，也与德育、智育、体育、美育相融合。另一方面，从"劳—育"结合的理念出发，在学校专门性劳动课程和非专门性劳动课程中注入劳动教育的内核，凸显劳动教育特有的育人价值。④

（三）坚持育人与育才相结合，开展全面素质教育⑤

使学生既致力于实现自身价值，不畏艰难、顽强奋进，成为合乎现代水平的社会新生力量，也立志于服务祖国、人民，将学习书本知识与投身社会实践相结合，能（且愿意）用自己所掌握的科学文化知识为社会理想、人民理想而辛勤劳动。

---

① 光明日报评论员：《培养什么人，是教育的首要问题——论学习贯彻习近平总书记全国教育大会重要讲话精神》，2018年9月13日，http://theory.people.com.cn/n1/2018/0913/c40531-30290641.html，最后浏览日期：2020年9月5日。

② 《习近平在全国教育大会上强调 坚持中国特色社会主义教育发展道路 培养德智体美劳全面发展的社会主义建设者和接班人》，《人民教育》2018年第18期。

③ 《习近平在全国教育大会上强调 坚持中国特色社会主义教育发展道路 培养德智体美劳全面发展的社会主义建设者和接班人》，《人民教育》2018年第18期。

④ 《中共中央 国务院关于全面加强新时代大中小学劳动教育的意见》，《中华人民共和国教育部部公报》2020年第3期。

⑤ 武秀霞：《"劳动"离教育有多远？——关于劳动教育实践问题的反思》，《当代教育论坛》2020年第3期。

三　作为学校教育的基本原则与基本途径："两个结合"的教育意蕴

在教育方针中，教育"与生产劳动和社会实践相结合"是作为教育的基本原则（或基本途径）而存在的，其规定了"怎样培养人"的问题。其中有三个关键词：生产劳动、社会实践、结合。

"教育与生产劳动相结合"是我国社会主义教育的传统，它总体上遵循了马克思主义教育的实践观。中华人民共和国成立以来，我国一直坚持教育与生产劳动相结合的方针，并以马克思主义理论为指导，根据不同时期社会、教育的发展需要，对这一原则作了具有时代特质的表述：1934年，毛泽东在第二次全国苏维埃代表大会报告中即提出，苏维埃文化教育的总方针在于"以共产主义的精神来教育广大的劳苦民众，在于使文化教育为革命战争与阶级斗争服务，在于使教育与劳动联系起来，在于使广大中国民众都成为享受文化幸福的人"[1]。抗日战争时期，中国共产党领导的各抗日民主根据地则执行了中共中央制定的一系列教育方针政策，其中提到，实行教育和生活劳动相结合的方针[2]。1949年中国人民政治协商会议第一届全体会议通过的《共同纲领》中，与"教育与生产劳动相结合"相对应的表述是"理论与实际一致"；20世纪80年代初，重要文件、政府工作报告中与"教育与生产劳动相结合"相应的表述是"知识分子与工人农民相结合，脑力劳动与体力劳动相结合"；90年代末以后，相应的表述开始凸显"教育与社会实践相结合"，生产劳动与社会实践开始呈现相互交融的态势。

可以说，20世纪90年代以前，"教育与生产劳动相结合"曾分别用于表达教育中理论与实际、学与用、体力劳动与脑力劳动相结合的思想。从教育原则、方法、途径的角度强调生产劳动，根本上要解决的是教育偏重理论知识、轻视实践、忽视生产劳动、脱离国情的问题，以"避免学校闭门办学、教育脱离实际、学生脱离社会"[3]。

---

[1]　杨旭、李剑萍：《新民主主义教育方针的思想和实践来源——纪念〈新民主主义论〉发表70周年》，《河北师范大学学报》（教育科学版）2009年第11期。
[2]　孙培青：《中国教育史》，华东师范大学出版社2000年版，第479页。
[3]　丁东澜：《"变"与"不变"：探析党的教育方针的发展逻辑》，《杭州师范大学学报》（社会科学版）2011年第9期。

何谓教育与生产劳动相结合？对此，周恩来总理说道："教育与生产劳动相结合，也就是要使受教育的人经过生产劳动，锻炼成为一个既有社会主义觉悟又有文化的劳动者。当然，这里所指的劳动者是就广义而言的，包括体力劳动者和脑力劳动者，但主要的还是指从事生产的工人和农民，因为这个数量大"①。然而，由于生产劳动的指涉相对较窄，随着现代化经济、技术的发展，以及与之相伴的新型劳动的出现，所谓"教育与生产劳动相结合"必然需结合时代发展特点，在外延上有所扩充。

1978年，邓小平在全国教育工作会议的讲话中即强调，"现代经济和技术的迅速发展，……要求我们在教育与生产劳动结合的内容上、方法上不断有新的发展"，在教劳结合上，"不但要看到近期的需要，而且必须预见到远期的需要，不但要依据生产建设发展的要求，而且必须充分估计到现代化科学技术的发展趋势"②。即便如此，我们还需意识到，对教育与生产劳动相结合的定位离不开一个大前提，即"教育为谁培养人"。

20世纪50年代到90年代中期，我国教育方针中更多凸显的是教育为社会（政治、经济、科技）服务，直到21世纪以后，"为人民服务"才正式出现于国家教育方针中。作为教育的根本任务之一，"为人民服务"的出现，必然影响我们对于"教育与生产劳动相结合"之意义与方向的定位。换句话说，新时期从教育的原则、途径上重新倡导"教育与生产劳动相结合"，必然需考虑人民的需求，而不能局限于社会主义现代化建设。

从人民的立场出发思考教育，意味着教育既不能作为工具性的存在发挥作用，也不能将受教育者当作社会发展工具来培养。这两个"不能"意味着：第一，从教育的外部关系看，教育需成为独立的服务主体。不仅需被作为经济、社会领域的主体和主角，主动为经济、社会、科技发展提供智力支持，还需进行服务输出，回应人民生存、发展之所需，这种需求既包含物质性的需求，也包含精神性、情感性的需求；第二，从教育的内部关系看，教育所要培养的人，既要成才，也要成人，不仅需胸怀祖国、关爱社会、关心他人，了解国情与民情，也要具备主体意识、发挥实践创

---

① 中央教育科学研究所编：《周恩来教育文选》，教育科学出版社1984年版，第206—207页。
② 吴潜涛、郭灏：《新时代党的教育方针的创新发展及其实现路径》，《中国高校社会科学》2019年第2期。

新能力。

为了回应这个变化，20世纪90年代，"社会实践"在教育方针中开始凸显、放大。2001年以后，"教育与生产劳动和社会实践相结合"的表述在国家教育方针、政策文件中正式出现，并沿用至今。其中的"结合"即表明，"与生产劳动和社会实践相结合"不再只是社会发展的要求，也是教育自身发展的需要，是教育主动应对人民利益诉求、多样化需求的必然选择。

社会实践这一概念的外延比生产劳动更宽广。它除了与生产劳动有一定的共通之处，还囊括了用以了解社会、服务社会的活动，并可体现为一系列充满时代气息而又切合实际的实践形式，比如社会调查、参观、访问，各种劳动体验、志愿者活动、实习、军训，以及产、学、研结合等。

教育如何做到"与生产劳动和社会实践相结合"？对此，《国家中长期教育改革和发展规划纲要（2010—2020年）》已提出具体方向：开发实践课程和活动课程，增强学生科学实验、生产实习和技能实训的成效；充分利用社会教育资源，开展各种课外及校外活动；加强校外活动场所建设；加强学生社团组织指导，鼓励学生积极参与志愿服务和公益事业等[1]。对学生而言，通过这些活动，可以及时巩固与运用所学知识，深入了解社会，增强社会融入感，学会关怀他人、关心民众。对学校教育而言，则可以此更好地适应国民经济、社会发展要求，培养可以满足国家、社会发展需要的德才兼备、知行统一的人才。

2017年，教育部印发的《中小学综合实践活动课程指导纲要》将综合实践活动课程定位为"从学生的真实生活和发展需要出发……培养学生综合素质的跨学科实践性课程"。并将该课程的总目标确定为"学生从个体生活、社会生活及与大自然的接触中获得丰富的实践经验，形成并逐步提升对自然、社会和自我之内在联系的整体认识，具有价值体认、责任担当、问题解决、创意物化等方面的意识和能力"[2]。

2020年中共中央、国务院印发的《关于全面加强新时代大中小学劳

---

[1] 国家中长期教育改革和发展规划纲要工作小组办公室：《国家中长期教育改革和发展规划纲要（2010—2020年）》，2011年10月29日，http://www.moe.gov.cn/srcsite/A01/s7048/201007/t20100729_171904.html，最后浏览日期：2021年10月3日。

[2] 教育部：《中小学综合实践活动课程指导纲要》，2017年10月30日，http://www.moe.gov.cn/srcsite/A26/s8001/201710/t20171017_316616.html，最后浏览日期：2020年9月3日。

动教育的意见》提出,实施劳动教育的重点是在系统的文化知识学习之外,有目的、有计划地组织学生参加日常生活劳动、生产劳动和服务性劳动,让学生切实经历动手实践,出力流汗,接受锻炼,磨炼意志。其将劳动教育分为了生产劳动教育和非生产劳动教育,又将非生产劳动教育分为了日常生活劳动教育和服务性劳动教育。前者注重在学生个人生活自理中强化劳动自立意识,体验持家之道;后者注重利用知识、技能、工具、设备等为他人和社会提供服务,特别是在公益劳动、志愿服务中强化社会责任,培养良好的社会公德。①

可以说,在教育中强调"教育与生产劳动和社会实践相结合",引导学生接触生产劳动、参与社会实践有两个方面的意义:一是对学生扎根中国大地、了解国情民情,培育学生的家国情怀与社会认同有重要作用;二是有助于落实素质教育理念,优化学生素养结构,增强学生的实践创新能力。

第三节 全球教育发展趋势与学校特色办学的未来指向

1983年,邓小平在为景山学校的题词中写道,"教育要面向现代化,面向世界,面向未来"②。两年后,这"三个面向"在《中共中央关于教育体制改革的决定》中被作为我国教育工作的指导思想。③ "三个面向"表明,我国教育事业的发展和教育体制改革既要把握世界教育发展趋势,也需及时预测和研究未来社会的发展。2015年联合国教科文组织发布的《教育2030行动框架》即指出,我们必须在当今发展的大背景中审视"教育2030",教育系统必须回应迅速变化的外部环境,如变革的劳动力市场、技术的更新换代……④2018年,习近平总书记在全国教育大会上提出,我们要"以更高远的历史站位、更宽广的国际视野、更深邃的战略

---

① 《构建新时代中国特色社会主义劳动教育体系》,2020年3月26日,教育部网,http://www.moe.gov.cn/jyb_xwfb/s271/202003/t20200326_434972.html,最后浏览日期:2020年6月20日。
② 《邓小平文选》第3卷,人民出版社1993年版,第35页。
③ 《中共中央关于教育体制改革的决定》,《中华人民共和国国务院公报》1985年第15期。
④ 彭正梅等:《为了人的更高发展:国际社会谋划2030年教育研究》,华东师范大学出版社2019年版,总序第2页。

眼光，对加快推进教育现代化、建设教育强国作出总体部署和战略设计……使教育同党和国家事业发展要求相适应、同人民群众期待相契合、同我国综合国力和国际地位相匹配"①。

然而，我国的教育变革"还没有充分认识到、更没有回应 21 世纪以来国际教育变革的新趋势及教育强国的新界定"②。2015 年世界经济论坛曾对全球 140 个经济体的全球竞争力作了调查，结果显示，我国在其中位列第 23 名。值得注意的是，"虽在金砖国家中排名第一，但在过去四年里，中国在全球竞争力排行中的名次却停滞不前"。③ 不仅如此，《2018 年全球竞争力报告》提供的数据也显示，我国的教育水平和人才质量与发达国家还存在较大差距，与其他影响生产力的支柱相比，涉及人力资本的"技能"支柱尤其存在劣势，④ 这便对我国成为人力资源强国、建设教育强国提出了挑战。

在 2018 年的全国教育大会上，习近平总书记指出，"培养什么人，是教育的首要问题"⑤，并强调要形成更高水平的人才培养体系。就此看来，现行教育不仅要考虑我国的国情和社会发展需要，也要参照世界教育改革趋势，作更高、更精准的定位，以更好地"为社会主义现代化建设服务、为人民服务"。对此，我们便有必要放眼世界教育发展之趋势，重新解读教育方针，以此进一步明确"好教育"的指向。

一 "国家（文化）认同 + 21 世纪能力"——对教育"为社会主义现代化建设服务"的未来回应

20 世纪末以来，世界各国兴起了超越知识的、以人的高阶能力发展

---

① 《习近平在全国教育大会上强调　坚持中国特色社会主义教育发展道路　培养德智体美劳全面发展的社会主义建设者和接班人》，《人民教育》2018 年第 18 期。

② 彭正梅等：《为了人的更高发展：国际社会谋划 2030 年教育研究》，华东师范大学出版社 2019 年版，第 17 页。

③ 彭正梅等：《为了人的更高发展：国际社会谋划 2030 年教育研究》，华东师范大学出版社 2019 年版，第 252 页。

④ 彭正梅等：《为了人的更高发展：国际社会谋划 2030 年教育研究》，华东师范大学出版社 2019 年版，第 209 页。

⑤ 《习近平在全国教育大会上强调　坚持中国特色社会主义教育发展道路　培养德智体美劳全面发展的社会主义建设者和接班人》，《人民教育》2018 年第 18 期。

为导向的 21 世纪能力教育运动,其核心议题就是"探讨 21 世纪教育需要培养什么样的人才"。[①] 在此趋势下,我国也以"核心素养"为名制定了 21 世纪学生发展素养与能力框架。参照发达国家(地区)对未来人才能力的定位,有学者将 21 世纪能力分解为三个方面:(1)STEM 能力和领域性的外语能力。其匹配于以"工业文明"为制高点的第一次现代化——工业现代化;(2)高阶能力(4C)。包括批判性思维和问题解决能力、交流能力、合作能力、创造力和创新能力。其匹配于以"知识化和信息化"为典型特征的第二次现代化——知识现代化;(3)身份认同,包括文化认同、国家认同和国际理解。其"以一种反思性忠诚于自己,并反思性地对待其他文化的世界主义精神"为特征。[②]

我国如今倡导的素养框架虽更突出全面性,但也尤为凸显了三个方面——中国传统文化认同、国家认同和国际理解,以及与 21 世纪发展相匹配的素养与能力(比如科学精神、实践创新),进而与世界教育改革趋势保持了某种同步性。

然而,我国所追求的现代化并不同于西方国家的现代化。这两种现代化的区别体现在两个方面:一是发展阶段的不同。有关分析显示,尽管我国已表现出了处于知识社会的全球化时代所拥有的共同特点,然而我们还带有实现第一次现代化的阶段性特征。因此,在未来的一段时期,我们既要继续巩固、发展工业现代化,培养与制造业、工业现代化相匹配的 STEM(Science、Technology、Engineering、Mathematics,缩写 STEM,即科学、技术、工程、数学)及外语能力"[③],也要积极应对全球知识社会、数字社会日益扩展带来的挑战,培养学生的 21 世纪高阶能力;二是社会性质的不同。既然我国教育要服务的是"社会主义现代化建设",那便意味着,我们的现代化需体现社会主义物质、精神、政治文明,我们的教育需在社会主义的制度框架内致力于"富强、民主、文明、和谐"的社会

[①] 彭正梅等:《为了人的更高发展:国际社会谋划 2030 年教育研究》,华东师范大学出版社 2019 年版,第 1—2 页。

[②] 彭正梅等:《为了人的更高发展:国际社会谋划 2030 年教育研究》,华东师范大学出版社 2019 年版,第 19 页。

[③] 彭正梅等:《为了人的更高发展:国际社会谋划 2030 年教育研究》,华东师范大学出版社 2019 年版,第 18 页。

主义价值观的培育。将这二者综合于一体，可以说，所谓"教育为社会主义现代化建设服务"便意味着需追求学生国家认同、文化认同、21世纪能力的协调并进。一方面，我们需重构课程与教学，为21世纪能力的培养提供支持，既传授学生知识，也要实施跨学科方法，在课程中教授学生掌握高阶技能"，[①] 使学生善于在现实中解决问题、进行创新实践。根据美国P21、加拿大C21、ATC21S、欧盟、芬兰和新加坡的框架，21世纪高阶技能须"以学生为中心的探究性方法来支持，比如基于问题的学习、基于项目的学习、合作性学习和体验式学习等，以及强调综合使用技术来强化学生的学习"[②]。另一方面，我们的教育还要强调个人修养、社会关爱和家国情怀。如2014年教育部印发《关于全面深化课程改革 落实立德树人根本任务的意见》所指的那样，将"爱学习、爱劳动、爱祖国"教育要求融入相关学科日常教学活动中，将个人成长成才与投身实现中华民族伟大复兴中国梦的实践紧密相连[③]。此外，还要确立国际视野，培育学生开放、包容的文化心态。

二 "所有人+适合"的优质教育——对教育"为人民服务"的未来回应

21世纪以来，国际教育及其未来规划更加强调高层次的公平与卓越，倡导"包容、尊重、全纳"的全民优质教育。2000年，联合国教科文组织在世界全民教育论坛上提出了质量与公平相统一的大质量观，认为"教学质量差是不平等的重要根源，质量和公平是密不可分地联系在一起的"[④]。2015年联合国在《变革我们的世界：2030年可持续发展议程》中提出："确保全纳和公平的优质教育，让全民终身享有学习机会"。同年，联合国教科文组织颁布的《教育2030行动框架》也强调了"全纳、公

[①] 彭正梅等：《为了人的更高发展：国际社会谋划2030年教育研究》，华东师范大学出版社2019年版，第60页。

[②] 彭正梅等：《为了人的更高发展：国际社会谋划2030年教育研究》，华东师范大学出版社2019年版，第129页。

[③] 《教育部关于全面深化课程改革 落实立德树人根本任务的意见》，2014年4月8日，http://www.moe.gov.cn/srcsite/A26/jcj_kcjcgh/201404/t20140408_167226.html，最后浏览日期：2020年10月8日。

[④] 黄忠敬等：《OECD教育指标引领教育发展研究》，华东师范大学出版社2019年版，第4页。

平、有质量和终身学习"的教育发展目标。这些主张共同表明了一个立场：公平与质量的统一。其倡导在缩小教育不平等的同时，也以学习者为中心，促进学生的终身学习和可持续发展[①]，这便可谓凸显了有公平的质量和有质量的公平。

所谓"公平"通常指向公共资源、利益分配的平等，强调标准、尺度的一致性或共同性。然而，一旦被用于衡量教育，强调共同标准的所谓"公平"便容易遮蔽教育对象的多样性和差异性。因此，当我们以公平为尺度衡量教育问题时，便需采用更具有针对性且更重视差异的尺度，以便能够同等情况同等对待、不同情况不同对待[②]。正是如此，国际教育将"公平"定位为：地方之间、学校之间和学生之间教育质量上的差距的缩减，在资源供给上对弱势群体倾斜，以及把学前教育纳入义务教育体系。[③] 此处，强调教育质量之差距的缩减，便是将教育公平的衡量指标从学校外部转向学校内部，关注学校更高的办学质量和教育质量。这便也是国际教育强调教育卓越的意味所在，即"给予学校相对的创新的自主，建设富有特色的、数字化的、且对外开放的学校，以满足学生在技术上日益可能的个性化学习"[④]。

然而，在实践过程中，究竟如何理解、衡量教育质量？我们希求的高质量的教育何以惠及更多的人？这依然是尚未解决的问题。这些问题要得到解决，不仅意味着学校教育质量的普遍提升，也意味着教育观念的根本转变。

过去，我们强调的教育公平往往更注重"量"的扩张，把重点放在提高入学率、扩大普及率、延长受教育年限等方面。然而，实践却表明，仅仅通过提高入学率、延长受教育年限，并不能保障受教育者个体知识和能力的提升，也不能很好地发挥教育对经济和社会发展的

[①] 黄忠敬等：《OECD 教育指标引领教育发展研究》，华东师范大学出版社 2019 年版，第 241 页。

[②] 武秀霞：《公平视野下义务教育优质均衡发展的理论与实践探寻》，《教育发展研究》2011 年第 6 期。

[③] 彭正梅等：《为了人的更高发展：国际社会谋划 2030 年教育研究》，华东师范大学出版社 2019 年版，第 256 页。

[④] 彭正梅等：《为了人的更高发展：国际社会谋划 2030 年教育研究》，华东师范大学出版社 2019 年版，第 256 页。

促进作用。① 与之同时，我们所强调的教育质量也一度忽视了教育公平的问题，将教育公平视为制约教育质量提升的因素。然而，21世纪以来，随着人文主义在全球教育中的重申，不仅教育被视为人的一项基本权利，教育质量也开始强调以人为中心、以学习者为中心。随之，我们所强调的教育公平、教育质量便自然地融为一体，共同指向了人的全面发展、自由发展、个性发展，强调所有人不受歧视、不受排斥地接受优质教育。

2015年，联合国教科文组织在以"反思教育：向'全球共同利益'的理念转变"为题的报告中，重申回归人文主义，指出"维护和增强个人在他人和自然面前的尊严、能力和福祉，应是21世纪教育的根本宗旨"，同时也指出，教育"必须超越单纯的功利主义观点以及众多国际发展讨论体现出的人力资本观念"。② 这便表明，现代教育开始以人文主义为指引，试图超越工具主义、功利主义思想，更加关注人的发展需要，并将教育目的更切实地指向了人自身的发展。

在教育方针中，所谓"人民"既是一个集体性的概念，因此某种意义上可被理解为大众，但它同时也指向了一个个具体的人，因此也可被理解为"个体"。如此，"为人民服务"的教育便会在发展过程中彰显两个特点：普惠性与适合性。"普惠"指向所有人，"适合"则指向个性化的学习与教育。二者综合于一起，便也是世界各国教育强调公平、全纳、优质教育的意味所在。

可以说，教育"为人民服务"根本上指向了追求有质量的教育公平和有公平的教育质量。所谓"有质量的教育公平"意味着，我们要追求"所有人＋优质"的教育。第一，学校资源投入要在质量上得到普遍优化。同时，学校自身消化、转化资源的能力与它所获资源之间要拥有较高的匹配度。第二，要追求"好教育"机会的均等化。限制由家庭携带着的地位性因素对好的教育机会造成的牵制，避免入学条件、教学内容、学习成效的评价对家庭经济、社会等各类资本形成依赖。

所谓"有公平的质量"意味着，我们要追求"所有人＋个性化"的

---

① 黄忠敬等：《OECD教育指标引领教育发展研究》，华东师范大学出版社2019年版，第4页。
② 联合国教科文组织：《反思教育：向"全球共同利益"的理念转变》，联合国教科文组织总部中文科译，教育科学出版社2017年版，第28页。

教育。第一，面向所有人，追求卓越教育。要包容个体资质的差异，以学生需求、特点为导向，促进学校教育特色发展，使学生个性、特质得到普遍关照。第二，为了所有人，缩小校际之间的办学差距。一方面，为学校提供专业支持，利用大数据进行"以证据为基础"的学校治理。另一方面，鼓励学校自主办学，在权力分配上强调政府治理与地方、学校自主办学的平衡。第三，面向所有人，拓宽技术创新人才培养通道。第四，吸引更多的优秀人才、资源进入学校，选择性调配优秀教育资源，保障各校优秀教育资源结构合理、类型多样。第五，进行开放的教育治理，在教育决策中引入不同的行动者，提升教育治理水平，促进教育国际化。[①]

三 "深度学习+高阶技能参与"——对"教育与生产劳动和社会实践相结合"的未来回应

2000年以后，全球逐渐开启了以信息化和知识化为基础的知识现代化。与工业现代化不同，知识现代化对应的是知识经济、信息经济。其不再限于强调20世纪所重视的读写算（3R）技能和学科素养，而是更加强调知识、信息的分析、利用、评估与综合，突出了以批判性思维和问题解决、交流、合作以及创造力和创新技能（即4C技能）为核心的高阶技能。[②] 不仅如此，生活、工作中所需的学术技能、职业技能、技术技能之间的界限也越发模糊。在此趋势下，我们的教育要培养具有全球竞争力的人才，便不得不重新考虑"教育与生产劳动、社会实践相结合"的要义，从"深度学习"和"高阶技能"两个角度考量其实践空间。

所谓知识经济又被称为智能经济。原因是，它比以往任何时候都更加重视"脑力"、更加依赖人的创新。因此，在知识经济时代，知识的价值便会体现在两个方面，一是产生出新的知识，二是运用于实践、解决现实

[①] 彭正梅等：《为了人的更高发展：国际社会谋划2030年教育研究》，华东师范大学出版社2019年版，第256页。

[②] 彭正梅等：《为了人的更高发展：国际社会谋划2030年教育研究》，华东师范大学出版社2019年版，第116页。

问题。这便指向了知识的迁移与运用,进而与"教育与生产劳动、社会实践相结合"有了关联。有迁移就会有重组,有运用便会有生发。因此可以说,知识的迁移与运用某种意义上是对原有知识的解构与重构。其一般会体现为,用现有的知识和条件改进或创造新知识、新事物、新方法、新元素,因而是创新必然的历经阶段。从这一角度看,创新与创造便成为"教育与生产劳动相结合"的应有之义。

如果我们的教育(还像过去那样)仅局限于传授书本中有限的、静止的知识与技能,不关注当下生产、劳动的新形势与新形态,不重视与新时代劳动和社会实践的结合,那么学生所学便会与社会发展需求相脱节,我们所培养的人也难以适应快速变化的现实世界。

如前文所述,"教育与生产劳动相结合"一直被作为社会主义学校教育的基本原则得以提倡。它的要旨就在于,使个人能了解社会,个人之所学能适应社会、实践于社会、造福于社会。正是如此,在我国,"教育与生产劳动相结合"先后被用于削减教育中"理论与实际""知识分子与工人农民""脑力劳动与体力劳动""教育与社会实践"相脱节的问题。然而直到现在,我们的教育却还未能真正解决这些问题。我们的学生虽对学科知识有着较高的认知能力,但却缺乏对于不同知识的整合与灵活运用能力,对当前的社会现实也缺乏足够的体验与理性的判断;我们的学生虽有着较高的知识掌握度,但却在动手能力、实践操作能力和创新能力上存在明显欠缺;我们的学习、教育虽然占用了学生较大比重的时间,但学生却较少有足够的机会去亲近社会、亲近不同的人群……即使是一些教育发达的省市,也不同程度地面临这样的问题。

2000年以来,上海市曾连续多次在世界经济合作与发展组织(OECD)进行的"PISA"测试中获得数学、阅读、科学三项第一。然而,"PISA测试却也显示,上海学生在高阶技能如批判性思维、问题解决和互动性解决问题方面的能力存在不足,在问题解决的计划性和彻底性方面与欧美学生存在差距,在真实性学习体验方面也比较贫乏"。[1] 不仅如此,

---

[1] 王洁:《PISA2012问题解决模块测试及上海学生表现评析》,《上海教育科研》2015年第2期。

PISA数据也表明，上海学生用计算机解决问题的整体能力，以及对问题解决过程的监控和反思能力都不够强。① 而这些能力却正被视为21世纪知识现代化之所需。

2010年美国广播公司在一档名为《中国教育能跟上超级大国的发展步伐吗？》的节目中分析了中国教育与国家发展的不协调现象，以及在激烈的教育竞争背景下，中国教育质量及创新人才培养的困境。之后，便有学者撰文《大学有助于中国提升技能竞争力吗？》揭示了中国当前高技能劳动力供需脱节的严峻现实。

2017年，习近平主席在亚太经合组织第二十五次领导人非正式会议上提到，"创新是撬动发展的第一杠杆"。并指出"要推动科技创新和制度创新两个轮子一起转"，"让新技术、新业态、新模式不断开花结果，最大限度释放发展潜能"②。考虑到我国目前的教育状态离创新人才的培养还有差距，因此，在未来的一段时间，创新人才的培养便需成为我国教育服务于国家战略大局的根本着力点。为顺应这一趋势，所谓"教育与生产劳动和社会实践相结合"便需进一步指向热爱创新、富有创造力的劳动者的培养。

然而，知识现代化除了以创新为杠杆外，还体现为新技术与其他一系列高阶技能（包括数字应用能力、超学科能力、终身学习能力）的支撑。在知识经济时代，工业生产将产生以数字化和信息化为标志的重大转型，"人们的生活和学习将会在数字信息技术的广泛应用下变得更加智能和个性化"③。在此趋势下，不仅过去日常的劳动会被机器人和计算机软件高效、低价地完成，手工技能的重要性也会随着时间的推移越来越下降。

有研究显示，在工业国家，"新技术的引入对高技能工人的需求，特别是对高技能信息和通信技术的工人的需求增加了。与此同时，对低技能工人的需求下降了"④。还有预测显示，到2030年，全球将会提供30亿

---

① 陆璟：《基于PISA数据评价上海学生的21世纪能力》，《考试与评价》2015年第2期。
② 习近平：《携手谱写亚太合作共赢新篇章》，《人民日报》2017年11月12日第3版。
③ 彭正梅等：《为了人的更高发展：国际社会谋划2030年教育研究》，华东师范大学出版社2019年版，第39—40页。
④ 彭正梅等：《为了人的更高发展：国际社会谋划2030年教育研究》，华东师范大学出版社2019年版，第11页。

个以软件和机器人为基础的工作岗位,非常规的工作将需要工人掌握一系列高阶的复杂技能才能顺利完成。[①] 这种所谓高阶能力(技能)本质上就是创造性地应用知识来解决问题,它"超越了学科知识的认知性掌握,是知识、技能、思维和态度的综合"[②]。根据世界部分发达国家对 2030 年的预测,未来社会所需的高阶技能将更多指向数字能力、超学科能力和终身学习能力。从"教育与生产劳动相结合"的角度看,教育要掌握这一命脉,便需做好以下两方面的探索与准备。

第一,开展基于理解的课程与活动设计,以实现深度的学习与实践。比如:(1)突出跨学科(技能)能力教育,使学生深度理解学科知识、学术内容,并能运用多个专业领域、多学科的知识、技能,分析、解决现实问题,进行创新实践;(2)倡导项目式课程,将以"目标—达成—评价"为方式的学科课程设计模式,逐渐转向以"主题—探究—表达"为方式的课程设计,以实现"在学科知识中整合真实世界中的资源和情境"[③]的教育。

第二,重视有高阶技能参与的学习与活动,尤其是:(1)有数字能力(技能)参与的学习与实践。以此使学生能运用数字信息和数字工具解决学习、生活、实践中的问题和任务;(2)重视信息技术、智能工具难以替代的软性技能(比如处理复杂的社会情境、多元文化冲突和创新工作时所需要的逻辑推理、问题解决、社会合作、交流、协调、管理等能力、素养)的培养与锻炼。

从以上分析看来,特色办学的根本目的应该在于为学生提供更好的教育,这亦可谓追寻公平且适合的教育。它让有需求、有需要的人都尽可能得到既契合于时代发展需求又适合个人发展特点与需求的教育——尽管这永远都可能是一个追逐中的梦想。然而,为着一个美好而有意义的梦想不断努力、付出,去靠近它,这本身便是极其富有意义的一件事情,甚至也

[①] 彭正梅等:《为了人的更高发展:国际社会谋划 2030 年教育研究》,华东师范大学出版社 2019 年版,第 117 页。

[②] 彭正梅:《为了人的更高发展:国际社会谋划 2030 年教育研究》,华东师范大学出版社 2019 年版,第 6 页。

[③] 彭正梅:《为了人的更高发展:国际社会谋划 2030 年教育研究》,华东师范大学出版社 2019 年版,第 129 页。

会让一所学校发生根本性的变化。倘若没有"未来"理念，面对潜在的变革诉求亦缺乏触及实践、"翻转"实践的勇气，那么"好教育"只能成为一个美好的想象，为着这个想象勉强前行的特色办学也可能终因动力的缺乏而在某一时期戛然而止……

第八章

为了更好的教育

每一所学校其发展、拼搏的背后都有一个共同的目标，那就是成为好学校、提供好教育。然而，前文也提到，所谓的"好学校"没有绝对的标准，甚至也受制于形形色色的感性判断。但这并不意味着，真正意义的好学校、好教育只能成为人们臆想之下的空中楼阁。对学校而言，成就好学校与其说是要达到一种终极的、美好的发展样态，不如说是要激励学校去不断地突破自我、更新自我、超越自我，进而体现为一个不断进行自我变革的发展样态。正是如此，我们说，理想意义的特色办学，尽管其潜在的目标是成为人们心目中的好学校，但实际上是为了使一所学校能通过自我的"挖潜"，在自我革新、探索的路上预见"更好"的自己。这样，即使学校距离那个最好的目标尚有差距，然而当其回首曾经的自己时，便会发现，他们现在所拥有的潜质、能力、资源、境界等正以自己原初难以预料甚至不敢想象的速度呈现在了自己的面前。就像第三章提到的那个能将99.9%和100%的合格率区别开来的"优秀"与"卓越"之间存在的截然差距。0.1%的跨度虽小，但却是优秀和卓越之间的根本距离。这个距离的存在，某种意义上已与技术或能力无关，却更大程度上受制于一种特别的心态和追求。它体现的是一种发展的无边界之感，一种不自足和不断充盈着的自我实现感。正是如此，我们将特色办学的理想目标定位于"为了更好的教育"。

"更好"突出的是学校不断进行的自我探索、自我变革、自我突破的发展样态。它不必然强调完美境界、标准达成，而更注重学校起始之点到现有发展样态之间的"相对值"。这意味着，一所起初薄弱的学校，通过不断突破自我、探索、超越后所达成的样态，即使仍然无法与很优秀的学校相比，然而这样的学校在笔者看来，便是此处提及的特色办学的理想样态。它们正是那个为了更好的教育、为了遇见更好的自己的理想型的学校。"比较"无止境，胜者也不会是唯一的。在无止境的比较视域下，那个最好的学校未必适用于所有的情境，也未必赢得所有人的认可，但是那些不断突破自我、为着美好教育无限靠近的学校反倒值得且容易迎来同伴的学习、效仿。毕竟，这样的学校可迁移性更强、适应力也会是更强的。

第一节　遇见更好的教育：我们身边的"好学校"

看到这里，也许有人会存有这样的疑问：那些能集"特色"、"好学校"和"好教育"于一体的学校的确很好，但现实中有这样的学校吗？或者说，会有这样的学校吗？对于这样的问题，笔者或许无法提供确定的答案，毕竟在不同的人那里，标准、视界都会有所差异。当然，笔者也不想重提那些为人们所熟知的，或是被多次提及的名校的办学案例，毕竟对很多普通的或是默默无闻的、饱受各种各样约束的学校而言，他们是"神"一样的存在，可敬仰但不可复制。笔者想，从身边或许能依稀捕捉到这样一些令人振奋、感动且朴实无华的办学案例。他们可以是历史中的的确确存在的，也可以是行进当中的，但在笔者看来，他们却是这样一类学校：坚守理想、排除万难、突破自我和智慧的集合体。此处的四个关键词，某种意义上也道破了一所优秀学校该有的关键特征。此处对其稍作一下解释。

所谓的"坚守理想"包含两个方面（且缺一不可）："有理想"和"能坚持"。"有理想"意味着学校拥有属于自己的高位的办学理念和追求，这个理念或追求能牵引学校不断向前发展，给予学校发展、前进的力量，以及冲破障碍的灵感与智慧。目前看来，几乎所有的学校都注重办学理念的确立，但能将学校发展水平（或程度）辨别开来的关键却不在于此，而在于学校在其较长的发展时期内，能否将这个理念坚持下来，并根据特定时期的发展需求进行适度的提炼、创新型地转化。这便涉及对学校办学历史、学校文化的承继与发展。倘若一所学校因为校长的频繁变更而不断变换办学理念，或者是为了追求时髦，将原本可以承继的理念替换为别的方面，而放弃了对自我的深度反思与求索，那么这样的"有理想"却不足以将一所学校带入"优秀"之境，反而可能会导致学校的没落。正是如此，我们在强调"有理想"的同时，也需要给其一个限定性的前提——"坚守"。

所谓"坚守"体现的是学校的定力和韧性，其深知自身擅长什么、要追求的是什么，因而不会因为外界时髦话语、流行观念的蛊惑，便迟疑不定或放弃自我。当然，此处的"坚守"也非意味着"固守"和"故步自封"，而是表明了一种为着理想、不断探索、创新、前行的韧性与定力。其根本上体现的是学校对自我的确知与超越。追寻理想的路未必平坦，甚至充满坎坷，但因为坚守，所谓的坎坷反倒成为学校通向前方、通往成功的别样风景。经历过后，阅历也丰富了许多，追求理想的心也会更为坚定。

一些学校由于各种原因常年面临校长更换的问题，历届校长在这所学校的时间总是难超过五年。这通常会成为学校发展的硬伤，容易使学校因为制度、理念、文化的断层而面临办学质量的倒退。这样的学校比别的学校更需要对自我的坚守与耐力，更需要具备一种能力和信念，以较好地应对校长频繁变更后学校办学理念、办学文化的承继或断层可能带来的诸多矛盾或问题。不仅如此，新任校长也需要在极短的时间内快速了解学校办学历史和办学文化，以此进一步升华学校的办学理念、带领全校师生确立共同的办学愿景。这一过程便是提升学校群体认同感之不可或缺的步骤。正是如此，实践中我们总能发现，一些办学成功的学校校长会存在这样一些共性：他们在进入一所新的学校后，会花较长的一段时间研究学校办学历史，带领全校师生研究、学习本校的发展历史、关键人物和关键事件，以此让师生找到心的归属，也让后期的办学实践能够尽可能沿着学校先前的轨道前进。一些办学优质的学校尤其如此。

> 李希贵校长到北京市十一学校上任之初，即开始着力总结和梳理学校的历史经验。这个独特的经历，也成为他学校管理思想中的亮点。在分享个人的办学经验时，他这样说道：一定要安下心来，把真实的结果弄清楚，不管这个结果是否符合当下你的心意。最应该防止的是，有些校长依照自己的眼前需求诱导对历史经验的研究与提炼。

许多新任校长往往没有把自己的任期当作学校发展历史中的一段，大都喜欢另起炉灶，希望改写历史，甚至奢望青史留名。于是，换一任校长，学校即经历一次惊涛骇浪，这样的经历多了，老师们慢慢陷入倦怠，面对每一任校长改革的风起云涌，他们也不再心潮澎湃，甚至心生厌恶。

上任后，李希贵校长选取十一学校55年历史中的三个时期，也是大家公认的学校获得快速发展的三个历史阶段进行总结和回顾。梳理完三个阶段后，他最终提炼出十一学校的七个成功基因，它们是校长、队伍、理念与共同价值观、体制与机制、生源、改革创新、条件与资源。[①]

事实上，任何学校在办学路上总会遇到各种各样的问题，即使是一路走来都颇为成功的学校，也会在某一时期进入发展的"高原期"，或停滞不前或下降。此时，如果学校不做一些管理思路上的调整或改变，便可能难以转变这样的僵局。也正是在这个时候，学校通过"排除万难"彰显出的精神和能力尤为关键。"排除万难"的背后需要几种能力支持：学校对"问题"的觉知力和把控力；学校内部智慧共享以及与之相应的内部成员的集体领导力；基于"校本"的学情分析与规划设计。也正是这些关键性的步骤，将学校的"内生"力和特色充分地彰显出来。进而，特色发展在这个过程中便成为自然而然的过程。

实践中，一些学校对"特色"的追求往往存在用力过猛的问题。他们要么将特色想得很高端，似乎"瞧不上"学校当下拥有的资源和文化，总想着将一个时髦的理念附加在学校现有的观念体系之下。然而，倘若这个新理念、新思路与学校原本的办学理念缺乏共通性，那么在推进特色办学的过程中，学校成员便极易产生抵触心理，进而引发更多的问题。学校上下齐心、协力排除万难之能力和意愿的缺失，某种意义上既是导致该类问题的缘由，也是该类问题进一步演化的结果。这意味着，学校办学的全程中，始终都需要从能力建构的层面，引导学校成员重视核心理念的引领、集体领导力的发挥以及基于校本的问题研究。

---

① 李希贵：《做校长，要学会与历史建立真切的联系》，《人民教育》2016年第5期。

让教师拥有"我们"感

天津市宝坻一中是一所有着4000多名学生、300多名教师的普通高中。作为一所大规模的学校,最棘手的问题就是对人数众多的教师进行高效领导和管理,激发全体教师的事业心,使教师个人价值观的实现与学校的发展愿景相一致。这也是最能体现校长领导力的一个方面。

对此,马长泽校长让团队按照成员互相欣赏的原则组建。其具体做法是:采用"低重心年级组运行模式"——校长直接聘任年级主任,再由年级主任聘任班主任和备课组长。在教师聘任中,年级主任和备课组长有实质的聘任权力,他们共同根据学生评教成绩以及学校关于年龄、职称、性别等搭配原则聘任教师。由此组成的搭班教师之间、备课组成员之间以及同一年级的班主任之间彼此认同感较强,人际关系更为顺畅,也更容易形成团队。通过各级聘任,处在年级主任、班主任和备课组长位置上的教师不仅自身事业心和工作能力强,在利益出现纷争的时候也能够主动谦让。这样,各种类型教师的积极心态就容易被激发出来,学校也形成了健康向上的生态环境。在考核教师的教学成绩方面,学校把过去那种根据学生考试成绩对个体教师进行排队的做法改为了主要考核两个团队的成绩。[①]

为了让已晋升高级职称的教师、市级区级优质课大赛获奖者、特级教师和其他一些教学特别受学生欢迎,并且使在教师评价中名列前茅的教师克服职业倦怠、保持较高的事业心,马长泽校长"改造"了学校的青蓝工程,将已相对处于事业"巅峰期"的教师们其专业性进一步拔高,让他们能像真正的专家那样奉献自己的智慧,不仅充分展现、反思、体会他们的自我价值,还能带领年轻教师不断发展。

为了保持"好教师"队伍的发展活力,宝坻一中将专家型教师与年轻教师相结对,给每对结对师徒制订了明确的发展要求,使师徒

---

① 本案例转自马长泽《好管理就像点石的"金手指"》,《中国教育报》2010年3月30日第5版。

们在日常实践中有"法"可依。与之同时，学校还把奖励优秀改为奖励优秀与达标合格相结合的办法。量化考核后的前10对师徒为优秀师徒，学校颁发荣誉证书。满60分的是合格师徒，师傅享受一定数量的课时补贴。不满60分的为不合格师徒，取消以后的师傅资格。这种考核办法大大促进了学校结对师徒的共同成长。

宝坻一中的评价方案中考核内容异常详细清楚。比如教师考核方案中，学生对教师教学过程的评估内容就有18条，包括职业道德、基本素质、课堂教学与管理、辅导、考试5个方面，涉及课堂教学中师生关系方方面面的问题。每个学期在期中考试后，学生会填写"18条"问卷，问卷用读卡器很快处理之后，发给每位教师，纸条上清楚地列出了该教师的总成绩排名以及18条中每一条的得分与名次。这样细化考核的结果使每一个教师都知道了自己的差距在哪里。这样的考评制度体系促进了教师的自我管理和自主调节，使教师们能够针对优化学生学习的目的而不断改进自己的教学行为。

"突破自我"表明学校具备两种精神或能力：从过程的角度看，其体现的是学校的一种自我超越与创新能力。在学校收获办学的成功之果时，能很快抽离"舒适区"，反思、探索、研究学校新的发展任务，提前布局；在学校面临困境之时，通过校本教研，带领全校师生研究解决方案以摆脱困境，最终使学校进入新的发展阶段。从结果的角度看，其体现的是发展的"相对值"，即学校在经过一个时期的探索之后，在某些方面有了质的改变或进展。

兰吉辛·迪塞尔（Ranjitsinh Disale）是印度山村的一名小学教师。2020年，年仅32岁的他便获得了号称"诺贝尔教育奖"的"全球教师奖"。很多人都好奇，一所普通学校的教师如何能够获得如此高的教育认可。了解兰吉辛的教育事迹后，我们便会发现，兰吉辛的成功离不开他不断的自我突破和创新以及他深厚的教育情怀。

一位山村教师创造的奇迹

在做教师前，兰吉辛·迪塞尔本想成为一名IT工程师，并就读于工程学院。然而，在意识到自己不适合这个专业后，兰吉辛参加了当地的教师培训计划，并到师范学院学习。由一开始对教师专业的不理解、不接受到后来将教师视为"真正的变革者"这一观念的转变，促使兰吉辛后来能够在一所落后的学校扎根、潜心研究教育，通过自己的努力彻底转变了这所学校，甚至也扭转了当地人的命运。

当兰吉辛来到齐拉巴黎哈德小学教书时，学校还建在牛棚旁的破房子里，学生的辍学率很高。当地的女童未成年婚姻盛行，他们的教育没有受到重视。不仅如此，当地学生使用的教科书也不是他们的母语——卡纳达语，这极大影响了学生的学习成果。[①]

可以说，在兰吉辛所在的山村，学生受教育存在三大阻力：一是多数家庭普遍贫穷、落后，基本负担不起孩子的教育；二是民风、民俗落后，未成年婚姻现象普遍，女童受教育阻力大；三是学校教育效果低下，教育方式不适合学生实际。这样的问题，在我们国家一些较落后的地区也曾存在。让我们来看看，兰吉辛是如果运用他的知识和智慧解决这些问题，并将自己的探索成果分享给周边的地区和国家，进而用行动展示了自己作为变革者应具备的能量的。

在弄清楚学生受教育的几大阻力后，兰吉辛开始学习卡纳达语，并搬入村子里生活。他还把所有的教科书翻译成卡纳达语。考虑到学生们很少拥有电脑，于是兰吉辛重新设计了教科书，在书里包含QR码。学生们用手机扫描QR码之后，就可以看到各种与课程相关的教学资源，其中包含视频讲座、作业、故事和有声诗，以便于学生更好地理解。

兰吉辛的创新，帮助他的学生发展了解决问题的能力、创造力和更好的沟通能力。他对每一个学生的思考方式都进行分析，并通过改变QR编码教科书中的内容，调整课外活动和作业，来为每个学生创造个性化的学习体验。此外，他还使用沉浸式阅读器和Flipgrid工具

[①] 本案例转自甘教国际《今年的"诺贝尔教育奖"，凭什么给了他?》，2020年12月6日，https://baijiahao.baidu.com/s?id=1685338016790333586&wfr=spider&for=pc，最后浏览日期：2021年9月5日。

升级了 QR 教科书，以帮助有特殊需要的女孩。

在兰吉辛的努力下，学生们开始爱上了学习，成绩也不断上升。在学区举行的年度考试中，兰吉辛的学生有 85% 都达到了 A，学校的女童上学率达到了 100%。不仅如此，该村再也没有出现未成年婚姻。

在工程学院学习过的兰吉辛，并不只是让学生们死读书，而是帮助学生运用学习到的知识来解决面临的现实问题。他的学校位于马哈拉施特拉邦干旱多发区，在师生共同努力下，该校现在已经成功地解决了荒漠化问题，学校所在地区的绿地从 25% 增加到 33%，整个村庄周围的土地总计有 250 公顷免于荒漠化。

兰吉辛还创办了"跨越国界"计划。他与来自八个国家（包括印度、巴基斯坦、以色列、巴勒斯坦、美国、朝鲜、伊拉克和伊朗）的 19000 多名学生建立了联系。在他的课程中，这些"对立"国家的年轻人们互相配对，一起听课、讨论，深入沟通，来寻找彼此的共同点。

兰吉辛还通过 Microsoft Educator 社区平台，在世界其他地方的学校里教学生，并带他们进行虚拟旅行。他还在自己的家里设立了家庭实验室，向学生们展示科学实验，以帮助他们更好地理解各种概念。据微软的官方数据显示，通过这些虚拟课程，他已经在 83 个国家/地区的 1400 多个教室中教授了 85000 多名学生……

从兰吉辛的事迹看，如今真正优秀的教育者，不仅需要具备很强的教学水平，还要对学生、社区作出大的贡献。换句话，在教育的全球化趋势下，一个好校长、好教师比以往任何时候都需要彰显大胸怀、大视野，他不仅要带动自己的课堂、引领学校发展，还要助益于社区乃至更多的地区。好校长、好教师会带来好教育，但这背后的关键还要求校长、教师有强烈的教育信仰，以及在这种信仰支撑下较强的行动力和创造力。

"智慧的集合体"总体上表达的是学校成员的集体领导力。作为学校成员，全体教师乃至学生有建言献策的机会，进而他们可以作为学校的智慧力量，为学校的发展贡献智慧。学校要调动这种集体智慧，既需要管理和制度上的创新，让教师、学生从事的工作、实践能渗透管理思想，比如学生运用所学的知识参加学校管理，在管理过程中既为学校建言献策，也能够收获成长。这同时也需要学校民主、协商的氛围的整体创建。

华东政法大学附属中学即创新地将政法教育与学校管理巧妙地结合在了一起。该校有一项举措即是以"听证"的方式解决学校管理纠纷、构建民主校园、民主课堂。比如，某一次，学校在以小组合作学习为形式开展课堂教学改革的过程中曾出现以下争议：师生、家长对小组合作学习的利弊关系看法不一，有的要求禁止，有的要求继续，小组合作学习陷入两难境地。对此，该校二年级进行了以下创新：该年级学生围绕"小组合作是否会影响学生独立思考能力"的矛盾焦点为主题召开听证会，教师、学生、家长、专家等充分发表看法和建议，把问题说清楚、把需求讲清楚、把建议谈清楚，以便在广泛的意见中综合分析决策。听证会上形成了五条建议：小组合作不等于小组讨论，小组讨论要选择恰当的时机和恰当的问题；小组讨论前，应有一定的独立思考实践；注重对组长的培养，督促、指导组员讨论前进行充分的独立思考；加强学生的指导和培训，提高自主学习与独立思考的能力；设立必答题和抢答题，请小组内不同成员参加班级交流。[①]

传统意义上，社会实践都是学校组织学生走出校园去开展相关活动，但因受制于常规教学日程安排、学生出行安全等因素，校外社会实践便容易出现学生参与空间有限、时间不能保障、效果低下等问题。为了弥补校外社会实践的短板，同时也解决学校人力资源配给不足的问题，天津市南开中学通过创设"校内实践岗位"巧妙地解决了这一问题。他们创设了以下三个制度：

一是"学校管理班制度"。即：在学校日常管理中设立学校管理班制，每周有一个教学班管理学校的日常事务。其主要职责是：负责

[①] 徐士强：《本道术原：普通高中特色课程的建设逻辑》，《中国教育学刊》2019年第7期。

学生一日生活管理。包括卫生清扫和管理，食堂秩序和宿舍秩序的管理，学生自行车的摆放和管理，学生五项评比的检查和管理，接待外省、市参观团体和国外教育团体等。管理班还要选出"校长助理"协助校长处理日常事务，成为校长和学生之间的桥梁和纽带。通过这种学生参与学校管理的方式，学生们能够更加理解学校在具体管理过程的意图，师生之间的默契增加了。

二是"辅导员制度"：每年新学期开学前，校团委会从高二年级选拔品学兼优的学生干部，经过培训后，担任新高一、初一年级的辅导员。每个新班级配两名辅导员，一名男生一名女生，由校团委颁发聘书。辅导员的工作职责是：协助班主任组织开展班内工作，带领新生完成入轨教育工作，帮助和引导新生更好地适应南开的学习和生活。辅导员同学跟新生年龄相仿，作为学校、班主任和新生链接的纽带，更容易让新生尽快转变身份，融入南开中学的生活节奏。

三是"校内讲解员制度"：南开中学由著名爱国教育家严修和张伯苓1904年创办，1978年被教育部确定为全国重点中学，1996年被国务院授予全国重点文物保护单位，建校115年来，造就了以周恩来、温家宝两任总理为代表的一批又一批国家栋梁之材。因此，学校保存有大量的红色旅游资源，经常会有机关、学校等单位来参观。为了弥补值周班人员流动较大的不足，学校设立校内讲解员制度，每年选拔一部分学生，进行专业培训，为来访的各界人士进行讲解，传播南开文化，弘扬南开精神。也加深了学生对南开文化的理解和认同。

以上两个案例从不同侧面展现了学校的集体领导力。不论是教师还是学生，其主体作用的发挥都不是单个群体能自行成就的事情，而是需要相关人员的共同努力。这两个案例虽表面上展现的是学校如何调动学生的主动性和积极性，去为学校建言献策、解决管理难题，但实际上却汇集各部门人员的协调、配合等积极行动：校级层面在制度、方案的设计，机制建设、幕后服务、家校社资源力量的协调等方面都付出了极大的努力，其间，他们不免有所挫折和困顿，但在全员的共同努力下，终品味到了探索与创新的甜头。所有的努力都化作了学校办学、管理途中的一抹抹亮色。对这些学校而言，"特色"已非目标，而是成为一种办学习惯。因为这个习惯的存在，学校便有了较多的冲动和兴趣去不断创新、改变，去探索潜藏在学校内部的无限潜力……这样一来，学校办学便超越了"技术"本身，而演化为一种办学的"艺术"。两种境界的不同在于，前者受制于方法、为方法所束缚或操控，而后者却在创造方法，在不同的方法之间灵活穿越、变通，让方法为"我"所用。

第二节 特色成就的好学校：实践中的创新艺术

特色发展需经历结构性的变革过程，这其中包含了教学、管理、制度、观念、文化等的系统改进。对特色建设中的学校而言，要使相应的变革能有效持续，以通过特色办学发展成为真正意义的好学校，便需要对普通高中教育进行系统的反思，并致力于维持多个层面的关系平衡，比如文化的稳定和变化之间的平衡；内部压力和外部压力之间的平衡；突出自我和提供服务之间的平衡……这一定意义上也归功于学校办学实践中、可以带动学校创新的三种"艺术"：平衡艺术、融合艺术及制度层面内核性的衔接艺术。

一 学校创新性探索中的"平衡"艺术

"保持平衡"对学校领导力有着较高的要求，但却也是学校日常管理难以避免的环节。毕竟学校总是会时不时地面临各种抉择和挑战，比如在多个不错的行动方案中作出选择、放弃一直以来都具有良好效用的行为模式……这些情况一旦处理不好，就会影响学校成员的认同感，进而带来各种问题。几乎所有的学校在发展过程中都会面临"惯性"问题，即在某件事情上做的次数过多，甚至到了不加考虑、得心应手的地步。而这个时候，学校其实已面临失衡问题，进而需通过一定的行动进行调整和干预。

在日常实践中，学校需要平衡的点不在少数。但概括起来，不外乎以下几个方面。

（一）保持内、外关注点之间的平衡

不同人员，在各自的实践领域总会有不同的关注点。这样，相对一个人或一个部门而言，在关注点上便有了内与外的区别。当这些关注点跨出了特定的个体、群体或部门时，便可能发生性质的变化。最突出的一点就是，对每一个人、群体或部门而言，一些被他们尤为看重的点可能会变得不够重要，而一些本来与自身无关的点却需要重新被关注甚至得到重视。这样的落差每一个人都会遭遇到。从学校层面看，这便涉及对各个关注点其重要性的重新排序。而这种所谓的排序往往也容易导致学校成员的心理失衡问题，甚至淡化群体认同感。

为了确保学校办学实践中各种合理的调整最大可能得到群体成员的认可，校长首先需要尽可能地使学校共同体的内部成员和外部成员都参与到广泛的学校管理行动中，向共同体澄清每位成员对创设这类组织所要承担的责任，并用结果导向目标来评定取得的进步。其次，则是要成为一个边界的调控者，以在不同部门、学校内外之间游刃有余地开展工作，并用所有人都能理解的语言来说明学校的计划。倘若校长对部门内或学科组内部的密切联结，以及旨在提高部门业绩或学科成绩的跨部门、跨学科联合的外部需求都很敏感，那么他便有望帮助教职员逐渐完成学校变革所需要的转变①。最后，校长还要拉近自身与学校师生之间的距离，努力成为教师群体、学生群体中的一员。设定专门的、常态化的机会，走近师生群体，与他们共同分担教学领导的责任、共同分享教育教学中的各种成果与喜悦，甚至像朋友一样，与学生打成一片。

我们身边一些广受教师、学生爱戴的"好校长"，甚至一些真正有着高水平治校能力的校长们往往具备一些共性特征：他们特别注重通过日常性的举动与学校的教师、学生们"扎堆""打成一片"，以此拉近他们彼此之间的距离。比如坚持每天站在校门口迎接学生，放学后目送学生离去（浙江省杭州市天长小学　楼朝辉校长）；在学生餐厅与学生一起打饭、一张桌子共进午餐（江苏锡山高中　唐江澎校长）；在特别的日子，全体教师（包括校长等学校领导）放下自己的角色，把自己当作与学生一起玩耍、嬉闹的伙伴，让学生按照他们设定的角色来随意装扮校长、教师们，一起表演戏剧（北京十一校　李希贵校长）……他们努力的方向还不止于此。这些校长还特别注意记住自己接触过的学生的名字，他们的性格特点等。这样一来，学生见到校长就不会有陌生感，还会与校长交流自

---

① [美]莎朗·D. 克鲁斯、凯伦·S. 路易斯：《建构强大的学校文化——一种引领学校变革的指南》，朱炜、刘琼译，北京大学出版社2013年版，第165页。

己的见解和存在的疑问……于是，这些聪明的校长们，便也利用这种日常的机会收获了很多管理和教育的时机，甚至将其整合到了学校的特色办学系统中。前面提到的浙江省杭州市天长小学的楼朝辉校长便是如此。

> 楼朝辉校长每天有一个必须做的工作，就是站在校门口迎接学生，放学后又目送学生离去。他喜欢观察学生的表情，喜欢看他们欢快的样子。因此，有情绪不高的学生总会引起他的注意和思考。一次，他观察到学校一名学生的反常：这个孩子入学的时候很愉快，特别活泼，但是放学后却变得情绪很低落，不愿意与人说话。照理说，孩子们放学回家是一件无比愉快的事情，而这个孩子却表现得心事重重……看到这个现象，楼校长找到孩子的任课教师和家长，针对这个现象进行了仔细的研究。结果发现了其家庭在教育、陪伴孩子身上的问题，并协助家长一起解决了这个问题。受此次事件的启发，楼校长将这个日常的工作提升为学校教师的研究项目。每日派专门的教师迎接、目送学生离去，抓拍学生微表情，将其带回研究和分析……因为这种细腻的举动，也品尝到了每个孩子、每日成长的不同，以及依据这种不同进行差异教育的意义，楼校长发掘出了学校的管理与教育特色，他将其概括为"差异教育"。凭借这项探索，楼朝辉校长所在的学校获得2018年国家级基础教育教学成果奖一等奖。

可以说，好的学校共同体不仅能给成员提供广泛的共享机会和参与共同活动的机会，更重要的是，通过这些行动，最终提升了成员的集体责任感，使成员形成了强烈的归属感。这样的共同体其形成背后，亦需要学校付出以下针对性的努力。

1. 学习、研究的共同体与教师探索力的激发

"探索是活力和自我更新的发动机。"[1] 其通常开始于个人对于某些问题的质疑和反思，或是对所处境遇、所做事情的失望或不满意。基于对个人愿景的期待，在不断经历信息搜索、实验之后，不仅个体的观念、目标

---

[1] 冯明、潘国青：《上海市普通高中办学特色调研报告》，《上海教育科研》2012年第1期。

会得到更新，其继续学习、研究的标准、技巧也会成为一种习惯。然而，这种较理想的行为背后却需要几种具体能力的支撑，即：学习力、反思力、研究力和坚持力。

一些成功的案例显示，为激发教师的探索力，学校往往会强调学习共同体的组建，较重视同伴之间的互帮互学以及小规模团体内的研究和讨论。这些团体可以由学校组织成立，也可以由教师个人自发成立。其内容可以是围绕某些核心问题展开的辩论和研讨；可以是对学校工作改进意见的切磋；也可以是对教师个人思考的练习、行动研究的交流和辅导……学校要做的工作包括以下三个方面。

第一，将"多样性"结合进"共同体"的组建中并使其制度化，保证团队组合的多元化和灵活性，以及团队成员知识、能力结构的互补性。

第二，不断激发教师的探索欲望。提供可比较的环境，随时更新教师头脑里的认知"图"。不定时地制造一些"混乱"，提出一些较棘手的问题，打破教师头脑中的平衡感，进而激发其进一步探索的动力。有经验显示，持续性的探索激励以及过程中的相关辅导往往有助于教师将研究的标准和技巧内化于心。

第三，把教师的学习、研究和讨论与学校发展联系起来，将那些经由探索、研究获得的好的想法和成果进行提炼，转化为学校新的发展视点，让教师研究得以应用。这往往有助于增强教师自我的效能感，激发其进行持续性探索的热情。

2. 创造性学习与行动力的发挥

学校改革的成效往往取决于校内成员的积极配合。这种配合不是被动地服从或顺应，而是积极行动。与一般的劳动、工作有所不同，"行动"通常意味着个人能够"去创新、去开始，去发动某件事情"，意味着我们总是可以从行动者身上期待未曾预料的事情，而这些行动者也总能够完成不可能的任务[1]。就此而言，所谓的"行动力"便是一种"创造性的拉力"、一种自制力和控制力。它能够让个体自觉地以一种独特的方式拉近愿景与现实之间的距离，让个体在经历模糊认识、混乱、探索和试验后获得自我的突破。然而，这却有赖于教师的创造性学习——"学有所用"

---

[1] ［美］汉娜·阿伦特：《人的境况》，王寅丽译，上海人民出版社2009年版，第139页。

"学有所创"。

让教师进行持续不断的学习以更新思想、方法和观念，这是多数学校明白不过的道理。然而，并非所有的学习都能让教师获得变革的灵感和动力。倘若学习只是来源于从头到尾的培训设计，未能成为教师的主动行为，也未能帮助教师实现其需求和愿望，那么这些基于培训的学习只会成为无效劳动。

进行创造性学习，学校通常需要做好几个铺垫：一是建立支持学习和愿意学习的风气，使学习成为一种习惯。比如校长、骨干教师首先形成"爱学习"的习惯，并有意识地带领、帮助其他成员一起成长；学校会鼓励和支持教师的兴趣，为他们推荐课程、介绍合适的阅读材料；让教师意识到学习有助于提升他们的能力，有助于帮助他们形成好的想法。二是营造共同学习的气氛，建立学习的共享交流机制。包括：构建学与思的共同体文化，让共同阅读、交流和分享成为教师工作、生活的一部分。同时，鼓励教师同伴在相互设疑、启发中，形成新思想和新方法；支持教师去其他学校参观学习，与校外同行一起工作，交流经验，同时，重视参观、学习后的总结与反思，鼓励对同行思想和实践提出异议。三是重视教师个人学习成果、思想的转化和运用。比如开辟试验通道，让教师有机会试验、尝试新思想、新方法；重视"集体领导"，让教师有机会参与学校决策，同时通过结合校内成员之间的协商互动，让不断澄清的个人目标和愿景有机会成为学校共同的发展愿景。在此过程中，不仅教师有动力、兴趣和信心去为这种其个人想要的结果进行学习，学校也能扩展其改革可选择的范围。

（二）在稳定与变化之间保持平衡

每一所学校都需要变革或进行不断的文化诊断和改进。在一所办学业绩长期保持最优的好学校，持续性改进更是会成为学校文化的核心特征。然而，只要走上变革之路，学校就会面临"失衡"问题。毕竟，一种由固定模式和常规带来的稳定感觉，更容易使成员信任他们所在的组织，而太多的变化和不稳定性，会使成员产生一种混沌感和分裂感。[1] 所谓"稳

---

[1] ［美］莎朗·D. 克鲁斯、凯伦·S. 路易斯：《建构强大的学校文化——一种引领学校变革的指南》，朱炜、刘琼译，北京大学出版社2013年版，第166页。

定"在于对学校中重要事项的维持,"变化"则体现在学校文化的改进中。

为了降低变化带给学校成员的失衡感或不适感,学校便需要在"稳定"和"变化"之间寻求平衡点,这个平衡点即是能够引领学校成员向前迈步的、与其利益相关的共同关切点。正是如此,学校变革和改进便需要与一个有意义的目标相联结。这里的"有意义"指的是,教职员了解学校正在发生的事情,共同参与了学校文化诊断,对于变革的必要性以及学校进行中的事情相对学校内、外诉求存在的挑战、具备的适应力以及学校的可能前景等,他们是理解并认同的。"在理想的情况下,变革与一个更有意义的目标相连,这样就有助于你强化学校的象征和发展方向"①。而通过强调学校的象征(比如共同的目标、愿景或使命)且坚定不移地坚持它,并向成员澄清进行中的变革或改进对于实现学校共同目标的调节意义,学校进行中的变化也不致使成员产生分裂感进而抗拒变革或变化。

对此,学校便需关注校内外相关人的期待与内在需求,把个人目标嵌入学校办学愿景中并融为一体,"在充分关注参与者需求的基础上,再来设计推进试点改革的步骤、流程、策略"。② 图 8-1 中,亦庄实验学校的探索便在此方面展现了他们的特色。其此方面的秘诀是,让学校成员拥有被接纳感,并成为学校集体智慧的贡献者。从入学"走红毯"到学期中通过"青年才俊""月度人物"等多样化的评选或肯定性鼓励,到学校为有新点子、有闯劲的教师、学生成立"自主管理学院"等,每个人的亮点都有机会得到绽放。这既调动了全体成员的集体智慧,让他们拥有了极大的归属感和自我价值的实现之感,也使成员在积极、主动为学校建言献策的过程中,自然而然地将学校发展视为了自己的事情。

为了增强制度的可行性和执行力,学校制度体系中应包含对相关正式制度、非正式制度的执行情况进行评价、监控、督查和惩罚激励等的制

---

① [美] 莎朗·D. 克鲁斯、凯伦·S. 路易斯:《建构强大的学校文化——一种引领学校变革的指南》,朱炜、刘琼译,北京大学出版社 2013 年版,第 167 页。
② 李希贵:《40 年关于教育改革"试点"那些事》,《中国教师报》2018 年 12 月 26 日第 13 版。

216 / 下编 特色发展向何处？

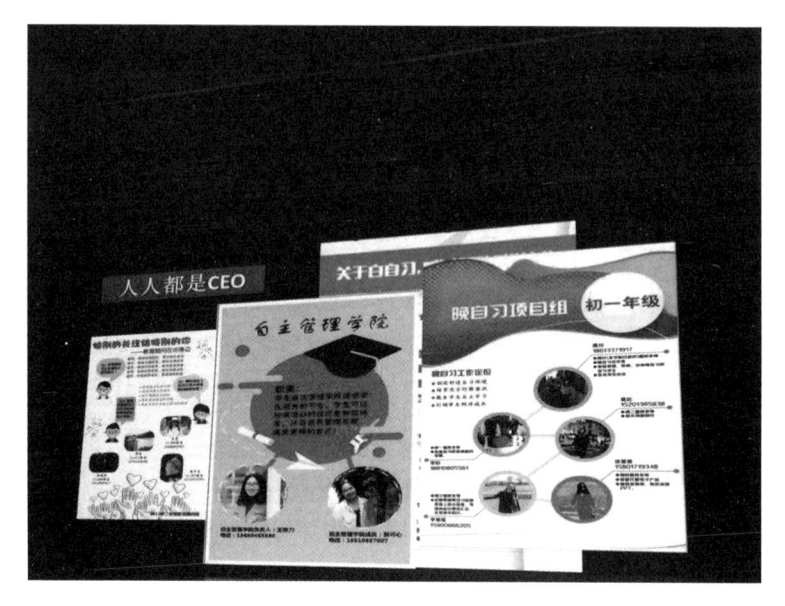

图 8-1 北京十一校亦庄实验学校教师—学生自主发展平台

资料来源：北京十一校亦庄实验学校李长青校长的个人报告。

度——制度的实施机制。然而实践中，在无视制度可接受性或认可度的情况下，单纯强调相关正式制度、非正式制度及其实施机制的完善或创新程度并不能避免特色发展制度的虚化问题，甚至可能带来成员对制度的反感或抗拒。

从部分成功的实践经验看，要提高制度的实施效率和执行力，学校便应淡化"管理主义"的立场，突出"人格化"的管理理念，以协调学校不同主体之间的关系为出发点，构建能够被所有师生员工体认、追求的制度。这意味着：（1）学校需要从尊重和满足本校教师员工、学生的需要出发，探索适合本校成员的"管理"；（2）要强化"人文关怀"，切实考虑制度的可接受性，把全体学生、教师及其他员工对制度的情感体验作为一个独立的因素考虑进去；（3）在制度实施过程中，要关注制度实施中的反馈意见，随时随地了解新制度的实效，并且在适当的时候作出必要的调整。

（三）在领导与管理之间保持平衡

李希贵校长在分享自己的办学经验时这样说道：一个健康的组织结构

必须能够引导方向，明确地告诉大家劲用在什么地方。同时，还要最大限度地让组织内部每一个岗位和每一个团队的责任、权力、利益相互匹配，这样，才能让成员方便做事、愿意做事，才能够做成事。也只有如此，才能让大家感受到自我的力量和可能性，体验到自我的存在感、价值感。①这一定意义上道破了领导与管理相平衡的奥妙。

在学校变革进程中，"领导"是指引性的，校长担当的是探路人和引路人的角色。多数时候，他需要用自己良好的办学理念、对信息的敏感性与捕捉力、变革的决心与魄力等去勾勒学校办学愿景、去进行战略规划设计。除此之外，还要针对愿景发展、支持并授权其他管理人员及教职员参与学校管理。正如有学者指出的那样，有效的领导力"起到了连接作用，而不是控制；是模范示范作用而不是单纯地做出决定。做到这点，就必须投入——首先自己投入，然后才能带动他人"。②

相比之下，"管理"则是设定性的，参与管理的人员既是实践者也是各种行动步调的设定者，他要关注行动中的细节，要围绕目标、计划进行实践监控与监测，及时发现问题并解决问题。由此看来，所谓领导和管理在角色定位与任务分工方面存在明显差异，但二者却是互补且缺一不可的。而这种互补性也非仅指向不同人角色分配、任务分工的错位式互补，其还包含了一个人在多种角色之间灵活转换的可能性。此处便需要领导与管理的平衡艺术。

"领导力并不是指善于做出聪明的决定……而是善于激发其他人的能量来做出正确的决定并做得更好。换言之，就是帮助他人释放出与生俱来的正面力量。"③ 在一所学校中，为了把教职员的集体力量凝聚到重要的行动上，校长一方面需要"授权"，鼓励所有成员发挥创造力与主动性，并调动他们参与学校愿景、规划的制定，发挥领导作用；另一方面，还需要调动一部分人同时做好管理工作，联合其专业知识，使其在各自的专门领域，以能够产生预期结果的方式进行协调工作。"通过运用能够适应于

---

① 李希贵：《新时代普通高中发展的若干思考》，《人民教育》2018年第10期。
② ［加］Michael Fullan：《教育变革的新意义》，武云斐译，华东师范大学出版社2010年版，第233页。
③ ［加］Michael Fullan：《教育变革的新意义》，武云斐译，华东师范大学出版社2010年版，第233页。

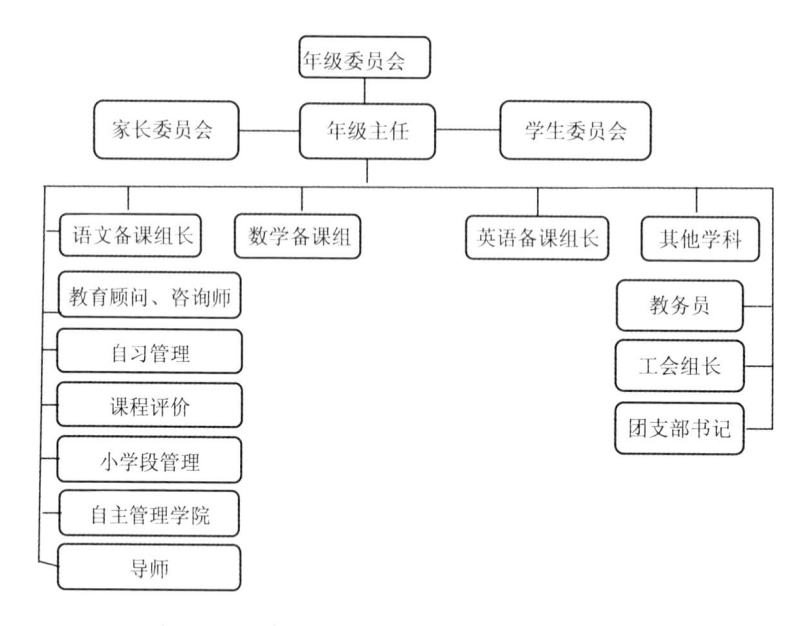

```
                    ┌──────────┐
                    │ 年级委员会 │
                    └────┬─────┘
        ┌────────────┬───┴────┬────────────┐
   ┌────┴─────┐ ┌────┴─────┐ ┌────┴─────┐
   │ 家长委员会 │ │ 年级主任 │ │ 学生委员会 │
   └──────────┘ └────┬─────┘ └──────────┘
```

图 8-2　北京十一校亦庄实验学校年级分布式管理

资料来源：北京十一校亦庄实验学校李长青校长的个人报告。

其他人参与变革过程的管理和领导的方式，学校应对教育学生的迫切要求的能力就可能得到显著地提高"[①]。

  李希贵校长到北京十一校任职以前，曾先后在山东省高密四中和高密一中任职，而我们后来看到的他在十一校展现的先进的办学经验，一部分即发端于此前的管理经历：他在两所学校先后担任校长期间，为了最大限度激发每个教师的潜能，进行了人事和分配制度方面的改革探索，这一探索某种意义上便是作为校长其"领导"角色的突出体现。这项改革从转变中层部门职能开始，将原有的中层部门合并压缩，将原有的管理部门转型为服务部门，"取消"这些部门对年级、学科的指挥权，改为全心全意为师生服务，并接受师生的评价。副校长则"下沉"到年级，直接兼任年级主任，他们直接面对师生需求，又把需求直接带到了校务委

---

①　[美] 莎朗·D. 克鲁斯、凯伦·S. 路易斯：《建构强大的学校文化——一种引领学校变革的指南》，朱炜、刘琼译，北京大学出版社 2013 年版，第 168 页。

会这一学校的决策平台上来。① 这样，相关人员便在领导与管理工作之间实现了转换。

二 学校内外协作中的"融合"艺术

所谓"融合"指的是学校可以综合运用不同的方法和路径解决某个问题。其间，学校需要具备以下能力：一是对各种方法、路径及其能够解决的问题之间的联系有一定的敏感性；二是具有将各种事物相联系、联结的思维习惯和能力；三是能从一定的关系网中获取所需的资源和力量，以保证自身的创造性和发展力。

"关系"具有资源供给的功能，是学校发展的"营养源"。正如罗伯特·梅斯勒所指出的那样，"使我们的生命更丰富、更富有价值的东西并不是那种保持不受影响或甚至控制他人的力量。我们之所以能使之更丰富、更富有价值，是因为我们具有惊人的能力、去接受我们所在的那个关系网的难以置信的丰富性和复杂性"②。对学校而言，无论其推进哪个层面的改革，既需要聚焦自己的内部发展（学校、学区或其他），也要同时寻找与其他层面的联系。"不仅要在三个层面之间建立一个强大的联盟，更重要的是，这个系统的连接需要具有较强渗透性，即可以相互作用、相互交流和相互影响"③。正是如此，所谓"融合"在实践中便有以下几种体现。

（一）"外部适应" + "内部整合创新"

很多成功的学校改革显示，要对学校做一些高要求或高期待——比如让学校成为杰出的学校，并使这些要求和期待变成现实，便需将"自上而下"与"自下而上"的改革"谨慎地摆到平衡、相互补充和相互依存的位置上"。④ 这根本上是要在外界"给定处方"与"学校自觉"之间保

---

① 李希贵：《40年关于教育改革"试点"那些事》，《中国教师报》2018年12月26日第13版。
② [美]罗伯特·梅斯勒：《过程—关系哲学——浅释怀特海》，周邦宪译，贵州人民出版社2009年版，第69页。
③ [加]迈克尔·富兰：《变革的挑战——学校改进的路径与策略》，叶颖等译，北京大学出版社2013年版，第3页。
④ [英]David Hopkins：《让每一所学校成为杰出的学校——实现系统领导的潜力》，鲍道宏译，华东师范大学出版社2010年版，第15页。

持一种创造性的张力。它意味着，学校一方面需主动融入外在环境，开放地接受外来影响，对外界的期望、政策、制度、变革要求给予积极、主动的回应；另一方面，始终检视自身"基础"是否合适，通过改造外部变革要求，选择性地为自身的内在目的服务，进而将学校外部监控水平与内部运作过程结合起来，以适应学校自身的发展状态。这有两个实现途径。

1. 校内途径：重视共同管理，搜集智力资本

学校智力资本一般来源于校内全体成员（包括教职工和学生）及学生家长的知识、技能和能力。去储备、发掘和组织这些智力资本往往有助于学校新观念的孕育和新知识的创造。而协作便是学校搜集、运用这些资本较有效的途径。目前，许多学校已形成了较完备的校内协作网络，比如专业性的团队合作，包括学科研讨、教法讨论、主题式的训练指导；同伴之间的互帮互助；集体领导；学生家长的决策参与……然而，并非所有学校都能在这其中获得其想要的成果。一些时候，由所谓"协作"带来的混乱、无序或"小团体思想"非但无法帮助学校获得所需的智力支持，反而可能干扰学校的发展视线。

对学校而言，要开展有效的校内协作便需要注意两点：一是将学校支持和教师层面的需求联系起来。我们期望在协作中获得什么成果（协作目标）？想通过协作争取何种具体的智力支持（协作内容）？我们可以为教师协作提供什么样的支持性条件（协作形式、组织条件、环境条件）？可以采取哪些措施让学校发展需要和教师个人的关切相结合……这是学校拓展校内协作必须考虑的问题。对学校发展需求和智力资本把握不够，对教师、学生乃至家长的需求缺乏针对性的回应，对团队合作、集体领导缺乏必要的指导和干预，都会制约学校获取其发展所需要的资本和动力。二是进行共同管理，发掘教师专长，让每位教师把自己的特长尽可能地贡献给学校。过程中，学校应进行必要的协作指导和干预，避免协作过程中的"小团体思想"（比如不加批判地顺从某个群体）和无效合作。通过集体内的交流、分享和争论，让个人愿景获得提升，并有机会融入集体的共同愿景中。对此，学校便需要通过加强"共同体活动"及"共同体管理"的制度建设，让教师、学生及其他学校成员成为制度创新的主体。

在制度建设过程中，学校需要重视对存在于校内成员以及校外相关人

员、团体、机构的智力资本的积累和运用。这意味着：第一，学校应改革内部组织管理机构，明确任务、平衡责任目标。[①] 通过降低决策层级、开展低重心管理、网格化管理等，调动校内成员在制度建设方面的参与力。第二，加强团队协作，鼓励全体教职工、学生参与制度创新，并将其制度化。在形成制度创新方案时，要普遍征求教职工、学生的意见和建议，力争完善方案；在实施制度创新方案时，要注意来自校内成员的反馈信息。第三，在制度设计过程中，要兼顾整体设计与基层能动。基于教师共同体成员的充分沟通、协商，参考他们一致达成的意见，制订教师共同体活动、管理制度。在活动过程中和活动结束后，学校领导和教师共同体应对共同体的活动情况和建设情况进行反思、互动与沟通。第四，强化校内外信息、资源的沟通、交流机制建设，与所在社区中的各种组织、学生家庭等进行"双向互动"，并将其制度化。第五，加强学校共同价值观和校园文化（尤其是隐性文化）的培育，并将其制度化，以在全校真正形成共享的价值观念和行为方式。

2. 校外途径：积累社会资本，获取改革灵感

对学校而言，要获得改革的灵感、争取校外支持，就必须作出以下努力：一是从学校发展需求出发，与同行、高校、其他专业团体及具有伙伴关系的社区建立联系，形成合作网络。一方面参照学校自评和校外监督系统的反馈意见及其提供的比较数据，针对性地选择校外学习通道，寻找专业指导。另一方面，扩展校际之间的协作圈，兼顾与发展类似的学校、参与不同活动甚至相反活动的学校之间的接触。通过同行之间的接触、对比和协作进行查漏补缺。二是主动融入外在环境，开放地接受外来影响。对外界的期望、政策、制度、变革要求给予积极、主动地回应。比如：积极地赞同和扩大某些期望、政策、制度的作用，据此打开未来发展的窗口，为自己创造预先行动的机会。对于不够成熟的政策、意见则提出异议，缩小其影响。

（二）"独立创新" + "社会责任"

所谓"独立创新"不仅意味着学校成为区域内一个独立的、有个性

---

① ［加］迈克尔·富兰：《变革的力量——透视教育改革》，中央教育科学研究所、加拿大多伦多国际学院译，教育科学出版社2004年版，第86页。

特质的改革单元，更意味着学校领导模式向"专业自决"的转变：为了充分挖掘校本智力资源，学校需构建一种集体领导模式，通过创建改进小组以及提升各个层级上领导和管理改革的技术，为每一个组织赋能，增强集体领导能力。

前面曾提到，北京十一学校李希贵校长有一个独特的治校能力，就是在学校构建出一个"赋能"的组织结构。这样的组织结构，会明确地告诉学校成员劲用在什么地方，也会促使每一个岗位的教职成员确立"客户服务"意识，能找到客户并成为客户，视客户的需求为自己的职责……如此，这样的组织结构便做到了让更多的教师成为管理主体，让学校成为"各车厢自带动力的高铁动车组"①。

对学校而言，所谓"社会责任"可体现在两个层面：从育人层面看，其意味着，学校要致力于将学生培养成为既能适应现代世界又具备参与社会生活的能力的负责任的公民——亦如南开系列学校的校训"允公允能"所表达的那样。

南开大学创始人张伯苓先生曾指出："允公是大公，而不是小公……惟其允公，才能高瞻远瞩，正己教人，发扬集体的爱国思想，消灭自私的本位主义。""允能者，是要做到最能，要建设现代化国家，要有现代化的科学才能，而南开学校的教育目的，就在于培养有现代化才能的学生，不仅要求具备现代化的理论才能，而且要具有实际工作的能力。"②

从学校发展层面看，"社会责任"意味着区域（或更大范围）内的学校互助与共同创造。即一所学校的发展需被置于包容和协作的环境中进行，不能以削弱周边学校水平为代价，而应该体现出"以一带多"的集群发展态势。通过对一所或某几所优质学校的发展以及相应平台的建设，带动更多学校在直面学校困境的过程中形成具有自身特征的解释系统，"在探寻切合自身发展的路径中定位学校的优势领域与品牌发展重点"。③

---

① 周华：《谁来调动教师的积极性——以"完全组阁制"化解学校管理难题》，《人民教育》2017年第2期。

② 娄岙菲：《"允公允能，日新月异"：严修、张伯苓与南开中学》，《基础教育》2013年第5期。

③ 张伟：《名校文化的区域生长与学校品牌的集群发展》，《教育科学论坛》2015年第2期。

李希贵校长曾提到,"高品质的学校朋友多,他们习惯于请人帮忙,但乐善好施更是他们的天性"①。这其实表明,在任何时期强调校与校之间的协作不论就学校自身发展还是区域教育集群发展而言都是必要的,因为协作不仅能为一所学校创造其自身无法实现的资源,也能够为更多学校提供所需的服务与支持,进而形成区域内优质学校的共建共享。顺着这一思路,关于学校质量的评判便应以其社会贡献率、辐射率(比如,该校能为别的学校或校外学生提供更多专业化的支持;能与更多的学校建立合作关系,共同开发其自身无法实现的、为多所学校共享共有的多样化课程)为重要指标。

(三) 网状组织

"发展就是通过成长和在变化多样的环境中建立更多的联系,不断改进和完善"②。正是如此,有效的学校改进需要去创造一个包容性很强的策略,去建设一种能将各种利益相关者联系起来的网状组织。在这样的网状组织中,一所学校其自身的主动性与重视学生学习需要的策略协调地结合在一起。不仅如此,不论是学校内部还是由于某个原因或目的联合起来的学校群体之间,均致力于将这样的组织创设为一个可以相互分享和学习的共同体,但却不会止步于分享良好的习惯和做法。

实践中,虽然我们已经看到或听说过各地建立了种种的网状组织,而这些组织也声称其对学校发展和学生学业水平产生了积极的影响。但仔细推敲,这样的组织却还存在较大的提升与改善空间,毕竟他们多数时候还只是限于分享一些好的做法本身,这于这个群体中的多数成员学校而言,并没有太多实质性的意义,反倒减弱了网状组织其本该有的能量和优势。

从理想意义上看,网状组织应该具备这样的优势:它可以为地方及学校的创新和改革提供资源和动力,使组织中的内部成员为着共同的利益、追求在工作中相互促进。"通过改进协作、联系和多功能的伙伴关系的不同形式,他们为'重复发明'地方对学校的支持提供潜力"③。

---

① 李希贵:《高品质学校的 N 个习惯》,《人民教育》2015 年第 14 期。
② 唐江澎:《变革者联合起来,携手走向现代高中——"中国高中六校联盟"的由来及其教育追求》,《人民教育》2014 年第 13 期。
③ [英] David Hopkins:《让每一所学校成为杰出的学校——实现系统领导的潜力》,鲍道宏译,华东师范大学出版社 2010 年版,第 133—134 页。

校与校网状组织的良性发展，不仅有助于单个学校的改革与创新，也能够促进区域良好教育生态的形成。比如中国人民大学附属中学、北京大学附属中学、清华大学附属中学建立的联合培养机制，通过共享优质资源，在一定程度上改变了高中合作"远交近攻"的不良生态。在江苏，一些校长曾针对高中特色建设"一校一品"式的误区发表《宣言》，提出特色发展的共同主张，并以此形成了他们的共同坚持。这些共同的声音受到当地教育行政部门的高度认同，其中的一些理念也被吸取、接纳，成为江苏省高中特色建设的基本原则。

考虑到校长持续进行专业发展的机会有限，那么，他们又如何参与、进行网络组织的建构，以保持学校内部和外部交往的活跃呢？从一些好的实践经验看，此方面的实践途径包括以下几方面。

一是重视寻觅新资源，随时将其纳入学校现有的资源体系中。比如，当校长遇到与自己办学理念、追求较一致的、值得信赖的同事、朋友、专家时，可以与他们建立正式联系，通过正式的会议议程，围绕某个实践中的问题，与其不定期进行会议、互动。锡山高中唐江澎校长在此方面的做法颇有启示：他特别注重专业性的交往，并利用一切可能的机会，将能给自己启示、帮助解决问题的不同领域的专家、能力纳入自己的资源库，并对这些资源库进行分类，随时从这里获取所需的智力支持。以他参与创建的高中"价值联盟"为例：

> 利用一次项目学习的机会，唐江澎校长与五所学校建立了"六校联盟"（他们又称其为"价值联盟"）。这个联盟将六位校长的教育理解作为联盟建立的价值基础，将现代高中的内涵定位作为联盟发展的目标愿景。其确立的"联盟宗旨"强调，六校资源为六校共享，通过深度交流，不断创新合作形式，不断增进校际联系，打造发展共同体，以促进教师和学生共同发展，办学品位共同提升，教育质量共同提高。
>
> 联盟合作坚持以"常态实效"为运行机制，形成了"一校之力难为、六校合力可成"的联盟优势。年度校长峰会制定工作规划，各校计划分解落实要点，既有联盟理事会——盟员校——校内部门的纵向工作部署机制，又形成了校际部门之间、学科之间、教师之间的

横向对口交流平台；各项活动的策划开展既坚持基于现实，又强调创新引领，不搞一般意义上的交流、探讨，不搞花架子、不玩虚套路，始终面对"真问题"，合力探索"实对策"；所有的活动都有品位、有难度，在细节上下功夫，向精品化要质量。

不仅如此，联盟工作还坚持以"精微变革"为推进策略，致力于在一个个具体的、细分的领域内寻求可操作的实施步骤与方法策略，让教育终极价值的追求光照每一个教育细节。比如，他们围绕"怎样建设发展学科"确立的制定与实施学科发展规划的技术路径，既有从信念作风、专业发展、课程教学、知识管理等六大维度建构的专业框架，也有学科宣言、课程规划纲要、专业化听评课方式等富有专业含量的实践方式。[①]

二是研究周边地区可用的资源、寻找合作伙伴。比如，让地区教育行政部门帮助寻找有协作需求和协作兴趣的同行；主动寻找对学校改进可能感兴趣的大学、企业或专业协会，分析他们的潜在需求以及与学校改进中的任何一环可能存在的共同利益点，与其共同组建专业性的合作网络。这些群体以推动者的身份加入网络，或者参与组建团队，或者提供资金，或者联系其他可能有兴趣组织、机构参与学校改进、联合开发课程等，以支持网络的发展。一些教育发达省市（如北京市、上海市、浙江省等）注重合作网络的引领与建设。比如上海市在推进特色普通高中建设的过程中即确立了"立体协同"理念。其以教育行政部门为主导，整合高校、科研院所、青少年活动中心社会中介资源，通过项目合作、购买服务等多种途径创建公共资源平台，扩大学校特色办学的资源空间，并在特色学校之间、特色学校与非特色学校之间建立了特色办学联合体。

三 学校制度建设的内核性"融通"艺术

内核性融通是指通过人才培养目标、教育理念、课程设置、教学方法的一体化和融通性设计，促进学校内部各要素之间形成有机衔接。一般而

[①] 唐江澎：《变革者联合起来，携手走向现代高中——"中国高中六校联盟"的由来及其教育追求》，《人民教育》2014 年第 13 期。

言，学校的教育理念和教育哲学应该充溢于学校的方方面面，如学校环境、组织、行为，以及学校课程与教学中。这便关涉学校共同价值观和校园文化的培育。为了在全校真正形成共享的价值观念和行为方式，共同价值观的培育便需要制度层面的引领与创新。

(一) 学校制度创新的要点与体现

制度的合理供给与有效实施是学校特色建设的重要保障。多数时候，制度的优越性和有效性不仅决定了学校特色发展水平，也影响了学校特色建设的方向。然而，任何制度其有效性和优越性却是依赖于特定的环境或背景的。离开一定的环境或情境，制度的有效性和优越性便可能大打折扣。为了使现有制度尽可能地保持"最优"或接近最优，最大程度地发挥制度的"效力"，对学校现有制度体系进行适当的调整、更新和完善便成为学校特色建设必不可缺的环节。而制度创新的意义也体现在了这一环节中。

所谓"制度创新"指的是学校围绕特色办学理念和目标，根据解决教育问题的需要，以持续性的发展序列对现有制度体系进行调整、补充或完善，进而在动态中实现制度最优的过程。既然指向"制度最优"，那么"创新"对学校制度建设而言便非凸显"独特""有别"这么简单，而是更为强调制度的"适切性"和"突破性"。在学校特色建设过程中，"制度创新"通常体现在以下四个方面。

一是相对于学校过去的制度而言。指的是学校为了突破现有制度存在的缺陷或不足而在制度设计与实施机制中进行一定的调整或更新。比如剔除原有制度中不合理的内容，结合新背景、新要求，基于现有条件和存在的突出问题，对制度的类目、内容进行增减或完善。

二是相对于其他学校（尤其是具有类似特色理念、特色制度的学校）而言。指的是学校基于对自身办学传统、理念的独特理解和坚持，以及对本校校情、教情和学情的准确判断，在制度内容、类目的设计以及落实途径等方面进行针对性的建设，进而体现出一定的亮点和本土性。

三是相对于外界政策、制度而言。当国家、地方出台的政策、文件对学校教育、管理等提出了明确要求，而学校现有的制度体系又不足以回应这些要求时，对校内制度进行调整便成为必需。这种情况下，制度创新的关键便体现在制度设计及其实施机制的变更中。比如调整后的制度经过了学校的主动创造；对于外界政策、制度中的无意义内容，学校进行了必要的取舍；为了落实新制度，学校在实施机制方面也作了相应的调整。

四是相对于本校特色办学理念而言。通常，每个学校的特色办学理念会根植于学校自身的办学传统中。对特色内涵的理解和界定不仅融合了学校的文化、管理哲学、校风、校训，也结合了学校所在区域的文化和地理、资源优势。这种存在于特色办学理念自身的独特性，也会使那些围绕特色办学理念进行的制度建设彰显出一定的个性和亮点，进而有别于其他学校。

在制度建设过程中，要保持制度的适切性和优越性，一方面，学校需对保守的、具有同质化特征的制度进行转换和调整；以高效率的制度替代低效率的制度；将有助于特色发展但却不够完善的制度作进一步的提升和完善。另一方面，还需考虑制度调整或变更本身的"适切性"问题。即：（1）兼顾内外发展需求。确保变更后的制度在回应外界政策、诉求、供给条件变化的同时，也有效结合了学校内部因校情、教情和学情的改变所带来的需求变化；（2）切合学校办学理念，能够服务于学校特色建设。在特色发展制度体系中，每一项被提及的制度需涉及学校特色以及建设特色发展中的不同问题，[①] 因解决部分问题进行的制度增设，需在制度设计和实施机制方面体现出它的针对性；（3）保持制度的系统性和层次性。变更前后的制度需维持在一个持续的、有机的发展序列中。

就此看来，所谓"制度创新"还可以理解为，学校通过对内外需求、标准的分析与再解释，以及对外界信息、资源的独特运用，对学校制度进行不断整合与主动创新的过程与结果。对外界政策、制度、热点进行盲目跟风的制度建设，追求"高大尚"但不符合学校实际和特色的制度建设，以及单纯追求文字层面的制度设计却没有付诸行动的制度建设均不属于制度创新的范畴。

（二）制度创新的策略及其效力激发

对一所学校而言，在进行特色提升的过程中，不仅意味着它要具备高质量的办学条件，即校内各组织要素达到一定的标准或水平——比如围绕"特色"形成了有效的课堂教学、系统的课程设置、个性化的学习模式、

[①] 杨润勇：《推动普通高中特色发展的制度保障体系研究》，《教育研究》2016年第11期。

支持高水平教育的组织条件等，也意味着学校要在制度、机制的建设方面不断地有所突破和创新，进而在为学校特色推进提供有力保障的同时，也能够促进学校知名度、辨识度和影响力的提升。这包含了两层意思：一，"制度创新"的目的在于保持制度的优越性和有效性。学校制度创新便涉及制度内容的创新以及学校制度运行机制和管理机制的改革两个方面；二，以学校质量提升为目标的制度创新，在制度内容的设计以及制度运行机制、管理机制的改革方面应着力回应两个问题：学校办学质量如何保障？学校"知名度、辨识度、影响力"如何提高？对此，要进行制度创新并保证制度实施的有效性，便需要在制度建设思路、制度内容、制度实施机制与学校管理机制方面作出以下努力。

1. 指向学校制度建设的系统性和层次性：围绕特色办学理念形成可持续发展的制度建设机制

能够服务并持续推进学校特色建设的制度就是好制度，而这样的制度通常也会体现出它的创新性。然而，要保证制度建设的合理性和创新性，关键还在于如何围绕学校特色办学理念进行系统性、层次性的制度设计，避免学校制度的千篇一律、碎片化问题。这有三方面的行动要点：第一，学校特色发展制度应该由相关的正式制度、非正式制度以及它们的实施机制组合而成。为了避免制度的散点罗列或简单累加，这些正式的、非正式的制度以及它们的实施机制之间应体现出相互联系、相互协调、相互增益的关系。尤其是制度的实施机制应紧跟制度设计的要求，进行配套设计，并发挥应有的功能。第二，在特色发展制度体系中，每一项被提及的制度都应涉及学校特色以及学校特色发展中的不同问题，并具有不同的目标指向和发挥功能的范围。第三，随着外界环境、政策要求以及学校在特色建设过程中新问题的出现，学校制度应该进行相应的变更。这些变更通常应以问题的解决为出发点，按照一个阶段针对一项或少数几项任务的原则，进行制度内容及其实施机制的调整，进而形成制度实施序列。

2. 指向制度建设的针对性：基于学校需求和"问题"的科学诊断和预测对制度建设进行科学规划

为了保证制度创新的科学性，减少由制度随意变更带来的制度实施僵化或低效问题，学校制度体系建设必须建立在科学的诊断、预测和规划的基础上。这意味着：（1）学校制度的建设或调整，应建立在对学校发展现状进行的明确的量化分析或充分的质性研究的基础上，根据当前学校特色建设的缺口——包括学校特色建设中存在的问题、短板或不足以及学校制度自身存在的问题，优化学校制度体系。（2）在制度设计或制度调整前期，应从多角度、多层次、多侧面收集、研究信息，尽可能保证制度内容的科学性、相对稳定性，减少主观色彩介入。（3）从学校发展需求出发，去除多余、无效的制度，增加有效率、有需求、有益的制度供给。在此过程中，"学校必须对特定战略时期内学校文化发展内、外环境进行综合调查、评价和预测，充分认识学校所在环境的特点，预见并适应其可能性的变化，努力实现学校与环境的高协调性"。①

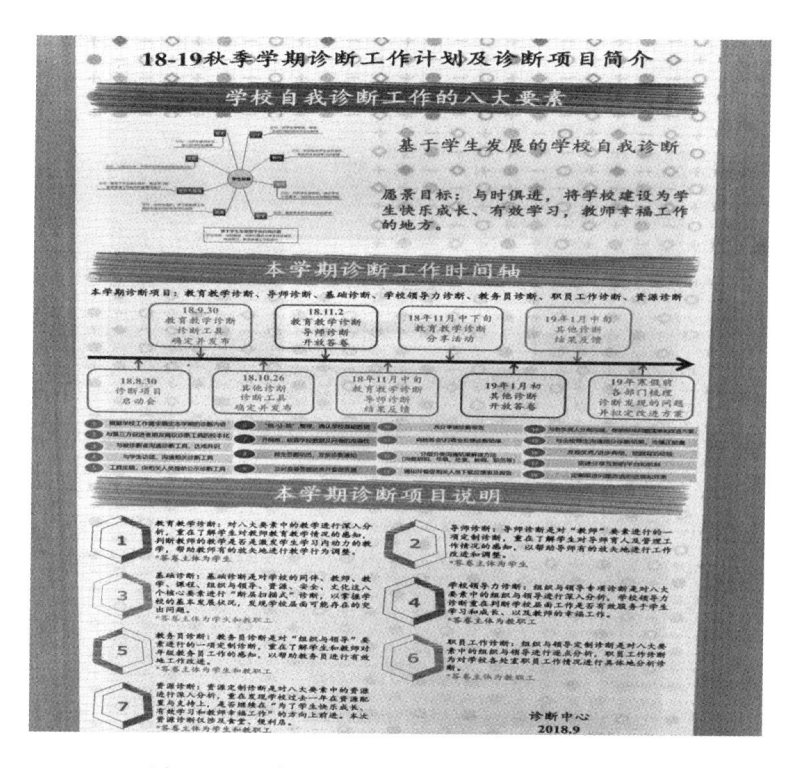

图 8-3 北京十一校亦庄实验学校自我诊断流程

资料来源：为笔者于 2018 年 12 月在北京十一校亦庄实验学校参观过程中拍摄。

---

① 史根林：《学校发展规划问题及其突破路径——以学校文化发展战略为基点》，《中国教育学刊》2009 年第 8 期。

3. 指向制度建设的开放性：重视与制度建设相关的协作、交流、分享和信息交换

制度建设的开放性往往影响和制约着学校特色化发展的开放程度。从当前普通高中特色建设的途径看，多数学校主要集中于内部挖潜，较缺乏对周边环境可利用资源的管理和运用，协同发展思路不够开阔、意识不够强烈。区域内学校特色发展资源存在结构性的不合理问题，有的学校资源过剩，有的则短缺。对此，增强制度建设的开放性，重视与制度建设相关的协作、交流、分享和信息交换，便成为学校制度创新的重要突破口。这意味着：（1）学校制度、机制的建设需更加彰显其开放性，要从学校发展需求出发，面向教育改革的未来进行制度设计。比如积极地赞同和扩大某些期望、政策、制度的作用，据此打开未来发展的窗口，为学校创造预先行动的机会。（2）在制度建设过程中，可以通过与同行、高校、其他专业团体等之间的合作，获取制度建设的灵感。参照学校自评和校外监督系统的反馈意见及其提供的比较数据，针对性地选择校外学习通道，寻找专业指导。（3）在制度内容的建设方面，需着重就"对外协作"以及对高校、社会及民间教育机构资源的开发和运用等进行相应的制度设计或内容调整，引导学校更好地管理校内外可利用的物质资源、人力资源、社会资源，走协同治理的发展之路。

4. 指向制度建设的合理性：对制度进行回溯性再评估

从学校特色建设的现实情况看，多数学校比较重视学校发展规划，甚至也能够有意识地通过阶段性的规划和总结，在学校管理人员任务分工、教师队伍建设、校内外协同创新、环境建设、学校特色建设资金的落实和周转等方面作出精细的计划与安排。然而，在学校制度、规划的实施过程中缺乏完善的内部评价机制和监控机制却成为多数学校的软肋。正视这一缺憾，不仅有助于制度创新的实现，也有利于提高制度的实施效率。对此，在制度及其实施机制的建设中，学校应着重以下几方面的工作。（1）建立并完善学校制度、机制的检测—反馈机制。对学校制度、发展规划及其实施进行全程监控，通过回溯性再评估，检测目标的达成度，实现信息的循环反馈，及时有效地修正、调整制度体系和工作目标。（2）建立学校特色发展的自我评估机制，做好调研分析，结合评估结果，对决策过程和结果进行不断检测和矫正。

第三节　特色成就的好教育：教与学的系统及其个性化体现

学校特色办学理念是基于提升全体学生的基础学力而提出的。① 有经验显示，那些能够在特色发展中不断取得突破的学校往往会从改进学生的学习着手推动改革。这包含了三个环节：一是从学生具体的学习变化、学习表现和学习需要出发，探索实现这一目标最有效的教学策略；二是反思学校组织为支撑这一发展需要作出的调整；三是检视早先制定的学校管理政策，提炼出对学校最有用的改进计划并使其制度化。由于不同个体达到某一领域特定发展水平所需要的学习时间和教育条件存在不同，加之他们在不同发展领域中的发展极限也存在差异，因而依据学生具体的学习情况进行的教育体系的调整便在一定程度上彰显了"个性化"的特征。

一般而言，为了确保每个学生都能实现充分发展，进行特色化发展的学校就必须兼顾"基础性全面发展"和"较高水平特长发展"② 两个方面：不仅确保有资质的学生获得额外的发展，为他们提供所需的特殊课程，也为资质一般的学生提供用以支持其学习和发展的额外的组织。如有学者所言，去接受并假定每一位走进学校的学生，就像他们具有不同的态度和抱负一样，带着不同的知识基础、技能而来；因此需要根据对每一位学生需要的评估作出教育的决定，通过灵活多变的策略促进其天资的发展，③ 这便应是个性化教育的核心追求所在。

一些高中学校的改革经验显示，包容个性的教育理念要体现在课程与教学中，通常离不开三个环节：一是进行"学情"和"教情"调查。借助丰富的数据，了解学生各自的学习水平、资质、兴趣和需要，同时明确学校在满足学生需求、促进学生潜能方面存在的优势点与薄弱点。在此基础上提炼学校特色、进行查漏补缺；二是结合学校特色，分层、分类构建课程体系。比

---

① 吴景松：《当前普通高中特色发展的制度困境与重构》，《教育理论与实践》2015 年第 25 期。
② 傅维利：《论当代基础教育的特色化建设》，《教育研究》2014 年第 10 期。
③ ［英］David Hopkins：《让每一所学校成为杰出的学校——实现系统领导的潜力》，鲍道宏译，华东师范大学出版社 2010 年版，第 58 页。

如按学生学习水平进行分层,然后面向全体学生、部分学生、个别学生分别开设基础类课程、拓展类课程、研究类课程和兴趣特长类课程。或者结合学生生涯规划,实行专业分类与水平分层,在每个专业类型内部分层设置课程群;三是提供课程菜单,根据学生选课情况,综合考虑时间安排、科目分布和教室配置等因素,为每一位学生量身定制个性化课表。[①] 这样,不论是成绩好的学生还是成绩一般的学生,都有机会接受适合他们的教育,令其资质、特长获得额外的发展。不仅如此,学校特色办学理念和办学成果也较自然地渗透进了学校课堂教学中,进而服务于教学质量的提升。

然而,在特色发展的目标体系下,学校所应追求的好教育、个性化教育还不能止步于此。其根本上指向为学生提供适切的教育。只是,所谓"适切"对学校而言却是极大的挑战,因为其在强调"合适"乃至个别合适的同时,也将重心转向了"有质量的学习",进而要求学校要不断地研究学生,要具备一种能力,以随时根据学生的需要灵活调整教育教学方案。这在实践中包含两大方面。

在课程建设方面,为了使具有各种可能性的学生获得不一样的课程体验,学校需不断地致力于多样、丰富、可选择的课程体系的构建,比如对国家课程进行校本化处理,围绕学科内涵开发、开设选修课程(如图8-4至图8-6所示)。这样的努力和探索会因为学生的差异而变得无止境。

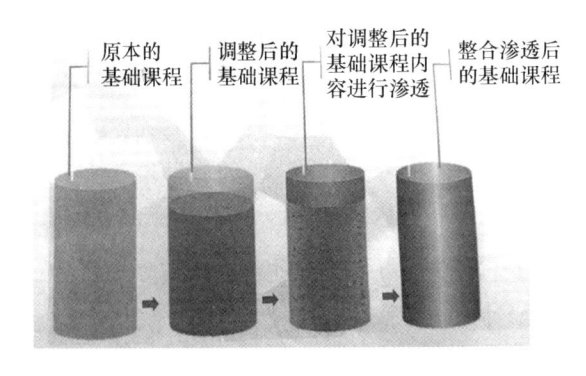

图 8-4 上海市理工大学附中特色课程融入国家课程

资料来源:吕星宇:《上海市创建特色普通高中的思路分析》,《上海教育》2017 年第 5A 期。

---

① 裴娣娜:《新高考制度下深化普通高中课程改革的几个问题》,《中小学管理》2015 年第 6 期。

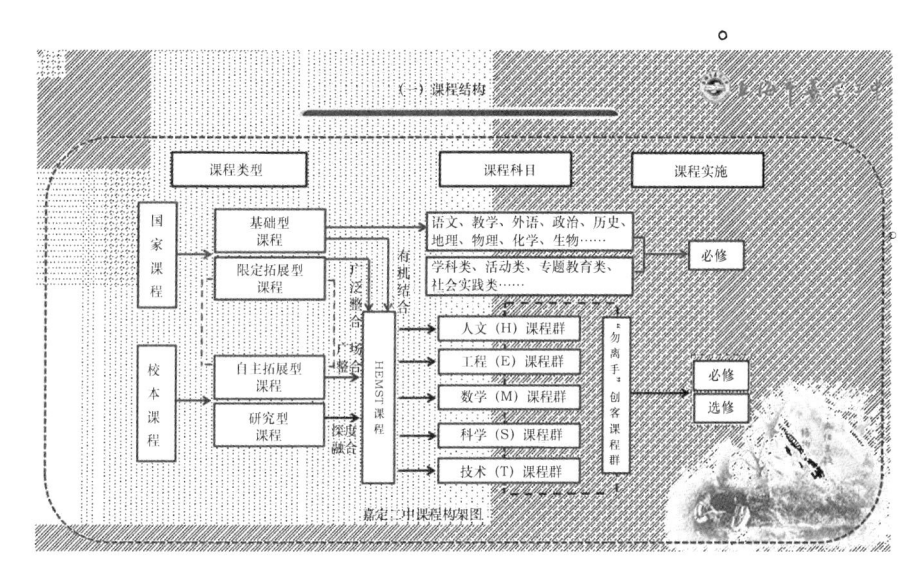

图 8-5　上海市嘉定二中的课程结构

资料来源：笔者于2019年参加上海市举办的"深化特色学校建设转变高中育人方式：2019年长三角普通高中特色发展论坛"中，参观学校时拍摄。

图 8-6　江苏省锡山高中 2018 年版课程方案

资料来源：笔者于2019年访问江苏省锡山高中、参加本校课程研讨时拍摄。

PISA 项目部主任施莱克尔（A. Schleicher）曾这样说道，世界已经改变，它给你的回报不是因为你的所知——搜索引擎无所不知——而是你用所知做了什么、你的表现如何，以及你的适应性如何。因此，教育的成功不再是对内容知识的复制，而是将我们的所学外化和应用到新的情境中。① 正是如此，构建新的学教体系将变得任重而道远。这也从另外一个层面表明，我们的教学体系需发生重心的转变——从"教"转向"学"。

在教学方面，为了促成从"教"到"学"的根本性转变，学校需构建真正支持学生"学"的教育教学体系。这个体系主要包括以下几个方面。

（一）寻找并研究适合于学生的学习目标

学校为学生量身设立的学习目标和学习步骤既要具有挑战性，也要足够清晰，以使学生知道确立这些目标的理由和他们要努力的方向。正像一些学校正在进行的"基于理解的教学设计"所强调的那样，要把这样的目标"转化为学生明白的道理、方便理解的方式、可操作可评估的标准"②，让学生实现自主学习。可以说，进行有质量的学习，研究学习目标是关键。学习目标的合理设定对于好的教学将变得更为重要，其不仅是教学的难点之一，也会是教育教学研究始终需要斟酌、跟进的部分。毕竟，其合理与否，终究需要通过学生的学习所得来验证。

表 8-1　北京十一校亦庄实验学校一节语文课的学生成果评估量表

	优秀	达标	待改进	需急救
叙事完整	我写作的事件有明确的时间、地点、人物、起因、经过、结果，并且记叙的事件脉络清晰，符合逻辑	我写作的事件有明确的时间、地点、人物、起因、经过、结果	我写作的事件缺少记叙文六要素中的一个或几个，更是脉络不够清晰，叙事逻辑不清楚	我写作的事件缺少记叙文六要素中的三个以上，逻辑混乱，没有清楚的叙述一个故事

---

① ［美］菲德尔等：《四个维度的教育：学习者迈向成功的必备素养》，罗德红译，华东师范大学出版社 2017 年版，第 1—2 页。

② 李希贵：《新时代普通高中发展的若干思考》，《人民教育》2018 年第 10 期。

续表

	优秀	达标	待改进	需急救
叙事具体	我写作的事件具有丰富的细节描写，既有对人物的动作、神态、心理活动、语言等多个层面的描写，还有细致的场景描写，把事件发生的过程生动具体的呈现出来	我写作的事件具有一些细节描写，我通过对人物的动作、神态、心理、语言等的描写，把事件发生的过程完整的描述了出来	我写作的事件具有一些细节描写，但是描写不够准确生动具体	我写作的事件完全没有一处细节描写
语言描写	我写作的事件可以选择恰当的动词和修饰性词语，运用多种修辞手法，语言生动有趣，具有感染力	我写作的事件可以正确使用动词和修饰性词语，语言流畅，表述清晰	我写作的事件语言比较枯燥乏味，存在一些病句和错字	我写作的事件语言枯燥乏味，用词单一，存在严重的语句不通顺的现象
感情层面	我写作的事件情感态度鲜明，能将自己的感情或态度渗透到叙事过程中，感情真切动人，能感染读者	我写作的事件写出了真情实感，在叙事过程中，可以将这种情感态度贯穿始终	我写作的事件没有明确的情感或态度，情感表达不真实	我写作的事件完全没有融入自己的感情，感觉空洞

资料来源：笔者于2019年访问北京十一学校亦庄实验学校中，听课拍摄。

（二）"包罗万象"的"大"教学

学生的成长会同时发生在许多相互关联的领域[①]。因此，学校便需致力于构建开放性、综合性的教学场所，运用各种各样的教学方法，在课堂内外为学生创造丰富的学习机会。通过将学习置于背景更宽、科目更多的

---

① ［加］迈克尔·富兰：《变革的挑战——学校改进的路径与策略》，叶颖等译，北京大学出版社2013年版，第65页。

情境中——大任务、大主题、真实情境,使学生确立更广泛的目标和爱好,也激励学生潜心于其感兴趣的、某个领域的学习。

表8-2　　　　　　大连三中探索中的教学模板的设计

单元标题⋯⋯⋯⋯　　所用课时⋯⋯⋯⋯教师⋯⋯⋯⋯参考教材
第一阶段:目标——学生将获得什么样的学习结果?

相关课程标准:

融入学科核心素养:

聚合概念:

单元概念网

第二阶段:评价——如何收集证据以确定学生达到既定学习结果的程度?

真实表现性任务:	其他评价证据:

第三阶段:实施——哪些学习经验将表现出学生达到既定的学习结果?

单元启动与前期评价:

时间长度	主要学习任务	过程性评价	真实情境和学习工具	资源

第四阶段:反思——哪些问题或事件值得我们记录并改进?

资料来源:笔者于2019年10月访问大连市第三中学的过程中,听课拍摄。

High Tech High 的"博物馆式教学"[①]

High Tech High（HTH）是美国加州圣地亚哥的一所特许学校,也是一个以 PBL（Problem-Based Learning,基于问题的教学）著称的创新学校。这所学校彻底采用了项目制跨学科学习,让学生主动参与、让学习自

---

① 案例来源:齿轮梨《High Tech High,一所颠覆你认知的学校》,2019年2月23日,http://blog.sina.com.cn/s/blog_13ff94aec0102z0kk.html,最后浏览日期:2021年9月15日。

然发生。HTH 没有教科书、没有上下课铃声、没有考试，学生们每天都忙于一些自主选择的特定项目。为了完成自己的项目，他们需要主动查阅资料、主动协作、主动尝试，老师最核心的作用则是课程最初的"项目设计"，以及学习过程中的引导和协助。

HTH 教学结构围绕着四个原则，个性化教学，与真实世界联系，适合的思维训练、教师即设计师。这些原则据定了学校的组织，包括规模小、设施开放、个性化、注重综合性和项目的学习，以及学生作品的展示和展览。

HTH 没有考试，其每年一度的展览就是学生们的学习成果。展览内容就是学生进行的项目，比如一本书、一个话剧、一架飞机、一幅画或是一个机械装置。虽然是老师设定的项目，但学生在这个过程中有着极大的自主权。这个展览会对全社区的人们开放，因此，学生们都希望自己的项目能够以最完美的形式展现。

HTH 用两个数据——一个是 HTH 学生的平均成绩比地区平均水平高出 10%，另一个是 HTH 学生的大学录取率是 98%——表明，虽然学校没有教材、没有考试、没有上下课铃声，学生一样可以取得好成绩、一样可以进入大学。

(三) 促进学习的评价

这意味着学校需要建立可以鉴定学生业已掌握知识的机制，为学生的后续学习提供有力的支撑。包括基于大数据和教与学行为分析的精准化诊断，为学生推送学习资源，提高学生个人学习质量；运用发展性评价（突出学生自我评估和元认知策略）对学生的反应（成绩、作品、作业）进行有质量的判断，帮助学生调整后续计划和实践，并使学生在学习和参与评估的过程中形成、改建其系统思考能力、管理信息的能力、向他人学习及帮助他人学习的能力。

上海市实验学校是一所十年一贯制学校。因此，学校便抓住这一优势，对学生开展跟踪式评价，带领教师做最接地气的实证研究。他们围绕学生的潜能发展和个性特点进行长期跟踪观察、记录，并做了大量的案例分析。为了规范观察和记录行为，该校借鉴国内外对学生个性特点观察的研究制定出适合本校学生的观察量表，使得简单维度的纸质记录过渡到具有观察记录量表的纸质代码记录。到 2009 年，上海市实验学校研发出学生个性记录的数字化平台，将学生个性行为表现划分为三大类近 60 个四级分类小项。这不仅方便教师记录、检索、永久保存信息，更重要的是具有诊断、预警、自动化数据处理等功能。其可以搜索到不同教师对同一学生不同阶段的记录，也可以查到同一个教师对学生在不同年级的记录，以及同一个教师对学生在同一时间段的不同方面的记录等。围绕着"认识人"，学校还把目光转移到学生个体身上，通过多观察、勤记录、细分析，了解学生每一天到学校的心情、学习的兴趣点与关注点、天性呈现的状态、特长与短板、与同学的相处模式、与家人的关系等等方面。

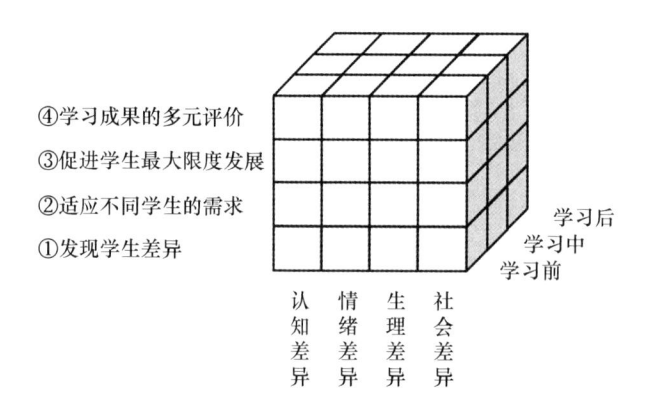

图 8-7　浙江省杭州市天长小学对学习成果的多元评价

资料来源：笔者于 2021 年访问浙江省杭州市天长小学、听取校长汇报中拍摄。

（四）教师开展"精确教学"，并成为"规划师"

在教育的大变革之下，教师的活动领域将不仅仅局限于课堂或某一个学科领域，甚至不能仅限于教科书的内容本身，而是需要强化教授教科书内容以外的其他能力，比如给学生提供资源线索、合理划定修习范围的能力，为不同学习方式、节奏和进度的学生搭建不同的攀登阶梯。与之同时，还要清楚地认识教学过程，使收集到的各种数据与日常教学相关联。与之相应的能力建设，便将包括"创新知识、技能和能力，开发新的资源（时间、理念、教学材料），以及为合作进行更大的变革而确立新的共享身份和动机"①。

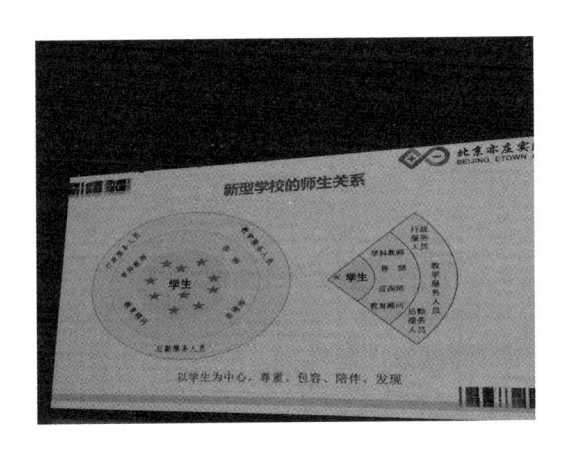

图8-8 新型师生关系下的教师角色

资料来源：笔者于2019年在参观北京十一学校亦庄实验学校、听取李长青校长报告中拍摄。

图8-9 浙江一个名师智慧空间站制定的青年教师成长路线

资料来源：笔者于2021年于杭州师范大学听唐西胜《名师智慧空间站运行的下城经验》报告时拍摄。

---

① ［加］迈克尔·富兰：《变革的挑战——学校改进的路径与策略》，叶颖等译，北京大学出版社2013年版，第8页。

表8-3 浙江省杭州市天长小学教师集体观察诊断的机制

观察主体	观察机制	观察频率与手段
正副班主任	班级参与观察制度	每周一次 量表记录/录像分析/作品分析
年级组教师	年级会诊制度	两周一次 量表记录/录像分析/作品分析
全校教师	年段追踪制度	一月一次 量表数据分析/录像数据分析

资料来源：笔者在杭州市天长小学访问期间拍摄所得。

参考文献

一 著作

《邓小平文选》第 2 卷，人民出版社 1994 年版。

《邓小平文选》第 3 卷，人民出版社 1993 年版。

《习近平总书记教育重要论述讲义》编写组：《习近平总书记教育重要论述讲义》，高等教育出版社 2020 年版。

蔡宝刚：《社会转型与法理回应：以 21 世纪初中国为背景》，社会科学文献出版社 2007 年版。

崔玉婷：《普通高中特色发展研究》，知识产权出版社 2016 年版。

冯建军：《回归本真："教育与人"的哲学探索》，中国人民大学出版社 2019 年版。

高清海等：《人的"类生命"与"类哲学"：走向未来的当代哲学精神》，吉林人民出版社 1998 年版。

顾明远、石中英：《国家中长期教育改革和发展规划纲要（2010—2020）解读》，北京师范大学出版社 2010 年版。

黄忠敬等：《OECD 教育指标引领教育发展研究》，华东师范大学出版社 2019 年版。

教育部课题组：《深入学习习近平关于教育的重要论述》，人民出版社 2019 年版。

李利凯：《开放式创新：大协作改变世界》，上海三联书店 2016 年版。

李希贵：《学校如何运转》，教育科学出版社 2019 年版。

李颖：《特色普通高中建设的策略与实践》，教育科学出版社 2014 年版。

林方：《人的潜能和价值——人本主义心理学译文集》，华夏出版社 1987

年版。

刘金田:《毛泽东与新中国》,湖南人民出版社2020年版。

刘述礼、黄延复:《梅贻琦教育论著选》,人民教育出版社1993年版。

潘红星:《特色普通高中课程建设探索》,华东师范大学出版社2019年版。

彭正梅等:《为了人的更高发展:国际社会谋划2030年教育研究》,华东师范大学出版社2019年版。

皮连生:《学与教的心理学》,华东师范大学出版社2003年版。

王文俊:《张伯苓教育言论选集》,南开大学出版社1984年版。

吴康宁:《教育改革的"中国问题"》,南京师范大学出版社2015年版。

武秀霞:《同情性教育:走出他者化困境的探索》,教育科学出版社2016年版。

叶澜等:《教育理论与学校实践》,高等教育出版社2000年版。

中国法制出版社编:《中华人民共和国教育法律法规全书》,中国法制出版社2019年版。

《中国教育年鉴》编辑部编:《中国教育年鉴:1949—1981年》,中国大百年全书出版社1984年版。

中央教育科学研究所:《周恩来教育文选》,教育科学出版社1984年版。

联合国教科文组织:《反思教育:向"全球共同利益"的理念转变》,联合国教科文组织总部中文科译,教育科学出版社2017年版。

联合国教科文组织国际教育发展委员会:《学会生存:教育世界的今天和明天》,教育科学出版社1997年版。

[德] O. F. 博尔诺夫:《教育人类学》,李其龙译,华东师范大学出版社1999年版。

[德] 哈索·普拉特纳等编:《斯坦福设计思维课4:如何高效协作》,毛一帆、白瑜译,人民邮电出版社2020年版。

[德] 马丁·布伯:《我与你》,陈维纲译,生活·读书·新知三联书店1986年版。

[德] 马克斯·舍勒:《价值的颠覆》,罗悌伦等译,生活·读书·新知三联书店1997年版。

[法] 勒维纳斯:《塔木德四讲》,关宝艳译,商务印书馆2002年版。

[法] 莫兰:《复杂性理论与教育问题》,陈一壮译,北京大学出版社2004

年版。

［加］Michael Fullan：《教育变革的新意义》，武云斐译，华东师范大学出版社 2010 年版。

［加］查尔斯·泰勒：《本真性的伦理》，程炼译，上海三联书店 2012 年版。

［加］马克斯·范梅南：《教学机智：教育智慧的意蕴》，李树英译，教育科学出版社 2001 年版。

［加］迈克尔·富兰：《变革的力量——透视教育改革》，中央教育科学研究所、加拿大多伦多国际学院译，教育科学出版社 2004 年版。

［加］迈克尔·富兰：《变革的挑战——学校改进的路径与策略》，叶颖等译，北京大学出版社 2013 年版。

毛礼锐、沈灌群：《中国教育通史》第 6 卷，山东教育出版社 1989 年版。

［美］彼得·德鲁克：《卓有成效的组织管理》，杨剑译，机械工业出版社 2014 年版。

［美］菲德尔等：《四个维度的教育：学习者迈向成功的必备素养》，罗德红译，华东师范大学出版社 2017 年版。

［美］菲利普斯、索尔蒂斯：《学习的视界》，尤秀译，教育科学出版社 2006 年版。

［美］格兰特·威金斯、［美］杰伊·麦克泰格：《追求理解的教学设计：第二版》，闫寒冰等译，华东师范大学出版社 2016 年版。

［美］古得莱得：《一个称作学校的地方》，苏智欣等译，华东师范大学出版社 2005 年版。

［美］汉娜·阿伦特：《人的境况》，王寅丽译，上海人民出版社 2009 年版。

［美］吉姆·柯林斯：《从优秀到卓越》，俞利军译，中信出版社 2009 年版。

［美］加涅：《学习的条件和教学论》，皮连生等译，华东师范大学出版社 1999 年版。

［美］卡尔·R. 罗杰斯：《个人形成论：我的心理治疗观》，杨广学等译，中国人民大学出版社 2004 年版。

［美］劳伦斯·阿瑟·克雷明：《学校的变革》，单中惠、马晓斌译，上海

教育出版社 1994 年版。

［美］雷夫·艾斯奎斯：《成功无捷径》，邱宏译，天津社会科学出版社 2009 年版。

［美］雷夫·艾斯奎斯：《第 56 号教室的奇迹 2：点燃孩子的热情》，朱衣译，中国城市出版社 2011 年版。

［美］雷夫·艾斯奎斯：《第 56 号教室的奇迹：让孩子变成爱学习的天使》，卞娜娜译，中国城市出版社 2008 年版。

［美］罗伯特·梅斯勒：《过程—关系哲学——浅释怀特海》，周邦宪译，贵州人民出版社 2009 年版。

［美］玛莎·努斯鲍姆：《告别功利：人文教育忧思录》，肖聿译，新华出版社 2010 年版。

［美］乔治·H. 米德：《心灵、自我与社会》，赵月瑟译，上海译文出版社 2005 年版。

［美］莎朗·D. 克鲁斯、凯伦·S. 路易斯：《建构强大的学校文化——一种引领学校变革的指南》，朱炜、刘琼译，北京大学出版社 2013 年版。

［美］约翰·杜威：《人的问题》，傅统先、邱椿译，江苏教育出版社 2006 年版。

［美］约翰·杜威：《学校与社会·明日之学校》，赵祥麟等译，人民教育出版社 2005 年版。

［日］佐藤学：《学习的快乐——走向对话》，钟启泉译，教育科学出版社 2004 年版。

［苏］B. A. 苏霍姆林斯基：《怎样培养真正的人》，蔡汀译，教育科学出版社 1992 年版。

［苏］苏霍姆林斯基：《帕夫雷什中学》，赵玮、王义高等译，教育科学出版社 1983 年版。

［苏］苏霍姆林斯基：《育人三部曲》，人民教育出版社 1998 年版。

孙培青：《中国教育史》，华东师范大学出版社 2000 年版。

［意］维科：《论人文教育》，王楠译，上海三联书店 2007 年版。

［印度］克里希那穆提：《在关系中认识自我》，桑靖宇、程悦译，九州出版社 2014 年版。

［印度］克里希那穆提：《最好的教育是爱》，张宽宽译，中信出版社 2014

年版。

［英］David Hopkins：《让每一所学校成为杰出的学校——实现系统领导的潜力》，华东师范大学出版社 2010 年版。

［英］安德森等：《学习、教学和评估的分类学》，皮连生主译，华东师范大学出版社 2007 年版。

［英］马克·沃恩：《夏山学校的百年故事：献给当代的教师、校长和家长》，沈兰译，教育科学出版社 2014 年版。

［英］乔伊·帕尔默：《教育究竟是什么？——100 位思想家论教育》，任钟印、诸惠芳译，北京大学出版社 2008 年版。

二 期刊

周恩来：《中央人民政府政务院关于改进和发展中学教育的指示》，《人民教育》1954 年第 1 期。

《江泽民同志在第三次全国教育工作会议上的讲话（摘录）》，《思想教育研究》1999 年第 4 期。

习近平：《思政课是落实立德树人根本任务的关键课程》，《求是》2020 年第 17 期。

习近平：《全面贯彻落实党的十八大精神要突出抓好六个方面工作》，《求是》2013 年第 1 期。

习近平：《青年要自觉践行社会主义核心价值观——在北京大学师生座谈会上的讲话》，《人民教育》2014 年第 10 期。

《习近平在十三届全国人大一次会议闭幕会上发表重要讲话 始终要把人民放在心中最高的位置 衡量一切工作得失根本标准：人民拥护不拥护、赞成不赞成、高兴不高兴、答应不答应》，《上海人大月刊》2018 年第 3 期。

车丽娜、徐继存：《核心素养之于教学的价值反思》，《全球教育展望》2017 年第 10 期。

陈桂生：《略论中国的"教育方针现象"》，《上海高教研究》1989 年第 2 期。

陈劲、阳银娟：《协同创新的理论基础与内涵》，《科学学研究》2012 年第 2 期。

陈劲、阳银娟:《协同创新的驱动机理》,《技术经济》2012年第8期。

陈时见、王芳:《21世纪以来国外高中课程改革的经验与发展趋势》,《比较教育研究》2010年第12期。

陈志利:《普通高中多样化发展:应为、实为与何为》,《教育理论与实践》2014年第5期。

陈厚丰:《为人民服务:党的教育方针的新亮点》,《中国高等教育》2003年第9期。

蔡春、张爽:《论回到"学校""教育"本身的学校发展》,《教育研究》2011年第6期。

褚宏启:《学校特色建设要谨防"剑走偏锋"》,《中小学管理》2017年第5期。

崔玉婷:《普通高中学校文化特色的类型与建设路径——以北京市三所普通高中学校为例》,《教育科学研究》2011年第11期。

崔玉婷:《北京市普通高中学校的特色类型——以70所特色项目学校为例》,《教育科学研究》2016年第3期。

丁东澜:《"变"与"不变":探析党的教育方针的发展逻辑》,《杭州师范大学学报》(社会科学版)2011年第4期。

杜明峰、范国睿:《普通高中教育现代化发展指标的价值选择与建构思路》,《教育发展研究》2015年第1期。

段会冬:《从实体走向虚拟:普及化进程中特色高中建设的未来之路》,《现代教育管理》2017年第6期。

方向红:《海德格尔的"本真的历史性"是本真的吗?——海德格尔早期时间现象学研究献疑》,《江苏社会科学》2011年第2期。

冯明、潘国青:《上海市普通高中办学特色调研报告》,《上海教育科研》2012年第1期。

冯大鸣:《学校特色创建的国际走向——基于美、英、澳相关实践的考察》,《教育发展研究》2010年第6期。

范国睿:《促进高中教育多样化发展》,《教育发展研究》2010年第24期。

范涌峰、宋乃庆:《学校特色发展:内涵、价值及观测要点》,《教育研究与实验》2017年第2期。

傅维利:《论当代基础教育的特色化建设》,《教育研究》2014年第10期。

郭朝红：《评估是如何促进学校发展的——上海市特色普通高中评估分析》，《上海教育科研》2019 年第 9 期。

高宝立、刘洁：《中美高中特色办学研讨会综述》，《教育研究》2009 年第 5 期。

高维：《学校教学改革的内在逻辑——基于"洋思"、"东庐"、"杜郎口"中学教学改革经验的思考》，《江苏教育》2011 年第 35 期。

高益民：《面向个性化的日本高中教育改革》，《比较教育研究》2010 年第 6 期。

何玉海：《培养学生核心素养需要修正"三维课程目标"》，《湖南师范大学教育科学学报》2016 年第 5 期。

和学新：《特色高中建设中的课程改革问题探讨》，《课程·教材·教法》2017 年第 8 期。

蒋永贵：《指向核心素养的学习目标研制》，《课程·教材·教法》2017 年第 9 期。

蒋承等：《高中教育的现状、挑战与未来——中国教育发展战略学会"高中教育专业委员会"成立大会会议综述》，《教育学术月刊》2017 年第 3 期。

《教育发展研究》编辑部：《明确定位　多元办学　彰显特色：普通高中未来发展之路——部分高中校长座谈会综述》，《教育发展研究》2009 年第 6 期。

孔令帅：《美国新"蓝带学校"计划述评》，《世界教育信息》2004 年第 10 期。

孔凡琴：《试论英国高中办学模式选择的特色与经验》，《外国教育研究》2010 年第 11 期。

李彦群、张文：《提出 21 世纪核心素养的驱动力研究》，《当代教育科学》2017 年第 4 期。

李希贵：《新时代普通高中发展的若干思考》，《人民教育》2018 年第 10 期。

李希贵：《高品质学校的 N 个习惯》，《人民教育》2015 年第 14 期。

李希贵：《做校长，要学会与历史建立真切的联系》，《人民教育》2016 年第 5 期。

李旭媚:《高中教育:国际学校的特色与启示——以北京国际学校为例》,《比较教育研究》2010 年第 11 期。

李天鹰、杨锐:《美国普通高中多样化发展的经验与启示》,《东北师大学报》(哲学社会科学版)2019 年第 3 期。

刘莉莉:《集团化办学的理性审视》,《教育发展研究》2015 年第 18 期。

刘丽群:《特色化:我国普通高中教育发展的基本走向》,《湖南师范大学教育科学学报》2012 年第 6 期。

刘丽群:《我国高中教育政策 40 年:历史轨迹与发展愿景》,《中国教育学刊》2018 年第 9 期。

刘世清等:《从重点/示范到多样化:普通高中发展的价值转型与政策选择》,《华东师范大学学报》(教育科学版)2013 年第 1 期。

刘福才:《我国普通高中办学体制改革:现状、问题与发展路向》,《华南师范大学学报》(社会科学版)2010 年第 6 期。

刘万海:《我国高中教育改革:历史经验与未来选择》,《全球教育展望》2014 年第 3 期。

娄岙菲:《"允公允能,日新月异":严修、张伯苓与南开中学》,《基础教育》2013 年第 5 期。

鲁洁:《教育的返本归真——德育之根基所在》,《华东师范大学学报》(教育科学版)2001 年第 4 期。

鲁洁:《做成一个人——道德教育的根本指向》,《教育研究》2007 年第 11 期。

裴娣娜:《领导力与学校课程建设的变革性实践》,《教育科学研究》2017 年第 3 期。

裴娣娜:《新高考制度下深化普通高中课程改革的几个问题》,《中小学管理》2015 年第 6 期。

秦玉友:《高中学校特色发展的优势与限度》,《教育发展研究》2013 年第 10 期。

任学宝、王小平:《普通高中育人方式转变的立足点和创新点》,《人民教育》2018 年第 10 期。

师曼等:《21 世纪核心素养的框架及要素研究》,《华东师范大学学报》(教育科学版)2016 年第 3 期。

石鸥、张文:《学生核心素养培养呼唤基于核心素养的教科书》,《课程·教材·教法》2016年第9期。

石鸥:《普通高中特色课程开发研究》,《中国教育学刊》2012年第12期。

石中英:《关于贯彻落实教育方针问题的几点思考》,《中国教育学刊》2017年第10期。

史根林:《学校发展规划问题及其突破路径——以学校文化发展战略为基点》,《中国教育学刊》2009年第8期。

孙喜亭:《新教育方针的确立步履维艰——由"教育为无产阶级政治服务"向"教育为社会主义现代化建设服务"转变的曲折过程》,《高等教育研究》2000年第1期。

孙晓红:《大众化高等教育质量的多样化发展趋势分析》,《中国成人教育》2003年第5期。

唐江澎:《变革者联合起来,携手走向现代高中——"中国高中六校联盟"的由来及其教育追求》,《人民教育》2014年第13期。

唐盛昌:《基于创新人才培养的高中教育改革探索》,《中国教育学刊》2012年第5期。

田莉:《灯塔学校:英国推广优质教学的有益尝试》,《基础教育参考》2007年第2期。

王伟宜:《高中课程改革与高考改革应实现良性互动》,《课程·教材·教法》2011年第12期。

万华:《促进学校特色发展的地方教育政策反思——以广东省G市为例》,《教育研究与实验》2015年第3期。

邬志辉:《学校特色化发展的重新认识》,《教育科学研究》2011年第3期。

吴景松:《当前普通高中特色发展的制度困境与重构》,《教育理论与实践》2015年第25期。

吴潜涛、郭灏:《新时代党的教育方针的创新发展及其实现路径》,《中国高校社会科学》2019年第2期。

武秀霞:《公平视野下义务教育优质均衡发展的理论与实践探寻》,《教育发展研究》2011年第6期。

武秀霞:《普通高中特色化发展:机遇、困境及其提升路径》,《教育发展研究》2017 年第 22 期。

武秀霞:《"劳动"离教育有多远?——关于劳动教育实践问题的反思》,《当代教育论坛》2020 年第 3 期。

武秀霞:《多样、特色与高品质教育——关于普通高中特色发展若干问题的反思》,《教育科学研究》2019 年第 12 期。

武秀霞:《学校文化何以成就不一样的学校特色——三所美育特色高中学校文化建设的反思与启示》,《教育科学研究》2018 年第 12 期。

武秀霞:《学校文化建设:路径选择与提升策略——基于学校特色发展的视角》,《教育理论与实践》2018 年第 28 期。

武秀霞:《制度创新与学校特色发展》,《教育学术月刊》2018 年第 7 期。

武秀霞:《我国薄弱学校改造模式探析》,《上海教育科研》2018 年第 1 期。

武秀霞:《适应"新高考"的高中学校改革:需求、问题与展望——基于学校资源发展的视角》,《教育学术月刊》2019 年第 5 期。

辛涛:《学生发展核心素养研究应注意几个问题》,《华东师范大学学报》(教育科学版)2016 年第 1 期。

徐洁:《迈向"核心素养":新中国成立 70 年基础教育课程改革的逻辑旨归》,《教育科学研究》2020 年第 1 期。

徐士强:《项目引领:特色普通高中建设的上海行动》,《上海教育》2017 年第 15 期。

徐士强:《普通高中特色、多样、优质发展问析》,《普通高中特色、多样、优质发展问析》2012 年第 7 期。

徐士强:《本道术原:普通高中特色课程的建设逻辑》,《中国教育学刊》2019 年第 7 期。

许爱红等:《农村中学课堂教学模式的重大变革——解读杜郎口中学"三三六"自主学习模式》,《当代教育科学》2005 年第 11 期。

项红专:《七个向度:学校文化建设的品质提升》,《教育科学研究》2017 年第 7 期。

余文森:《从三维目标走向核心素养》,《华东师范大学学报》(教育科学版)2016 年第 1 期。

杨润勇:《推动普通高中特色发展的制度保障体系研究》,《教育研究》

2016 年第 11 期。

杨全印、李敏:《论学校文化建设理念的转变》,《教育发展研究》2012 年第 18 期。

杨旭、李剑萍:《新民主主义教育方针的思想和实践来源——纪念〈新民主主义论〉发表 70 周年》,《河北师范大学学报》(教育科学版)2009 年第 11 期。

杨天平:《中国教育方针发展研究》,博士学位论文,武汉大学,2011 年。

杨天平:《我国现行教育方针的历史演进与创新发展——对党的十八大报告中教育"二为"方针的学理解读》,《高校教育管理》2013 年第 1 期。

杨锐、李天鹰:《我国普通高中多样化发展的情境之困与破解》,《现代教育管理》2017 年第 1 期。

杨锐:《统一与多样辩证关系视野下普通高中多样化发展——基于吉林省 54 所普通高中的调研》,《东北师大学报》(哲学社会科学版)2019 年第 6 期。

杨兆山等:《党的教育方针的时代表征与中国表达——基于对习近平同志教育讲话的解读》,《东北师大学报》(哲学社会科学版)2017 年第 6 期。

杨光富:《国外普通高中教育多样化特色比较》,《外国中小学教育》2014 年第 3 期。

殷桂金:《普通高中学校特色的定位与类型》,《教育科学研究》2011 年第 11 期。

姚琳、李夏:《改革开放 40 年我国高中阶段教育政策的价值变迁》,《西南大学学报》(社会科学版)2018 年第 4 期。

叶延武:《高中课程改革:实验、问题与对策——基于一所样本学校的案例研究》,《课程·教材·教法》2006 年第 4 期。

郑志生:《区域性推进学校特色创建的实践探索》,《中国教育学刊》2011 年第 11 期。

周华:《谁来调动教师的积极性——以"完全组阁制"化解学校管理难题》,《人民教育》2017 年第 2 期。

朱华伟、李伟成:《特色课程建设推动学校特色化发展——以广州市普通高中特色课程建设实践为例》，《中国教育学刊》2015年第9期。

仲建维：《我国高中教育改革：国际视野与本土行动》，《全球教育展望》2014年第3期。

曾本友：《个适性质量观视域下的美国高中教育特色探析》，《外国教育研究》2010年第9期。

张力：《推动普通高中多样化发展的政策要点》，《人民教育》2011年第1期。

张如珍：《"因材施教"的历史演进及其现代化》，《教育研究》1997年第9期。

张军凤：《特色普通高中的准确定位——基于36所特色普通高中项目实验校自评报告的文本分析》，《教育科学研究》2018年第12期。

张伟：《名校文化的区域生长与学校品牌的集群发展》，《教育科学论坛》2015年第2期。

三 报纸

习近平：《决胜全面建成小康社会 夺取新时代中国特色社会主义伟大胜利——在中国共产党第十九次全国代表大会上的报告》，《人民日报》2017年10月28日第1版。

李希贵：《40年关于教育改革"试点"那些事》，《中国教师报》2018年12月26日第13版。

李曜明：《第一次全国教育工作会议明确新中国教育总方针》，《中国教育报》1999年9月8日第2版。

马长泽：《好管理就像点石的"金手指"》，《中国教育报》2010年3月30日第5版。

《全国人民代表大会常务委员会关于修改〈中华人民共和国教育法〉的决定》，《人民日报》2021年4月30日第4版。

翟博：《新中国教育方针的形成与演变》，《中国教育报》2009年9月22日第4版。

四 政府文件

《中国人民政治协商会议共同纲领》，《江西政报》1949年第3期。

《认真准备和开好第一次全国中等教育会议》,《人民教育》1951 年第 3 期。

《中央人民政府政务院关于改进和发展中学教育的指示》,《山西政报》1954 年第 12 期。

《中共中央 国务院关于教育工作的指示》,《北京师范大学学报》（办学经验总结专号）1958 年第 S1 期。

《中国共产党中央委员会、国务院关于教育工作的指示》,《中华人民共和国国务院公报》1958 年第 27 期。

《中共中央、国务院关于教育工作的指示》, 《江苏教育》1958 年第 18 期。

《中共中央关于制定国民经济和社会发展十年规划和"八五"计划的建议》,《中华人民共和国国务院公报》1991 年第 2 期。

《中共中央 国务院关于印发〈中国教育改革和发展纲要〉》,《中华人民共和国国务院公报》1993 年第 4 期。

《关于大力办好普通高级中学的若干意见》,《学科教育》1995 年第 9 期。

《教育部关于积极推进高中阶段教育事业发展的若干意见》,《教育部政报》1999 年第 9 期。

《国务院批转教育部面向 21 世纪教育振兴行动计划的通知》,《教育部政报》1999 年第 3 期。

《国务院关于基础教育改革与发展的决定》,《教育部政报》2001 年第 Z2 期。

《2003—2007 年教育振兴行动计划》,《中国教育报》2004 年 3 月 25 日。

《中共中央关于教育体制改革的决定》,《民主与科学》2009 年第 5 期。

《中共中央 国务院印发〈国家中长期教育改革和发展规划纲要（2010—2020 年）〉》,《人民教育》2010 年第 17 期。

《教育部关于 2013 年深化教育领域综合改革的意见》,《云南教育》（视界时政版）2013 年第 1 期。

《教育部等四部门关于印发〈高中阶段教育普及攻坚计划（2017—2020 年）〉的通知》,2017 年 3 月 30 日,http://www.moe.gov.cn/srcsite/A06/s7053/201704/t20170406_301981.html,最后浏览日期：2020 年 10 月 15 日。

《国务院办公厅关于新时代推进普通高中育人方式改革的指导意见》,《中华人民共和国国务院公报》2019年第18期。

《教育部办公厅关于遴选建立普通高中新课程新教材实施国家级示范区和示范校的通知》,2020年4月7日,http://www.moe.gov.cn/srcsite/A06/s3732/202004/t20200410_442242.html,最后浏览日期：2020年4月12日。

《中共中央关于教育体制改革的决定》,《中华人民共和国国务院公报》1985年第15期。

《国家中长期教育改革和发展规划纲要（2010—2020年）》,《人民日报》2010年7月30日第13版。

《教育部关于2013年深化教育领域综合改革的意见》,2013年1月29日,http://www.moe.gov.cn/srcsite/A27/zhggs_other/201301/t20130129_148072.html,最后浏览日期：2020年10月23日。

国家教育委员会：《国家教委关于评估验收1000所左右示范性普通高级中学的通知》,1995年7月3日,https://www.gdjyw.com/jyfg/12/law_12_1256.htm,最后浏览日期：2020年10月11日。

江苏省基础教育处：《省教育厅关于高品质示范高中建设的意见》,2018年5月7日,http://jyt.jiangsu.gov.cn/art/2018/5/17/art_55510_7641293.html,2021年10月3日。

《中华人民共和国宪法》,《中华人民共和国全国人民代表大会常务委员会公报》2018年第S1期。

《中共中央 国务院关于全面加强新时代大中小学劳动教育的意见》,《中华人民共和国教育部公报》2020年第3期。

教育部：《中小学综合实践活动课程指导纲要》,2017年10月30日,http://www.moe.gov.cn/srcsite/A26/s8001/201710/t20171017_316616.html,最后浏览日期：2020年9月3日。

《构建新时代中国特色社会主义劳动教育体系》,2020年3月26日,http://www.moe.gov.cn/jyb_xwfb/s271/202003/t20200326_434972.html,教育部网,最后浏览日期：2020年6月20日。

《中共中央关于教育体制改革的决定》,《中华人民共和国国务院公报》1985年第15期。

《教育部关于全面深化课程改革　落实立德树人根本任务的意见》，2014年4月8日，http：//www.moe.gov.cn/srcsite/A26/jcj_kcjcgh/201404/t20140408_167226.html，最后浏览日期：2020年10月8日。

五　电子文献

刘亦凡、苏令：《"三个面向"指引教育发展方向》，2018年12月17日，http：//www.jyb.cn/rmtzgjyb/201812/t20181217_123512.html，最后浏览日期：2021年10月3日。

杜占元：《发展教育信息化　推动教育现代化2030》，《中国教育报》2017年3月25日，http：//www.moe.gov.cn/jyb_xwfb/moe_176/201703/t20170327_300988.html，最后浏览日期：2017年3月27日。

蔡彬：《新中国这样走来——〈中国人民政治协商会议共同纲领（草案）〉》，2019年11月14日，http：//guoqing.china.com.cn/2019-11/14/content_75424249.htm，最后浏览日期：2021年10月3日。

光明日报评论员：《培养什么人，是教育的首要问题——论学习贯彻习近平总书记全国教育大会重要讲话精神》，2018年9月13日，http：//theory.people.com.cn/n1/2018/0913/c40531-30290641.html，最后浏览日期：2020年9月5日。

《教育50年大事记（1949年至1959年）》，2005年12月27日，中国教育和科研计算机网，https：//www.edu.cn/edu/jiao_yu_zi_xun/fa_zhan_shi/da_shi_ji/200603/t20060323_156305.shtml，最后浏览日期：2021年10月3日。

后　　记

　　这本书从始至终都兼顾了政策、理论和实践三个视角，力求三个视角的相互印证，并以此表明普通高中特色发展的必要性、意义与方向。其间，我以不同的方式突出了两个基本观点：一是特色应该成为所有学校的办学底色，这对于那些想成为（或希望继续成为）"好学校"的学校尤其如此；二是普通高中学校特色办学的根本在于满足学生的个性化发展需求，但这种所谓的个性化发展并非"片面发展"，而是意味着学校要着力去研究学生，要把学生的发展需求作为学校办学、改革、创新与发展的依据与动力。

　　一位大学老师这样感叹道："每一届招进来的学生都不一样。"这一度让我陷入了思考。过去，我们的教育总是强调要"因材施教"，我们的学校也意识到要根据学生的发展特点进行管理、制度、课程、教学等方方面面的布局。然而，不少时候，我们却不自觉地倾向于从"类"的层面分析和判断学生的发展，未曾意识到，即便是同一年龄段、同一年级的学生其发展需求和特点也存在一定的差异。也正是这种倾向，使学校一些时候会工具性地理解特色办学，将学校特色发展化约为"上手"相对比较顺利的路径，比如建设校本课程、开办特色班级等，甚至也会不自觉地去模仿和移植他们可触碰到的好的办学经验。然而，这样的举措即使看起来繁多且"时尚"，却不够"入心"。其甚至难以使学校对特色办学形成教育性的体认。正是如此，我在书中特别突出了几个关键词——内生式发展、关系平衡、教育本真、个性化教育，并将其与学校特色办学相联系。

　　可以说，从学校办学层面看，所谓的"因材施教"还意味着，教育者们需要围绕学生进行持续不断的探索和研究，要随时随地从学生"个性"的角度寻找新的教育契机，对行进中的办学实践进行必要的调整、改变。这样的调整与改变，尽管不是为了追求"特色"，却很自然地促成了特色。从这一意义上看，"特色办学"中所谓的"特色"反倒应该作为一种办学精神被提倡。

这本书的研究灵感很大程度上得自我曾经参与的特色高中评估实践。若非这些经历，我很难更深入地走近学校，全面、深入地了解学校，与学校办学人员开展对话。这些我所浸入的学校，曾从不同的角度给了我诸多的启示。因此，我要特别感谢他们：感谢学校，感谢那些敞开心扉、真诚与我对话的校长与老师们。

在天津市教育科学研究院基础教育研究所工作的这段日子里，我得到了同事的很多帮助，他们或者提供给我所需的信息与资料，或者帮我介绍学校、带我去他们熟知的学校进行深度参观与访问，使我在较短的时间内，确立了自己的研究视角，对学校形成了立体的认识。因此，我也要特别感谢我的同事们，他们曾经是我的研究搭档，也成了我的良师益友。

完成这本书，意味着我与自己、与学校又完成了一次比较长时间的对话。在书中，我与那些潜藏着的理想、想象，与那些曾经一贯被我崇奉的思想和理念再一次相遇。猛然间，我才发现，原来它们已经作为一种根深蒂固的东西深藏于我的内心，成为我看待各种问题的基本视角。其间，它们的内涵在丰富，而我不断拓展的研究也被自然地连在了一起。

完成这本书，也意味着我对普通高中特色办学的理论研究将暂告一段落，其中的一些观点和结论亦将作为我分析、看待相关问题的基本视角，指引我在实践中去发掘更多有亮点的办学实践和经验，去分析更多貌似无关但却有一定联系的教育现象与问题。毕竟，从根本上看，教育是一个整体，所有与教育相关的局部领域的研究始终且最终需要回归到教育这一原点去反思和追索，彼此充实、相互映照……

武秀霞
2022 年 4 月